1781

OLE HÄNTZSCHEL TOBIAS MOORSTEDT (Hrsg.)

What the fact!?

WARUM WIR SO OFT FALSCHLIEGEN

HOFFMANN UND CAMPE *ATLAS*

1. Auflage 2020

www.hoffmann-und-campe.de
Idee und Projektleitung: Tobias Moorstedt, Alexander Runte
Realisierung: Nansen & Piccard PartGes
www.nansenundpiccard.de
Beratung: Ralf Nemetschek, Silke Zimmermann (Nemetschek Stiftung)
Redaktion: Johan Dehoust, Tanya Falenczyk, Maximilian Gerl, Paul-Philipp Hanske, Katharina Kutsche, Michael Moorstedt, Benedikt Sarreiter, Wolfgang Westermeier, Felicitas Wilke
Dokumentation: Silke Probst
Art Direktion: Alexis Zurflüh (für Nansen & Piccard)
Satz und Gestaltung: Svenja Wamser (Leitung), Daniel Amberg, Katharina Müller
Infografiken: Ole Häntzschel
Einbandgestaltung: Alexis Zurflüh
Druck und Bindung: DZS Grafik, Slowenien
Printed in Slovenia
ISBN 978-3-455-01037-4

HOFFMANN UND CAMPE

Ein Unternehmen der
GANSKE VERLAGSGRUPPE

»Fakten hören nicht auf zu existieren, nur weil sie ignoriert werden.« – Aldous Huxley

Inhaltsverzeichnis

ESSAYS

Das (Des-)Informationszeitalter – wie wir besser mit den Fake News in uns und um uns herum umgehen

VON TOBIAS MOORSTEDT

Wir leben im Informationszeitalter. Das klingt gleichzeitig aufregend und beruhigend. Aufregend, weil wir einen Epochenbruch miterleben, in der sich die Art und Weise, wie Menschen zusammenleben, kommunizieren und arbeiten, von Grund auf ändert, in der neue Regeln aufgestellt werden und die AGBs der großen Internetkonzerne den Rang von Naturgesetzen erhalten. Und, ich gebe es ungern zu, irgendwie schmeichelt mir der Gedanke total, dass ich persönlich die digitale Revolution miterlebe, die eines Tages womöglich gleichberechtigt neben der neolithischen Revolution vor etwa 10 000 Jahren in den Geschichtsskripten stehen wird. Wir alle sind ein kleiner Teil von etwas Großem. Gleichzeitig klingt »Informationszeitalter« auch irgendwie beruhigend, weil wir anders als die Menschen der anbrechenden Bronzezeit den Schlüsselrohstoff nicht im Schweiße unseres Angesichts aus dem Stein schlagen und über rußigen Feuern einschmelzen müssen, sondern Daten per Glasfaserkabel und Wifi austauschen, während wir im ICE-Bistro oder auf der Couch sitzen. Das klingt kühl und rational. Wir reihen einfach so lange Nullen und Einsen aneinander, bis die Sache klar ist. Was soll da schon schiefgehen?

Im Jahr 2020 können wir uns fast nicht mehr an die Phase der Euphorie in den frühen Nullerjahren erinnern, als wir darauf hofften, dass soziale Medien und Datennetzwerke eine Renaissance der Demokratie einläuten würden. Stattdessen sitzt Donald Trump im Weißen Haus, der die Medien als »Volksfeinde« bezeichnet und seine Wahl zum US-amerikanischen Präsidenten wohl geschickt gestreuten Fake News verdankt. Bis Juli 2020 hat Trump mehr als 20 000 Lügen und Falschheiten im Amt geäußert.[1] Kurz vor der letzten Bundestagswahl waren sieben der zehn erfolgreichsten Artikel über Bundeskanzlerin Angela Merkel auf Facebook Lügen oder bösartige Gerüchte.[2] Laut einer Untersuchung des Massachusetts Institute of Technology haben Fake News auf Twitter eine um 70 Prozent höhere Wahrscheinlichkeit retweetet zu werden.[3] Und im Sommer 2020 fand eine Studie der Universitäten Dublin und Cork heraus, dass falsche Informationen im Netz das Verhalten der Menschen während der Coronapandemie zumindest in »geringem Maße« beeinflussen.[4]

Vermutlich war es noch nie so schwer wie im Jahr 2020, in politischen Diskussionen den Überblick zu behalten. So viele Fakten, Zahlen und Nachrichten prasseln auf uns ein, dass es verständlich ist, wenn sich Menschen einfach den Bluetooth-Kopfhörer aufsetzen und in einen Netflix-Deep-Dive abtauchen – oder auf der Suche nach einfachen Antworten auf komplexe Fragen bei Verschwörungstheoretikern landen. Seit 2017 versucht das Webprojekt #whatthefact der Nemetschek Stiftung und der Redaktionsagentur Nansen & Piccard, Daten und Zahlen zurück in die aufgeheizte Debatte zu

»Die Welt kann man nicht ohne Zahlen verstehen, aber man kann sie auch nicht alleine durch Zahlen verstehen.« – Hans Rosling

bringen – ganz egal, ob diese am Stammtisch, in den Kommentarspalten der Zeitungen oder in den sozialen Netzwerken geführt wird **(mehr zum Projekt: S. 185).** Wir sehen uns als Teil der großen Fact-Checking-Community und wollen die Menschen mit einem interaktiven, onlinebasierten Faktenquiz dazu bringen, ihre eigenen Meinungen zu hinterfragen und herauszufinden, wie gut sie eigentlich über die Welt Bescheid wissen: Was kostet ein Flüchtling die Staatskasse? Steigt die Jugendkriminalität? Wie viele weiße Weihnachten gab es in Berlin im 20. Jahrhundert? Wird alles immer schlimmer? Am Computer konnten wir mitverfolgen, wie selbst die »smartesten« der vielen Tausend Nutzer nur 30 bis 50 Prozent der Fragen richtig beantworteten – und merkten, wie oft wir selbst durch unsere Rechercheergebnisse überrascht wurden.

In diesem Buch wollen wir unsere Leser auf eine Reise von der Frage bis zum Aha-Effekt mitnehmen. Und gemeinsam mit Experten wie dem Politologen Bobby Duffy **(S. 85)** oder der Autorin Kübra Gümüşay **(S. 173)** ergründen, warum wir uns so oft irren – und wie wir im gemeinsamen Austausch zu einem klareren Blick auf die Wirklichkeit finden können. Denn »die Welt kann man nicht ohne Zahlen verstehen, aber man kann sie auch nicht alleine durch Zahlen verstehen«, wie der schwedische Mediziner und Datenexperte Hans Rosling in seinem Buch *Factfulness* geschrieben hat.[5]

In knapp 40 Kapiteln stellen wir den Lesern einfache Fragen – Leben wir in einem sicheren Land? Sind junge Menschen umweltbewusster als ältere Generationen? Was kann Elektromobilität für das Klima leisten? –, und liefern dann auf den folgenden Seiten die Antwort in einer Infografik und einem kurzen Essay, der die Fakten in einen Kontext setzt. Interaktivität in Buchform. Die alltägliche Desinformation entsteht natürlich nicht nur durch externe Einflüsse wie russische Bot-Netzwerke und die verruchten Echokammern, sondern auch durch interne Faktoren. Unser »Es« ist mindestens so verwirrend wie Fake News und Donald Trump. »Es gibt viele unterschiedliche Dinge, die unseren Blick auf die Realität beeinflussen«, sagt Bobby Duffy in unserem Interview – unsere Vorurteile, das eigene Milieu der Gefühle. Viele Diskrepanzen zwischen Umfragen und der Realität in Bereichen wie Gleichberechtigung oder Umweltschutz entstehen, weil wir uns nicht an Werte halten, die wir selbst vertreten. Die Ideologie und die gesellschaftlichen Erwartungen von modernen, scheinbar gleichberechtigten Paaren hätten sich schneller entwickelt als die Realität in den Familien.[6] So beschreiben die Berkeley-Psychologen Carolyn Pape Cowan und Philip Cowan den seltsamen Widerspruch zwischen Soll- und Ist-Zustand – und dieser

Die Ideologie und die gesellschaftlichen Erwartungen sind oft einfacher zu verändern als die Realität.

Mechanismus gilt auch, wenn man sich für Klimaschutz einsetzt und Dienstreisen trotzdem mit Flugzeug absolviert oder für Chancengleichheit aller Bürger plädiert und die eigenen Kinder auf die teure Privatschule schickt.

Wir leben im Informationszeitalter. Wir sind mächtiger und angreifbarer als jemals zuvor. »Das Auftreten von Epidemien und Pandemien wurde immer wieder von Verschwörungsmythen begleitet«, schreibt Katharina Nocun in ihrem Essay über Verschwörungstheorien und das Netz **(S. 147)**. Aber sie malt kein vollkommen düsteres Bild, erinnert uns daran, dass das Netz Krankheit und Heilung zugleich ist: »Wir vergessen gerne, wie umständlich es war, einen Faktencheck durchzuführen, als man dabei noch nicht auf digitale Hilfsmittel zurückgreifen konnte.« Gerade weil wir alle Teil von etwas Großem sind, dürfen wir dem Desinformationsstrudel, der sich durch die ungute Allianz aus Hightech und Hirnstamm ergibt, nicht tatenlos zuschauen. Deshalb geben weitere Experten in dem Buch essenzielle Tipps zum Leben im (Des-)Informationszeitalter: David Schraven, der Gründer des Recherchenetzwerks CORRECTIV **(S. 117)**, schreibt, wie sich Medien verändern müssen, um das Vertrauen des Publikums zurückzugewinnen. Und die Philosophen Romy Jaster und David Lanius erklären, wie man am besten mit Menschen kommuniziert, die im Kaninchenbau der Verschwörungstheorien abgetaucht sind **(S. 43)**. Kleiner Hinweis: Empathie ist wichtiger als Arroganz.

Uns geht es auch nicht ums Besserwissen, sondern ums Weiterlernen. Das Schönste für uns Autoren war es, wenn wir am Ende der Recherche an einem anderen Ort rauskamen, als dem, den wir ursprünglich angepeilt hatten. Wir hoffen, dass unsere Leser genauso viel Spaß damit haben – und das Buch und die wunderbaren Grafiken von Ole Häntzschel zum Anlass nehmen, um mehr über die Welt, unsere Gesellschaft und sich selbst zu erfahren. Deshalb haben wir in dem Buch vor allem Quellen verwendet, die digital zugänglich sind und sie über Fußnoten und Kurzlinks zugänglich gemacht. Wer sich über einen Fakt oder Zitat wundert oder freut, kann einfach die Fußnoten im Quellenverzeichnis nachschlagen **(ab S. 196)** und die Tiny-URL in den Smartphone-Browser eingeben. Und die Reise beginnt!

Habt Spaß beim Lesen und Schauen! Und schreibt uns!
redaktion@whatthefact.info

[1] Washington Post
»President Trump has made more than 20,000 false or misleading claims«
13.07.2020
wtf21.info/Vorwort1

[2] Buzzfeed
»7 der 10 erfolgreichsten Artikel über Angela Merkel auf Facebook sind Fake News«
26.07.2017
wtf21.info/Vorwort2

[3] CBC
»Who spreads fake news? On Twitter, humans are more likely culprits than bots, new study suggests«
08.03.2018
wtf21.info/Vorwort3

[4] NiemanLab
»How much does fake coronavirus news affect people's real-life health behavior?«
31.07.2020
wtf21.info/Vorwort4

[5] Goodreads
05.08.2020
wtf21.info/Vorwort5

[6] zitiert nach: Darcy Lockman, »All the Rage«, S. 24
2019
wtf21.info/Vorwort6

ARMUT

0 %

der Menschen weltweit sollen im Jahr 2030 in extremer Armut leben. Dieses Ziel hat die Weltbank gesetzt. Aber ist das auch realistisch?[1]

Anteil der Menschen, die von weniger als 1,90 US-Dollar am Tag leben[2]

Wie hat sich der Anteil der Menschen, die in extremer Armut leben, im Laufe der Geschichte verändert?[3]

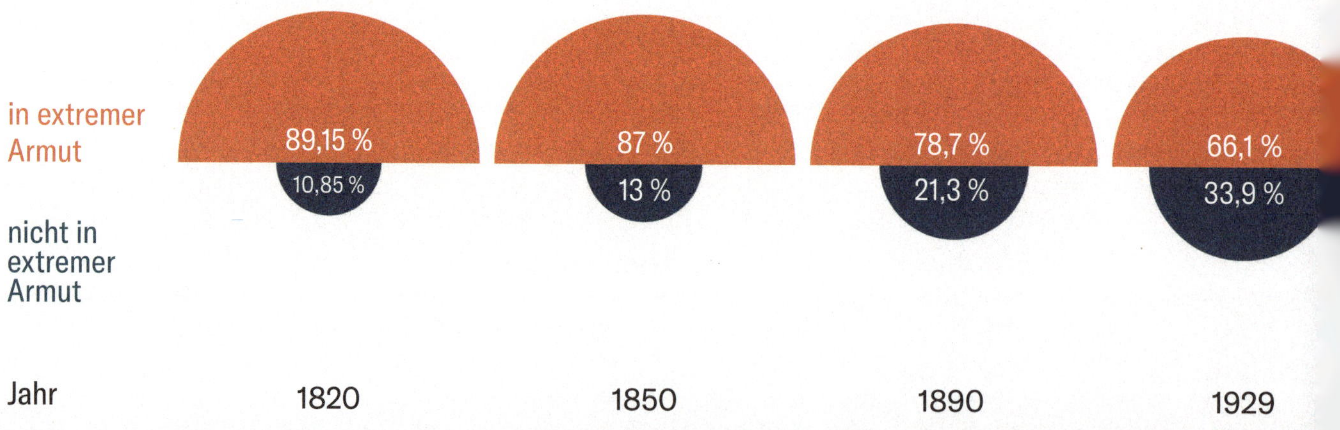

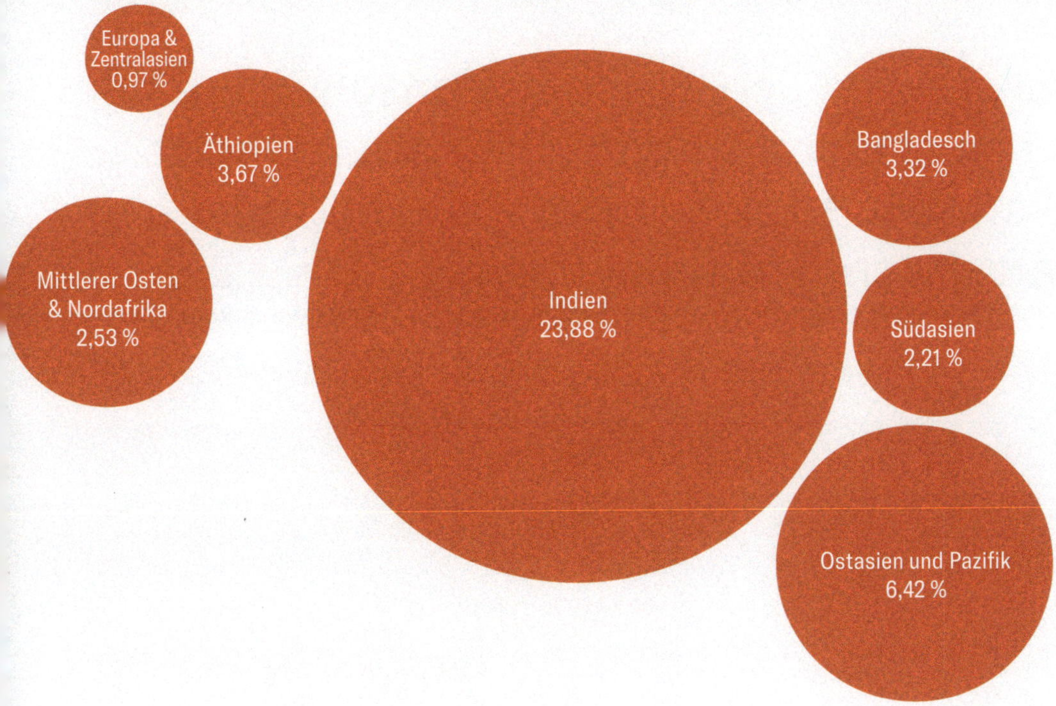
Europa & Zentralasien 0,97 %
Äthiopien 3,67 %
Mittlerer Osten & Nordafrika 2,53 %
Indien 23,88 %
Bangladesch 3,32 %
Südasien 2,21 %
Ostasien und Pazifik 6,42 %

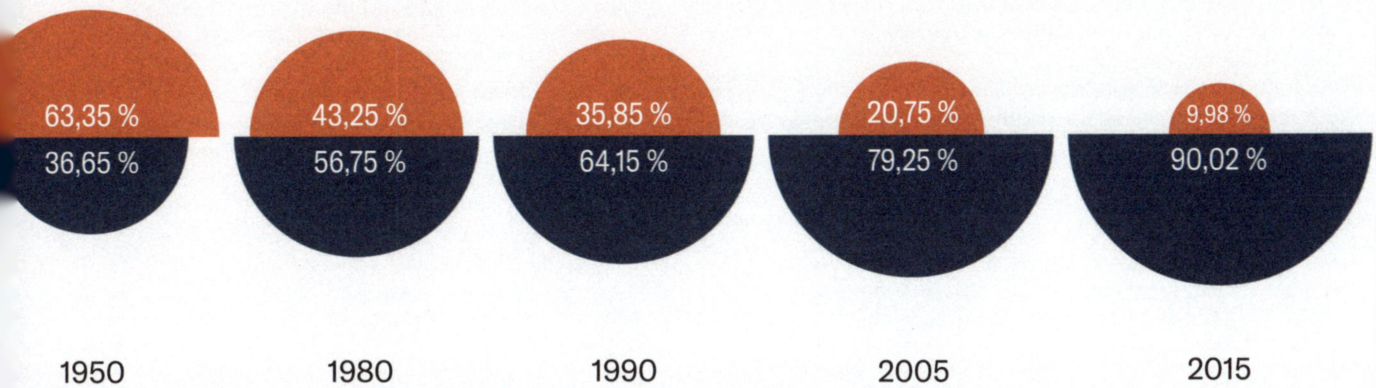
63,35 %
36,65 %
43,25 %
56,75 %
35,85 %
64,15 %
20,75 %
79,25 %
9,98 %
90,02 %
1950
1980
1990
2005
2015

Arm dran?

Vor 200 Jahren ging es den meisten Menschen auf der Welt deutlich schlechter als heute. Sie hatten weniger zu essen und starben früher. Dieser Fortschritt ist eine Errungenschaft. Doch lange nicht genug.

Mehr als die Hälfte aller Menschen, die unter extremer Armut leiden, leben in fünf Ländern: Indien, Nigeria, Äthiopien, Kongo und Bangladesch [4]. Insgesamt leben 736 Millionen Menschen weltweit unter derartigen Bedingungen.[5] Und auch wenn sich diese Zahl über die vergangenen Jahrzehnte in beeindruckender Weise verringert hat, ist jeder einzelne Betroffene einer zu viel. Wer arm ist, leidet Hunger und ist anfällig für Krankheiten. Und je ärmer das Land, desto höher die Kindersterblichkeit. In Subsahara-Afrika sind diese Quoten am höchsten: In einigen Ländern dieser Region erlebt eines von zehn Kindern seinen fünften Geburtstag nicht. Im globalen Schnitt sind es vier von hundert Kindern.[6]

Im Jahr 2018, schätzt die Weltbank, lebten 8,6 Prozent der Menschen von weniger als 1,90 US-Dollar pro Tag.[7] Dass sich dieser Wert so verbessert hat, liegt etwa an der globalen Industrialisierung, die viele Arbeitsplätze geschaffen hat, an stabileren politischen Bedingungen und weniger Kriegen.

Viele Menschen werden von der positiven Entwicklung überrascht sein, da durch die konfliktorientierte Berichterstattung im 21. Jahrhundert oft der Eindruck entsteht, dass »alles überall« schlimmer wird.

Experten unterscheiden zwischen absoluter und relativer Armut. Bei absoluter Armut ist ein Mensch existenziell gefährdet.[8] Relative Armut dagegen sagt eher etwas über soziale Ungleichheit in einer Gesellschaft aus. Unter diesen Begriff fallen alle Menschen, die im Vergleich zur Mehrheit deutlich weniger besitzen. Wer über ein Einkommen verfügt, das weniger als 50 Prozent des nationalen Medianeinkommens beträgt, gilt als arm; wer weniger als 60 Prozent hat, gilt als armutsgefährdet.[9] Ein armer Mensch in Deutschland lebt im Vergleich zu armen Menschen in Indien unter luxuriösen Bedingungen, leidet aber trotzdem unter den Nachteilen von Armut wie Stigmatisierung und fehlenden Lebenschancen. »Die Quote (...) liefert keine Informationen über individuelle Hilfebedürftigkeit«, heißt es im »Armuts- und Reichtumsbericht« der Bundesregierung.[10]

In Deutschland war zuletzt armutsgefährdet, wer 13628 Euro im Jahr an Einkommen hat – bei zwei Erwachsenen mit zwei Kindern unter 14 Jahren sind es 28618 Euro.[11] Alleinerziehende, Arbeitslose, Wohnungslose, Alte, Kranke, behinderte Menschen und Migrantinnen und Migranten gelten als besonders armutsgefährdet.

Eine Maßnahme gegen Armut ist, mehr Menschen einen Zugang zu Bildung zu ermöglichen. Wer eine Schule und auch eine Ausbildung abgeschlossen hat, hat stets mehr Chancen auf dem Arbeitsmarkt als jemand, dem dies verwehrt blieb. Die Vereinten Nationen haben sich zum Ziel gesetzt, dass bis 2030 alle Jugendlichen und die meisten Erwachsenen lesen, schreiben und rechnen lernen.[12] Zurzeit sind weltweit knapp 14 Prozent der Menschen Analphabeten.[13]

Die größte Motivation in diesem Prozess ist, dass die Fortschritte nicht unumkehrbar sind. Die Coronapandemie 2020 betraf auch und vor allem arme Menschen in Staaten wie Bangladesch. Die Weltbank schätzt, dass durch den Erreger und die wirtschaftlichen Folgen des Lockdowns weltweit 49 Millionen Menschen in extremer Armut landeten.[14]

16,0

Prozent der Menschen in Deutschland galten 2018 als armutsgefährdet,

16,9

Prozent waren es in der EU.[15]

Analphabetismus-Quote weltweit: [16]

- 1800: 87,95 %
- 1900: 78,6 %
- 1930: 67,47 %
- 1960: 39,3 %
- 1990: 24,3 %
- 2016: 13,75 %

CORONA & CO_2

28 Prozent der Deutschen sehen »positive Auswirkungen auf das Klima« als einen Vorteil der Coronapandemie.[1] Aber gibt es die wirklich?

So haben sich die globalen CO_2-Emissionen pro Tag in unterschiedlichen Sektoren während der Coronapandemie 2020 im Vergleich zum Vorjahreszeitraum verändert.[2]

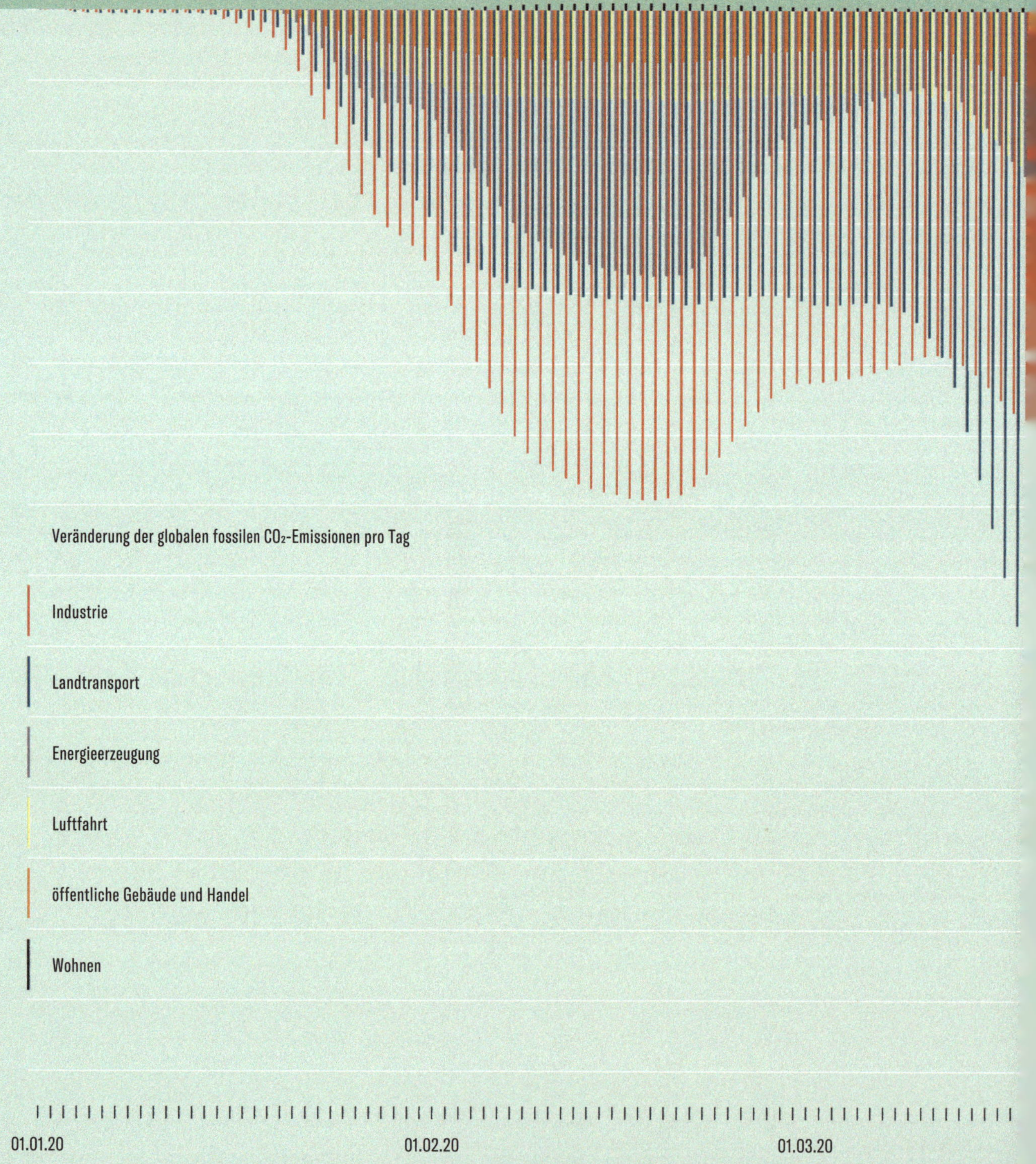

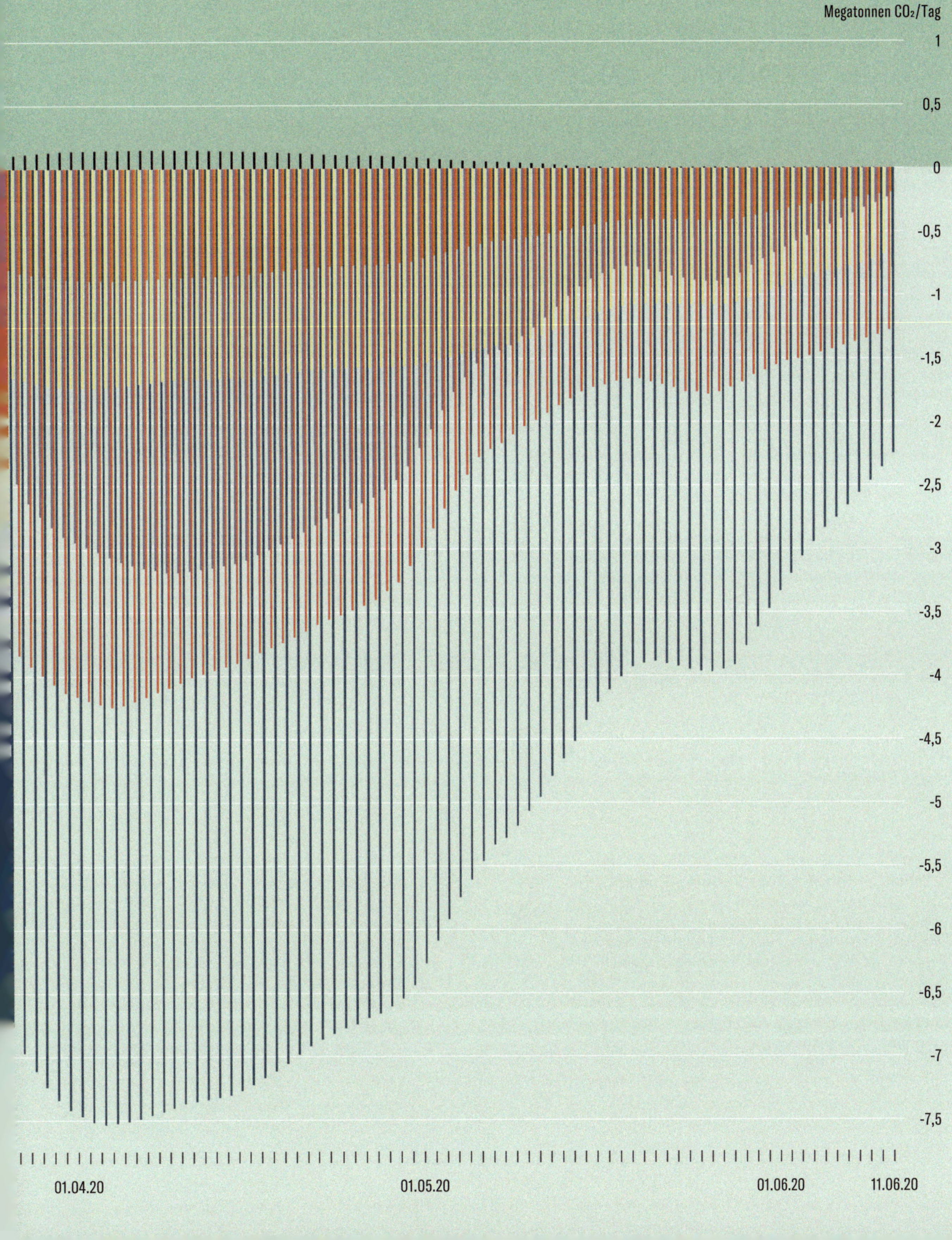
Megatonnen CO_2/Tag
1
0,5
0
-0,5
-1
-1,5
-2
-2,5
-3
-3,5
-4
-4,5
-5
-5,5
-6
-6,5
-7
-7,5
01.04.20
01.05.20
01.06.20
11.06.20

Wir sind das Virus

Hatte der Lockdown infolge der Coronavirus-pandemie wirklich positive Folgen für den Klima- und Umweltschutz?

Als im März 2020 viele Länder gleichzeitig den Lockdown im Kampf gegen das Coronvirus anordneten, stand die Welt plötzlich still. Zumindest die menschliche Welt. Bald verbreiteten sich die ersten Meldungen: In den strahlend blauen Kanälen Venedigs wurden wieder Delfine gesichtet. Wildschweine zogen durch die leeren Straßen von Barcelona und Haifa. Ein Puma streifte durch Santiago de Chile.[3] »Nature is healing. We are the virus«, war über diesen Meldungen in den sozialen Medien oft zu lesen.[4]

Viele der Berichte über die sich wieder ausbreitende Natur gingen selbst, nun ja, viral. Nur: Viele von ihnen, wie die Delfine in Venedig, waren frei erfunden. Das Foto, das angeblich in der Lagunenstadt aufgenommen wurde, stammte von der Küste Sardiniens. Trotzdem wurde diese Meldung und viele andere hunderttausendfach geteilt[5] und zum **Mem** s. S. 193.

Es ist eine beruhigende Vorstellung: Die Natur atmet auf, während wir Menschen uns in einer Zwangspause befinden. Erin Vogel, Sozialpsychologin an der Stanford University, sagte dem Magazin *National Geographic*: »Diese Vorstellung gibt uns das Gefühl von Sinn und Zweck – dass wir das alles aus einem Grund durchmachen mussten.«[6]

Nicht alle Effekte des Lockdowns auf die Umwelt sind erfunden wie Venedigs Delfine. Eine Gruppe von Wissenschaftlern bezeichnete die Zeit in der Fachzeitschrift *Nature Ecology & Evolution* als »Anthropause«: »Eine bedeutsame globale Verlangsamung der modernen menschlichen Aktivitäten, vor allem des Reisens.« Es sei eine einmalige Gelegenheit für die Wissenschaft, mehr darüber herauszufinden, wie Mensch und Natur zusammenspielen, sagte einer der Autoren dem Onlinemagazin *Wired*.[7]

Als im Sommer 2020 die menschliche Welt sich zuerst langsam, dann immer schneller dorthin zurückbewegte, wo sie vor der Pandemie war, läutete das möglicherweise auch schon das Ende der »Anthropause« ein. Schon Mitte Juni, als in vielen Ländern die Quarantänemaßnahmen immer mehr gelockert wurden, waren die globalen Emissionen im Tagesschnitt nur noch fünf Prozent niedriger als im Jahr 2019. Auch der Autoverkehr in den USA nahm wieder zu und lag Mitte Juni bei 90 Prozent des Niveaus vor der Pandemie im Februar. Auch weil viele noch Sorge vor der Verbreitung des Virus im öffentlichen Nahverkehr hatten, vermuten Experten.[8] Die Luftverschmutzung in China war schon Anfang Juli höher als vor der Pandemie, möglicherweise weil das Land nun besonders viel produzierte, um die Krise zu kompensieren.[9]

Doch selbst wenn viele der Auswirkungen nur temporär waren, könnte der Lockdown doch gezeigt haben, wie groß der Effekt ist, wenn die Menschheit auf Pause drückt. Daniel C. Esty, Professor für Umweltrecht an der Yale University, sagte der *New York Times*, er sehe eine wichtige Lektion, die sich vom Kampf gegen das Coronavirus auf den Kampf gegen die Klimakrise übertragen lasse. Anstatt nur zu fragen »Wie viel kostet es uns zu handeln?« sollten wir uns auch fragen »Wie viel kostet es uns, nicht zu handeln?«. Denn der Preis von Untätigkeit sei ebenfalls sehr hoch, das habe die Coronapandemie gezeigt.[10]

Und eine weitere Beobachtung kann Mut machen: Im Frühjahr 2020 wurde das Leben komplett auf den Kopf gestellt. Viele Dinge, die vorher undenkbar waren, wurden plötzlich Alltag für Millionen Menschen. Das zeigt, dass es möglich ist, das System grundlegend neu aufzustellen. Solange die Bürgerinnen und Bürger mitspielen. »Wenn die wissenschaftliche Datenlage deutlich ist und wenn die Maßnahmen wirksam und verhältnismäßig sind«, so die Verhaltensforscherin Lucia Reisch, »sollte sich die Politik durchaus trauen, (...) auch drastische Dinge auszuprobieren – so wie autofreie Wochenenden in Innenstädten oder Tempolimits.«[11]

KRISENGEWINNER:

Wachstum der Streaming-Dienstleister in Deutschland im Zeitraum vom 18. März bis Ende April 2020 während des Lockdowns[12]

STREAMING-SERVICE	+% WACHSTUM
Sky Go & Sky Ticket	+190 %
Joyn & Maxdome	+148 %
Amazon Prime Video	+144 %
Netflix	+128 %

Wie sich die globalen CO_2-Emissionen während und nach der Finanzkrise entwickelten (im Vergleich zum Vorkrisenniveau)[13]

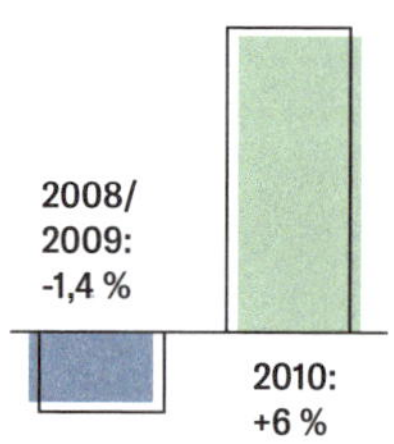

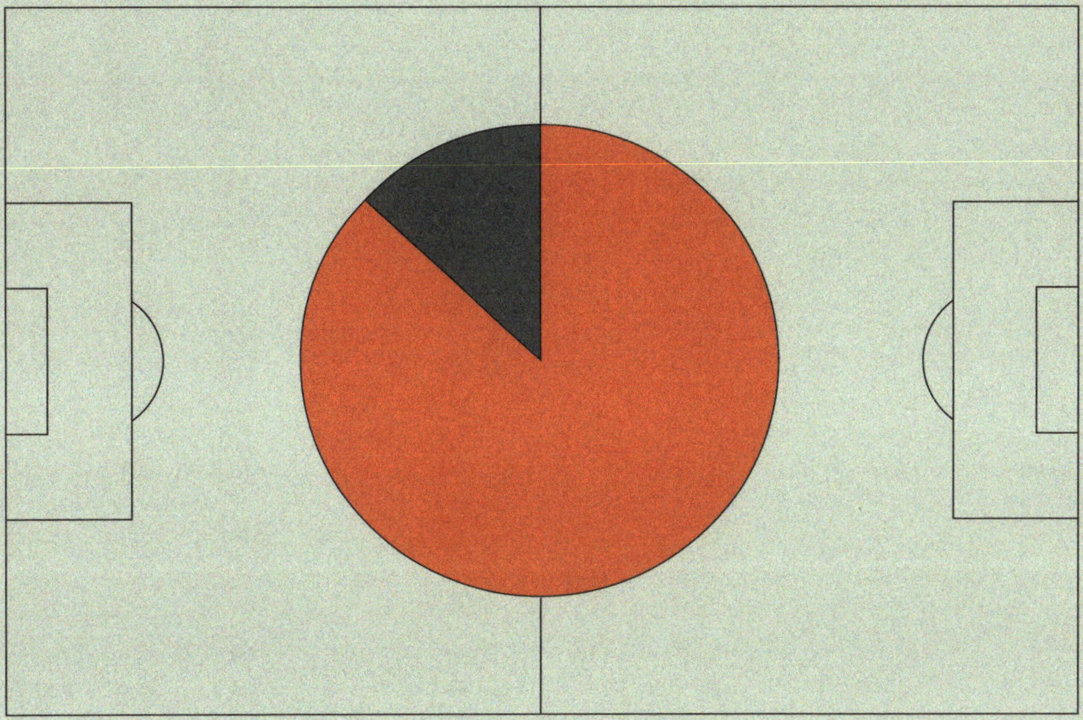

87 Prozent der deutschen Fußballfans denken, dass es im Profifußball nur noch darum geht, so viel Geld wie möglich zu verdienen. Sieben von zehn wünschen sich eine Obergrenze für Spielergehälter.[1]

1,8 Mio. Euro verdient ein Bundesligaspieler in der Saison 2019/20 im Schnitt brutto.[2] Ist das zu viel?

Das Durchschnittsgehalt eines Bundesligaprofis entspricht dem Jahreseinkommen von …

… 15 Bundestagsabgeordneten (ohne Nebeneinkünfte)[3]

… 23 Hochschulprofessor*innen (maximale Gehaltsstufe)[4]

… 52 Krankenschwestern / Krankenpflegern (durchschnittlicher Verdienst) [5]

Wir sind Kommerzialisierung

Viele Fans wünschen sich, dass es im Fußball um Leidenschaft, Zusammenhalt und Bodenständigkeit geht und nicht um Geld. Solange sie aber weiter ins Stadion gehen und Pay-TV-Abos abschließen, wird sich daran kaum etwas ändern.

Karl Marx ist nicht als Fußballexperte bekannt, was auch daran liegt, dass die Weltsportart noch nicht existierte. Der große Kapitalismuskritiker warnte aber bereits im 19. Jahrhundert davor, den Einzelnen verantwortlich zu machen »für Verhältnisse, deren Geschöpf er sozial bleibt, sosehr er sich auch subjektiv über sie erheben mag«[6]. Ein Satz, der sich wunderbar auf das moderne Fußballgeschäft übertragen lässt: SAP-Mitbegründer Dietmar Hopp, der den Dorfklub TSG Hoffenheim mit viel Geld zu einem festen Mitglied der Ersten Bundesliga gemacht hat, ist gewiss eine naheliegende Reizfigur.[7] Der vom österreichischen Brausehersteller Red Bull finanzierte Klub RB Leipzig mag als Sinnbild für den Niedergang der deutschen Vereinskultur taugen.[8] Und ja, auch nachvollziehbar, dass es nicht gut ankommt, wenn mitten in der Coronazeit in der Zeitung steht, dass Nationaltorhüter Manuel Neuer beim FC Bayern angeblich ein Jahresgehalt von 20 Millionen Euro fordert.[9] All das Fluchen, all die Hassplakate und Schmähgesänge sind jedoch verhältnismäßig unangemessen.
Der Mäzen Hopp, der Klub RB Leipzig und der Spieler Neuer handeln lediglich so, wie es das System, in dem sie agieren, vorgibt. Der Profifußball funktioniert nach marktwirtschaftlicher Logik, in Deutschland genauso wie anderswo auf der Welt. Das gilt auch für sogenannte Traditionsvereine: Am FC Bayern beispielsweise besitzen die Unternehmen Allianz, Adidas und Audi Anteile[10]; Borussia Dortmund ist größtenteils eine börsennotierte Gesellschaft.[11] Dass die Preise für die günstigsten Dauerkarten und die Wurstpreise im Stadion zwischen 2010 und 2020 um 14 beziehungsweise 21 Prozent gestiegen sind, ist auch logisch.[12] Das Wirtschaftssystem, in dem wir leben, ist nun mal auf Wachstum ausgelegt. Und der Verbraucherindex, der die Entwicklung der Konsumausgaben privater Haushalte in Deutschland abbildet, ist schließlich seit 2011 um 10,1 Prozent gewachsen[13] – warum soll es im Fußball anders sein? Viele Fans mögen das bedauern und sich wünschen, dass große Vereine sich stärker am Gemeinwohl orientieren. Und dass Spieler den Klubs nicht nur treu bleiben, wenn ihre sehr hohen Gehaltsforderungen erfüllt werden, sondern weil sie stolz sind, ein bestimmtes Trikot tragen zu dürfen. Das Problem ist nur, dass die Wunschvorstellungen der allermeisten Fußballfans nicht mit ihrem Verhalten übereinstimmen. Sie klagen über den bösen, bösen Kommerz und befeuern ihn doch jedes Wochenende weiter. Indem sie zu Zehntausenden ins Stadion pilgern, sich Fanartikel ihrer Vereine kaufen oder Spiele im Pay-TV angucken. Sie selbst sorgen so für die Verhältnisse, in denen Dietmar Hopp, RB Leipzig oder Manuel Neuer agieren. Besonders deutlich wurde das jüngst, als die Bundesliga wegen der Coronapandemie im Frühjahr 2019 pausierte: Selten war die Kritik am Fußballgeschäft so groß wie in dem Moment, in dem über einen Neustart unter hohen Sicherheitsauflagen diskutiert wurde. Warum sollen einige wenige reiche Fußballer ihrem Beruf nachgehen dürfen, während vielerorts Normalverdiener um ihre Jobs fürchten müssen, fragten sich viele. Jeder zweite Deutsche war gegen Spiele ohne Zuschauer, die sogenannten Geisterspiele.[14] Als es dann dennoch weiterging, sahen fast vier Millionen Menschen die Spiele auf dem Bezahlsender Sky – ein Marktanteil von 27,4 Prozent.[15] Rekord!

Einnahmen der Bundesliga durch Fernsehübertragungsrechte (in Euro)[16]

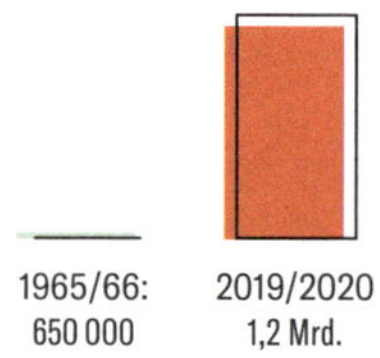

Stadionbesucher pro Spiel in der ersten Bundesliga[17]

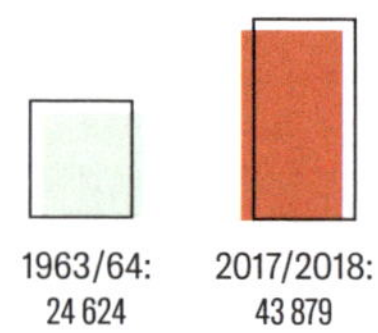

Wie viel Bundesligaklubs pro Saison an ihren Fans verdienen[18]

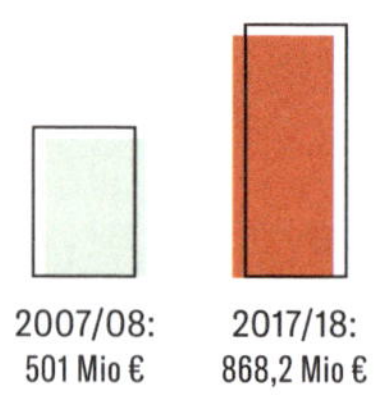

der Menschen in Deutschland hielten 2017 einer Umfrage zufolge die Grenzsicherung der EU-Außengrenzen gegen illegale Einwanderer für unzureichend.[1]

Was kostet die Flucht für eine Person nach Deutschland? Und was bezahlt ein »regulärer« Flugreisender für die gleiche Strecke?[2]

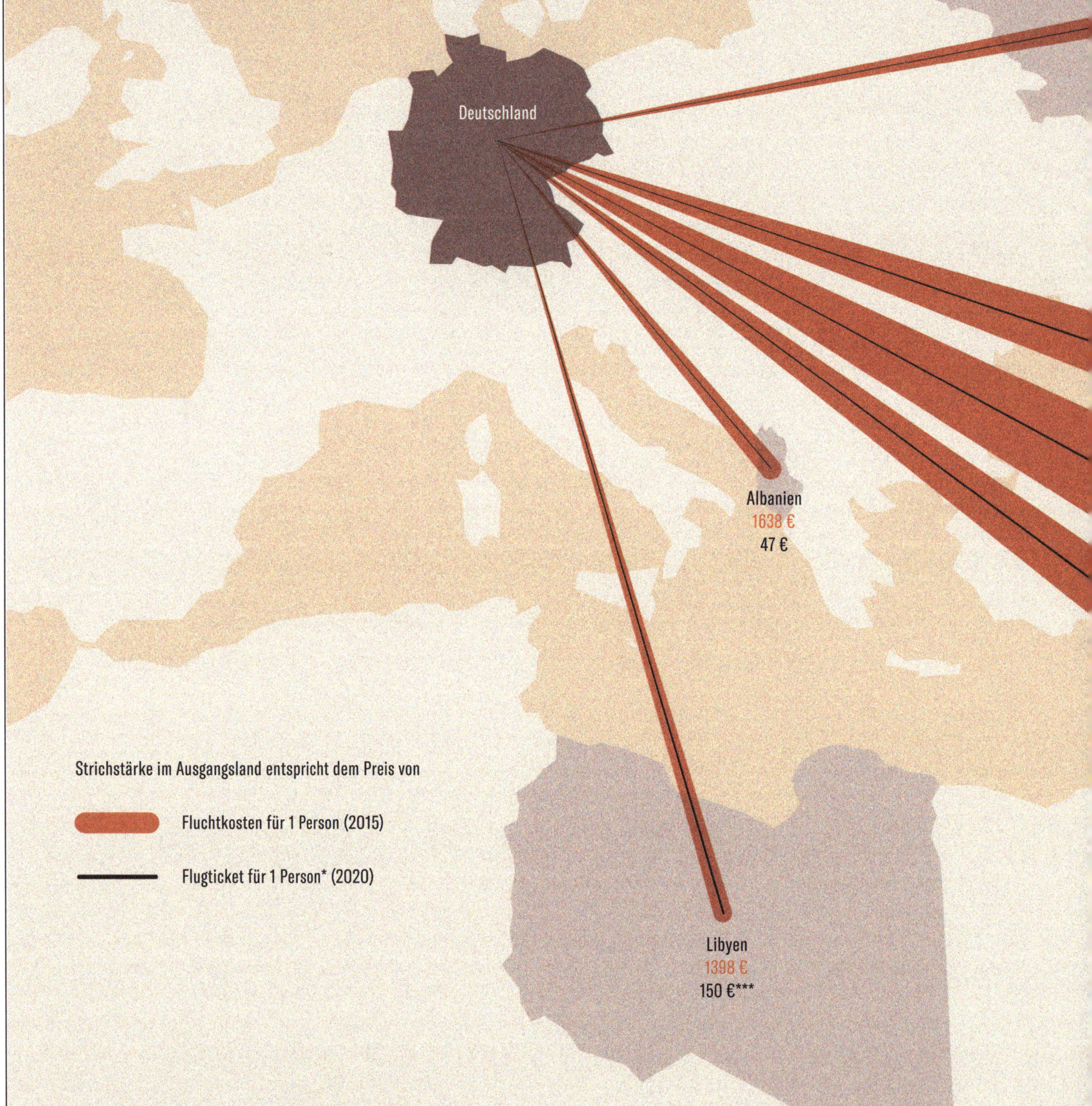

*Stichproben, je Hauptstadt – Frankfurt am Main
**von Beirut (Libanon) – kein Flug aus Damaskus möglich
***von Tunis (Tunesien) – kein Flug aus Tripolis möglich

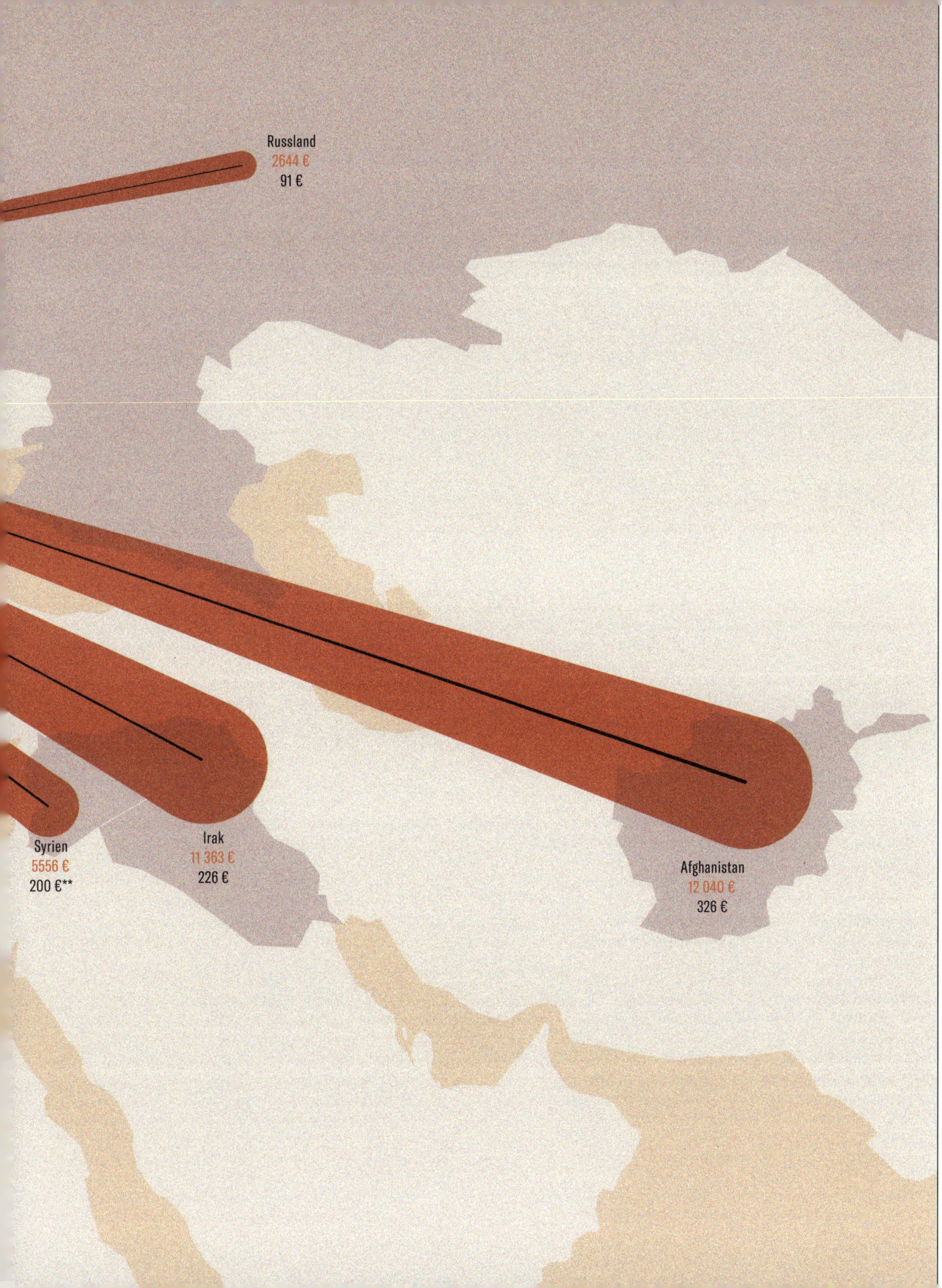
Russland
2644 €
91 €
Syrien
5556 €
200 €**
Irak
11 363 €
226 €
Afghanistan
12 040 €
326 €

»Man muss schon verzweifelt sein, um so etwas zu tun«

Für Flüchtlinge hat sich ein Schattenreisemarkt etabliert. Die Preise werden durch Nachfrage und Risiko bestimmt. Der Soziologe und Politologe **Serhat Karakayali** forscht am Institut für empirische Integrations- und Migrationsforschung der Humboldt-Universität.[3]

Herr Karakayali, wenn Sie auf den Mittelmeerraum schauen: Wie haben sich dort seit 2015 die Fluchtbewegungen verändert?

Es gibt immer Fluktuation und Variation. Leistungsstarke Außenbordmotoren ermöglichen es zum Beispiel seit einigen Jahren, von Nordafrika aus die Kanarischen Inseln mit einem Schlauchboot anzusteuern. Aber im Grunde sind die Routen gleich geblieben – und auch heute werden die Reisen vor allem von Schleppern organisiert. Sie haben sozusagen das Know-how.

Das bedeutet, Geld spielt eine große Rolle, ob eine Flucht gelingen kann – und wie gefährlich sie ist?

Ja. Zeitweise konnte man an der Farbe der Schwimmwesten erkennen, die die Menschen in den Booten trugen, wer aus Afghanistan kam und wer aus Syrien. Wer sich die guten Westen leisten konnte und wer sich mit denen aus Papier begnügen musste. Wer genug Ressourcen hat, geht mit seiner Familie nicht auf ein Schlauchboot, sondern chartert eine Yacht. Aber das ist natürlich vergleichsweise wenigen Menschen vorbehalten.

Warum ist das Mittelmeer überhaupt zu einem solchen Brennpunkt geworden?

Das Recht, Zuflucht in anderen Ländern zu suchen, ist in internationalen Abkommen und vielen nationalen Gesetzen verankert. Die Fluchtrouten der Menschen verlagern sich aufs Meer, weil dort eine Grenzsicherung schwieriger zu bewerkstelligen ist als auf dem Land und damit auch eine Zurückweisung – obwohl die so oder so illegal wäre. Außerdem gilt dort das internationale Seerecht. Die Küstenwache darf niemanden außerhalb der eigenen Küstenzonen behelligen.

In diesen Ländern mussten 2019 besonders viele Menschen vor Krieg, Gewalt und Naturkatastrophen fliehen. In offiziellen Statistiken ist oft von Forcibly Displaced People die Rede (FDP).[4]

LAND	FDP (IN MIO)
Demokratische Republik Kongo	6,42
Kolumbien	5,84
Venezuela	4,47
Jemen	3,70

LESETIPP:

Serhat Karakayali hat gemeinsam mit Ulrike Hamann den Band *Practicing Willkommenskultur: Migration and Solidarity in Germany* geschrieben. Das Buch ist kostenfrei online abrufbar unter: **intersections.tk.mta.hu/index.php/intersections/article/view/296**

Was ist dran an der These, dass die Aussicht, vielleicht auf Seenotretter zu treffen, mehr Menschen zu einer Fahrt übers Mittelmeer veranlasst?

Das ist schwer zu überprüfen. Für Flucht gibt es ja in der Regel mehr als einen Grund. Und wer sich auf ein überfülltes Boot begibt und den Tod in Kauf nimmt, muss sehr verzweifelt sein. In Einzelfällen springen Flüchtlinge sogar ins Wasser, wenn sie ein Rettungsschiff sehen, in der Hoffnung, dann gerettet zu werden – selbst wenn sie nicht schwimmen können.

Oft hört man: »Wenn Angela Merkel die Grenzen nicht geöffnet hätte, hätten wir all diese Probleme gar nicht.« Sind Grenzschließungen wirklich hilfreich?

Das kommt darauf an, wie man die Probleme und ihre Lösung definiert. Wenn Geflüchtete nicht mehr nach Deutschland kommen, egal zu welchem Preis, reicht das vielleicht manchen hierzulande. Ob das moralisch vertretbar ist, ist allerdings eine ganz andere Frage. In der Migrationsforschung wissen wir noch zu wenig darüber, wie sich Grenzschließungen genau auswirken, aber es gibt zwei Annahmen. Die eine: Wenn ich etwas verbiete, ändern die Leute ihr Verhalten. Als Musterbeispiel gilt hier das Rauchverbot. Die zweite Annahme stellt das infrage: Wenn ich etwas illegalisiere, suchen die Menschen sich andere Wege – das hat zum Beispiel die Unterwanderung der Prohibition in den USA gezeigt. Dieser Sicht würde ich mich anschließen. Auf Reisen kann ich als Urlauber verzichten. Aber wenn ich über die Zukunft meiner Familie entscheiden muss, hat das eine ganz andere Tragweite.

GLEICHBERECHTIGUNG

57 Prozent der deutschen Männer glauben, dass Frauen und Männer in Deutschland gleichberechtigt sind.[1] 32 Prozent der Frauen glauben das auch. Und wer hat recht?

Wie gleichberechtigt sind die Geschlechter denn nun wirklich? Ein Blick auf vier wichtige Bereiche unseres Lebens.

FAMILIE

Wie viel Zeit jeden Tag in Hausarbeit, Kindererziehung, Pflege von Angehörigen und Ehrenamt investiert wird:[2]

FINANZIELLE SICHERHEIT

Die Rente von Frauen über 65 ist in Deutschland im Schnitt um **46 Prozent niedriger** als die von Männern. In den Niederlanden sind es 42 Prozent, in Frankreich 33 und im OECD-Schnitt 25 Prozent. **Deutschland ist Schlusslicht** dieser Liste.[3]

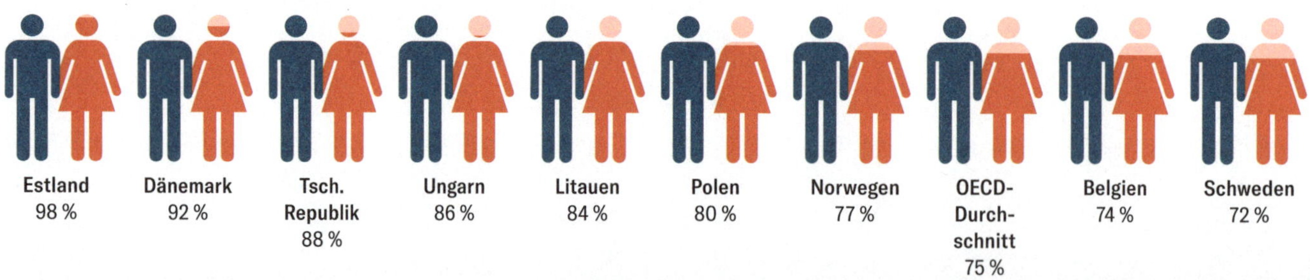

GESUNDHEIT

Frauen, die nach einem Herzinfarkt von einer Ärztin behandelt werden, haben eine um **1,3 Prozent höhere Überlebenschance** als bei der Behandlung durch einen Arzt.[4]

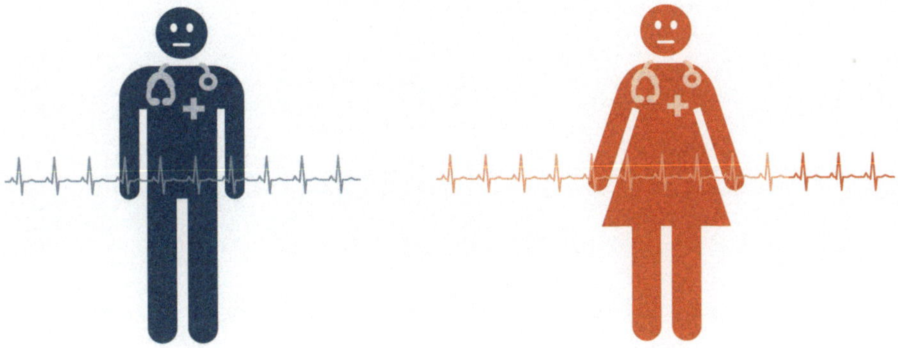

SEXUALITÄT

Jede fünfte heterosexuelle Frau erlebt während eines sexuellen Kontakts nie oder nur selten einen Orgasmus – nur bei jedem 50. heterosexuellen Mann ist das der Fall.[5]

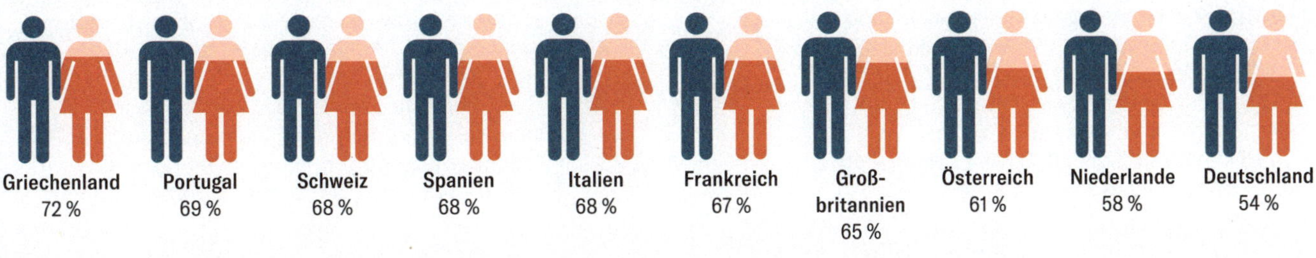

Du bist so gut, Schatz!

Wie kommt es, dass Männer die Ungerechtigkeit zwischen den Geschlechtern nicht so deutlich wahrnehmen wie Frauen? Über die komplexe Psychologie von Privilegien.[6]

Wenn wir gewinnen, geben wir ungern zu, dass wir Hilfe hatten. Niemand wollte in der Schule von der Sitznachbarin abgeschrieben haben. In der Uniklausur nur zu bestehen, weil man zufällig die Fragen aus vergangenen Jahren im Netz gefunden hat, macht einen nicht unbedingt stolz. Und viele Männer wollen nicht zugeben, dass ihr Leben leichter ist, weil sie als Mann geboren wurden.

»Es erzählt etwas sehr Bedeutendes über Privilegien, wenn die Privilegierten nicht mal realisieren, dass sie privilegiert sind«, erklärte die US-amerikanische Sozialpsychologin Taylor Phillips kürzlich in einem Interview. Phillips forscht schon lange über gesellschaftliche Ungleichheiten. Lange Zeit konzentrierte sie sich nur auf Faktoren, die die benachteiligten Gruppen schwächer machten. Aber dann machte sie eine erstaunliche Beobachtung: In einem Experiment mussten zwei Teilnehmergruppen dieselbe Aufgabe lösen. Einige Probanden wurden von den Studienleitern beim Lösen der Aufgaben unterstützt – sie bekamen zum Beispiel nützliche Hinweise oder mehr Zeit. Im Nachhinein leugneten allerdings die meisten, dass ihnen diese Privilegien geholfen hätten – oder sie betonten, wie hart sie selbst für die Lösung der Aufgaben gearbeitet hätten.

Phillips findet diesen Effekt immer wieder in ihren Studien: Menschen profitieren von Privilegien und reden sie im Nachhinein klein. Weil sich die Teilnehmer der Studien selbst besser fühlen wollen, versuchen sie, ihre Privilegien unsichtbar zu machen. In vielen kleinen Beispielen wirkt das harmlos oder komisch, doch wenn alle es tun, spricht plötzlich niemand mehr über Ungleichheit.

Dieses Phänomen greift beim Geschlecht, bei der Hautfarbe, bei der sozialen Klasse. Phillips Forschung zeigt aber auch, wie Ungleichheiten anerkannt und wieder sichtbar gemacht werden können. Die Privilegierten wollen laut Phillips nämlich nicht am Unglück anderer und an der Ungerechtigkeit in der Welt schuld sein. Wenn sie sich ihre Privilegien eingestehen, ist ihr Selbstwertgefühl bedroht, und sie haben das Gefühl, ein schlechter Mensch zu sein. Um diese **kognitive Dissonanz** s. S. 192 aufzulösen, fangen die Probanden in ihren Experimenten an zu lügen. Indem sie ihre eigenen Vorteile leugnen, schaffen die Privilegierten aber noch mehr Ungerechtigkeit.

Frühere Studien gingen davon aus, dass Menschen ihre Privilegien verschleiern, weil sie ihnen nützlich sind. Aber Phillips vermutet, dass die meisten gar nicht so strategisch vorgehen. Wenn man es schaffe, Menschen im Gespräch über ihre Privilegien trotzdem das sichere Gefühl zu geben, sie nicht für schlechte Menschen zu halten, dann seien sie viel motivierter, etwas am Status quo zu verändern.

Anteil von Ministerinnen im internationalen Vergleich (2017):[7]

Frankreich: 52,9 %

Dänemark: 42,9 %

Spanien: 38,5 %

Deutschland: 33,3 %

Südkorea: 9,1 %

Anteil von Voll- und Teilzeitbeschäftigten in Deutschland nach Geschlecht (2018) in Millionen:[8]

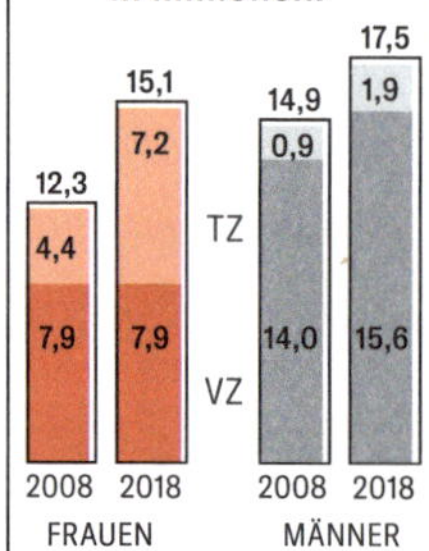

BITS & KIDS

50 Prozent der Jugendlichen surfen nach Ansicht ihrer Eltern zu viel.[1]

Die Internetnutzung steigt in allen Altersgruppen – die 30- bis 49-Jährigen haben ihre tägliche Screen-Time von 2017 auf 2018 um 41 Prozent erhöht, die 14- bis 29-Jährigen »nur« um 29 Prozent.[2]

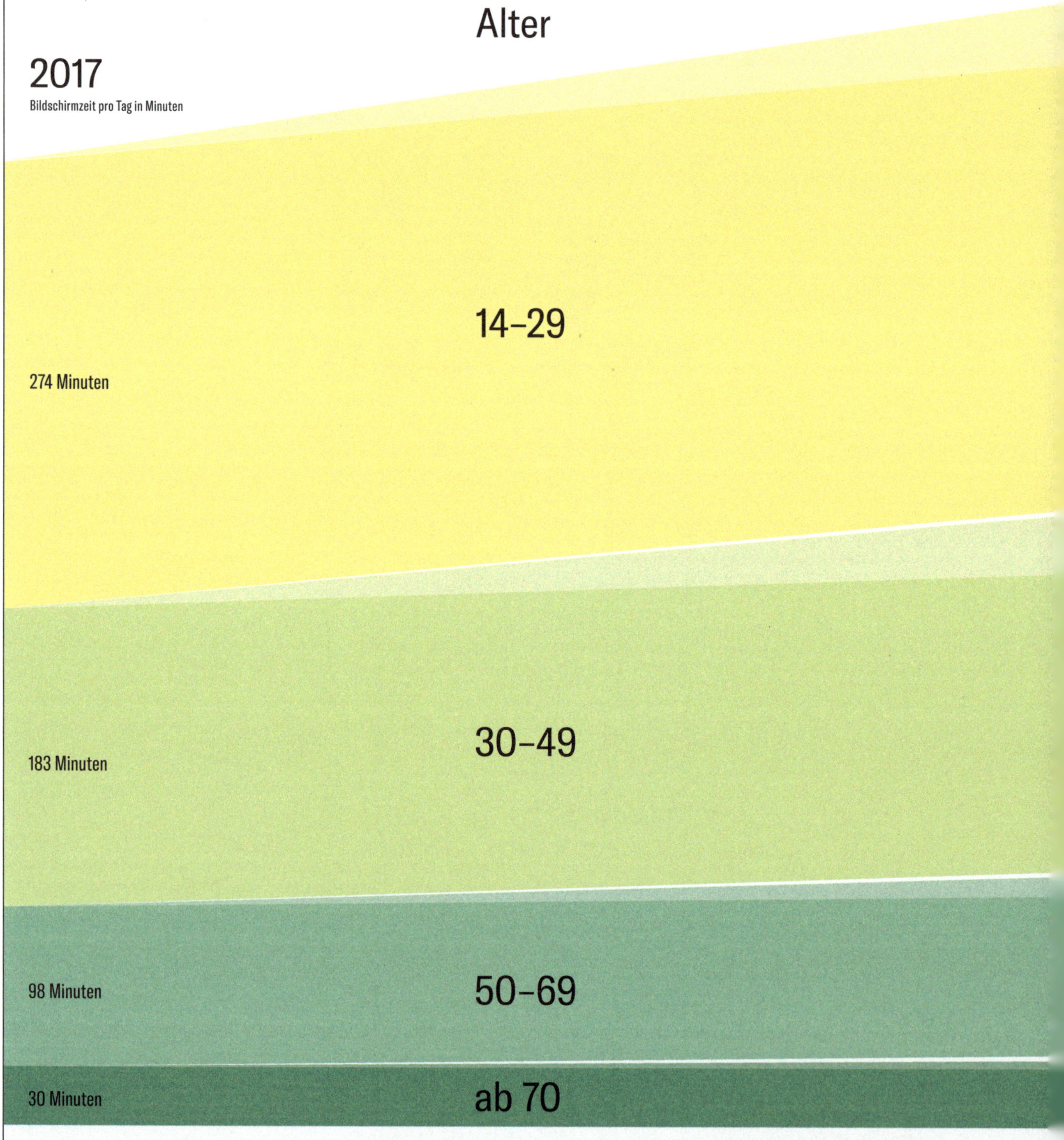

2018

Bildschirmzeit pro Tag in Minuten

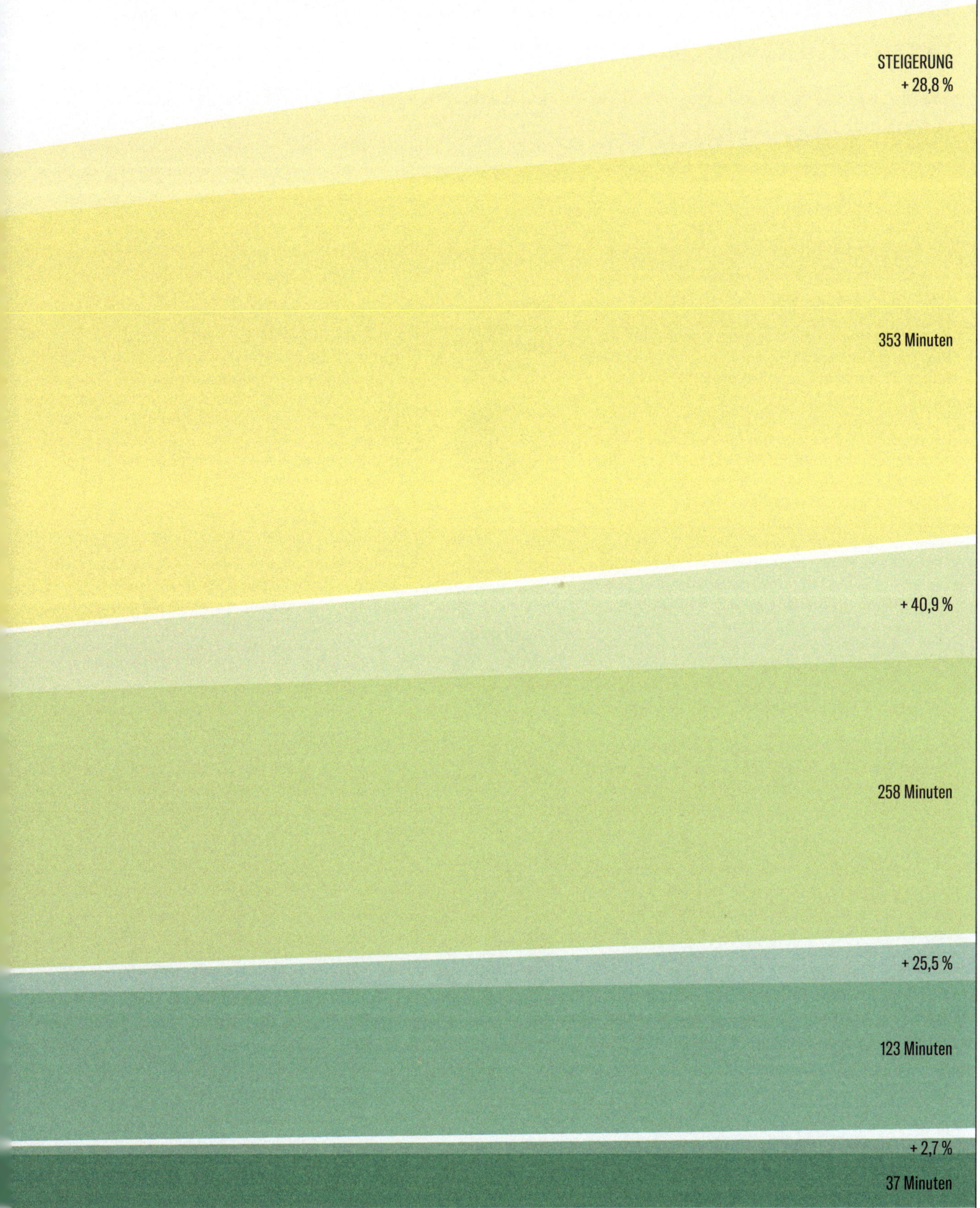

Smartphone killed the Video Star

Die moralische Panik, dass neue Medien die junge Generation verderben, gibt es schon seit Jahrhunderten. Drei Gründe, warum diese Ängste vielleicht doch nicht gerechtfertigt sind.

1. TECHNOLOGIEKRITIK ALS KONSTANTE: Die Furcht, dass revolutionäre Kommunikationsmittel die Gesellschaft »verderben«, gibt es nicht erst seit Erfindung des Computers. Im deutschen Kaiserreich war das Telefon zuerst nur in der Geschäftssphäre etabliert, bis es dann langsam in die Häuser des gehobenen Bürgertums einzog. Viele hätten damals Angst vor diesem Einbruch in die bürgerliche Privatsphäre gehabt, erklärte die Technikhistorikerin Anke Woschech in einem Interview. Das Klingeln sei als Störung der Etikette verstanden worden und hätte neue Umgangsformen verlangt. Dabei sei es auch um das Hinterfragen der ständigen Erreichbarkeit gegangen – eine Debatte, die auch im Kontext des Smartphones noch geführt wird. Oft liege in der Angst ein gut begründetes Unbehagen, so Woschech.[3] Nicht immer jedoch treten die Szenarien so ein wie befürchtet.

2. SCREEN TIME UNGLEICH SCREEN TIME: Wenn Kinder mit ihrem Smartphone hantieren, denken viele Erwachsene, das sei automatisch »verschwendete« Zeit. Dabei konnten sich die meisten Eltern irgendwann darauf einigen, dass nicht alle TV-Serien ihren Kindern schaden – »Die Sendung mit der Maus« war nie auf einer Stufe mit »Teenage Mutant Ninja Turtles«.

Tatsächlich dient ein Drittel der Internetnutzung ja sozialen Zwecken, was man über die Nutzung älterer Medien wie des Fernsehers nicht sagen kann. Eine Studie des Medienpädagogischen Forschungsverbunds Südwest befragte mehr als 1000 Jugendliche. Das Ergebnis: Im Schnitt verbringen sie 33 Prozent ihrer Onlinezeit mit der Kommunikation und immerhin zehn Prozent mit der Informationssuche. Diese knappe Hälfte der »guten« Bildschirmzeit steht der »schlechten« anderen Hälfte gegenüber: 30 Prozent der Zeit nimmt Unterhaltung – Musik, Videos, Bilder – ein, und 26 Prozent entfallen auf Spiele.[4] Eltern, für die Vertrauen gut, aber Kontrolle besser ist, installieren deshalb Apps auf den Smartphones ihrer Kinder, die messen und einschränken, wie viel Zeit sie auf welchen Apps verbringen. Die Bildschirmzeit messen mittlerweile übrigens die meisten Smartphones von allein. Eltern, die etwas Orientierung suchen, können sich dort ansehen, wie schnell die Nachrichten morgens, die Terminabsprachen über den Tag, die sozialen Medien abends und das Hörbuch nachts sich zu vier bis sechs Stunden Screen Time ansammeln.

3. DER MYTHOS DER »SMOMBIES«: »Smombie«, der Smartphone-Zombie, wurde zum Jugendwort des Jahres 2015[5] und zur größten Angst vieler Eltern. Wer »Smombie« sagt, meint einerseits die fehlende Aufmerksamkeit, die zum Beispiel im Straßenverkehr gefährlich werden kann, aber auch die soziale Abwesenheit, die viele bei der aktuellen Generation beobachten wollen.

In einer Studie der Ohio State University verglichen Wissenschaftler die Daten von fast 20 000 Kindern, die 1998 in den Kindergarten kamen, mit denen von mehr als 13 000 Kindern, die 2010 in den Kindergarten kamen. Das Ergebnis: Die Erzieher und Lehrer bewerteten die sozialen Kompetenzen der Kinder in der Gruppe von 2010 nicht schlechter als die der Kinder in der Gruppe von 1998. Die zwischenmenschlichen Fähigkeiten und die Selbstkontrolle der jüngeren Generation war laut der Studie sogar etwas höher. Auch schien die unmittelbare Bildschirmzeit die Sozialkompetenz nicht zu beeinflussen: In beiden Gruppen entwickelten sich die Kinder, die viel Zeit vor dem Bildschirm verbringen, ähnlich wie die, die seltener vor dem Screen sitzen. »Insgesamt haben wir sehr wenige Beweise dafür gefunden, dass die Zeit, die vor dem Bildschirm verbracht wird, bei den meisten Kindern der Sozialkompetenz schadet«, sagt der Studienautor Douglas Downey.[6]

WIE SICH DIE INTERNETNUTZUNG VON JUNGEN UND MÄDCHEN UNTERSCHEIDET[7]

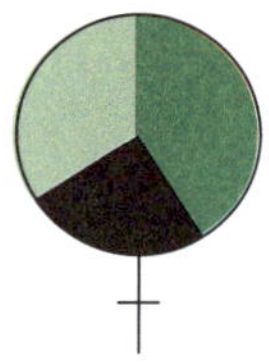

41 % Kommunikation
14 % Spiele
11 % Informationssuche
34 % Unterhaltung

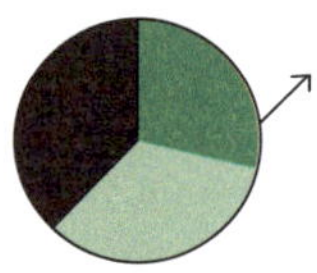

29 % Kommunikation
34 % Spiele
10 % Informationssuche
28 % Unterhaltung

Anteil der Smartphone-Nutzer, die ihr Gerät nicht für einen Monat hergeben würden, wenn sie …[8]

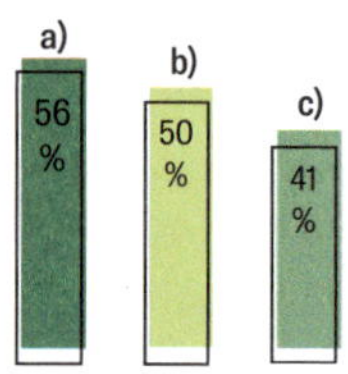

a) eine Gehaltserhöhung von 10 % bekämen
b) eine Extrawoche Urlaub nehmen könnten
c) 1000 US-Dollar erhielten

54 Prozent der Deutschen bekennen sich wegen Hetzkommentaren im Internet seltener zu ihrer politischen Meinung.[1]

Gibt es einen Zusammenhang zwischen hetzerischen Inhalten im Netz und realer Gewalt?

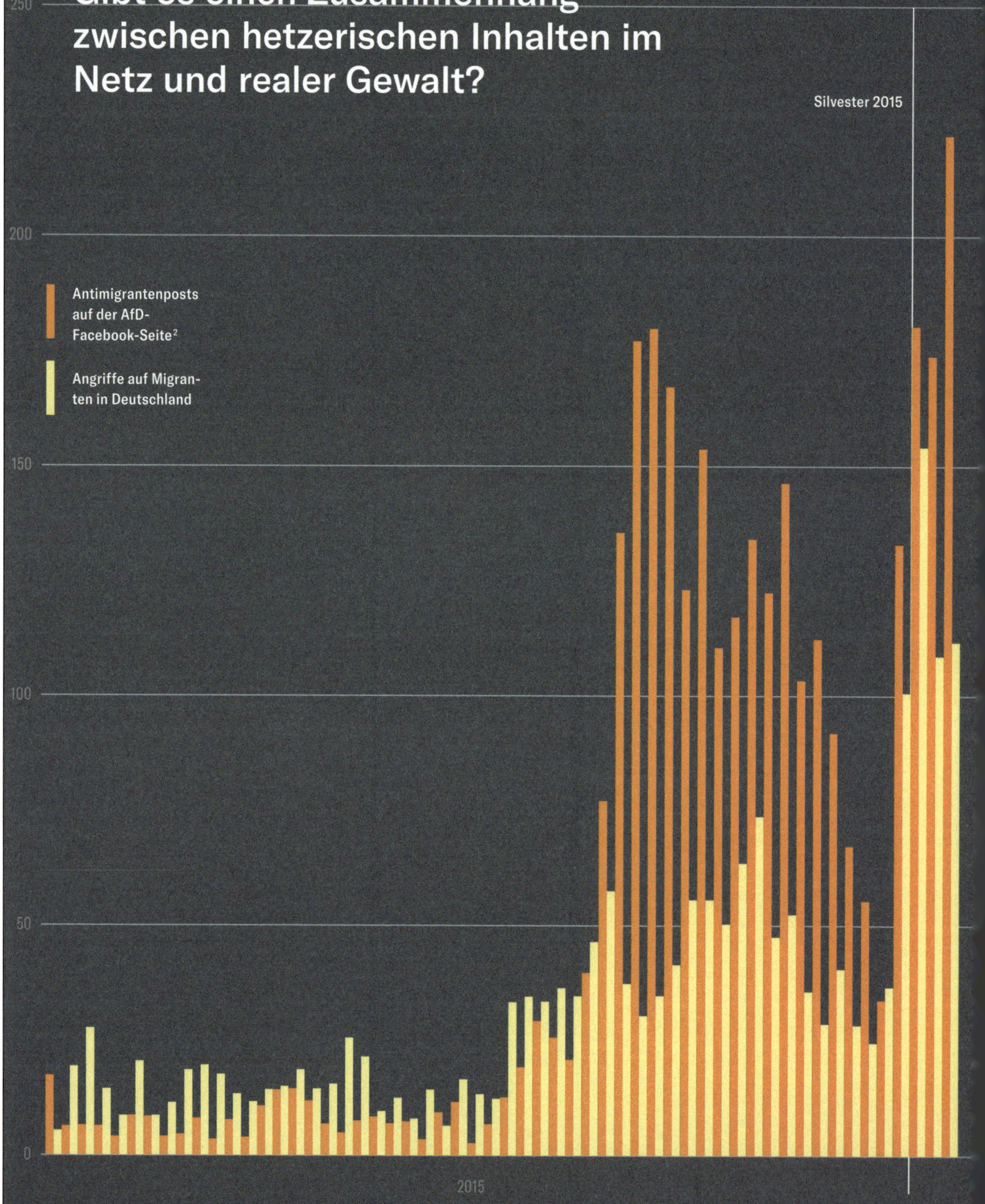

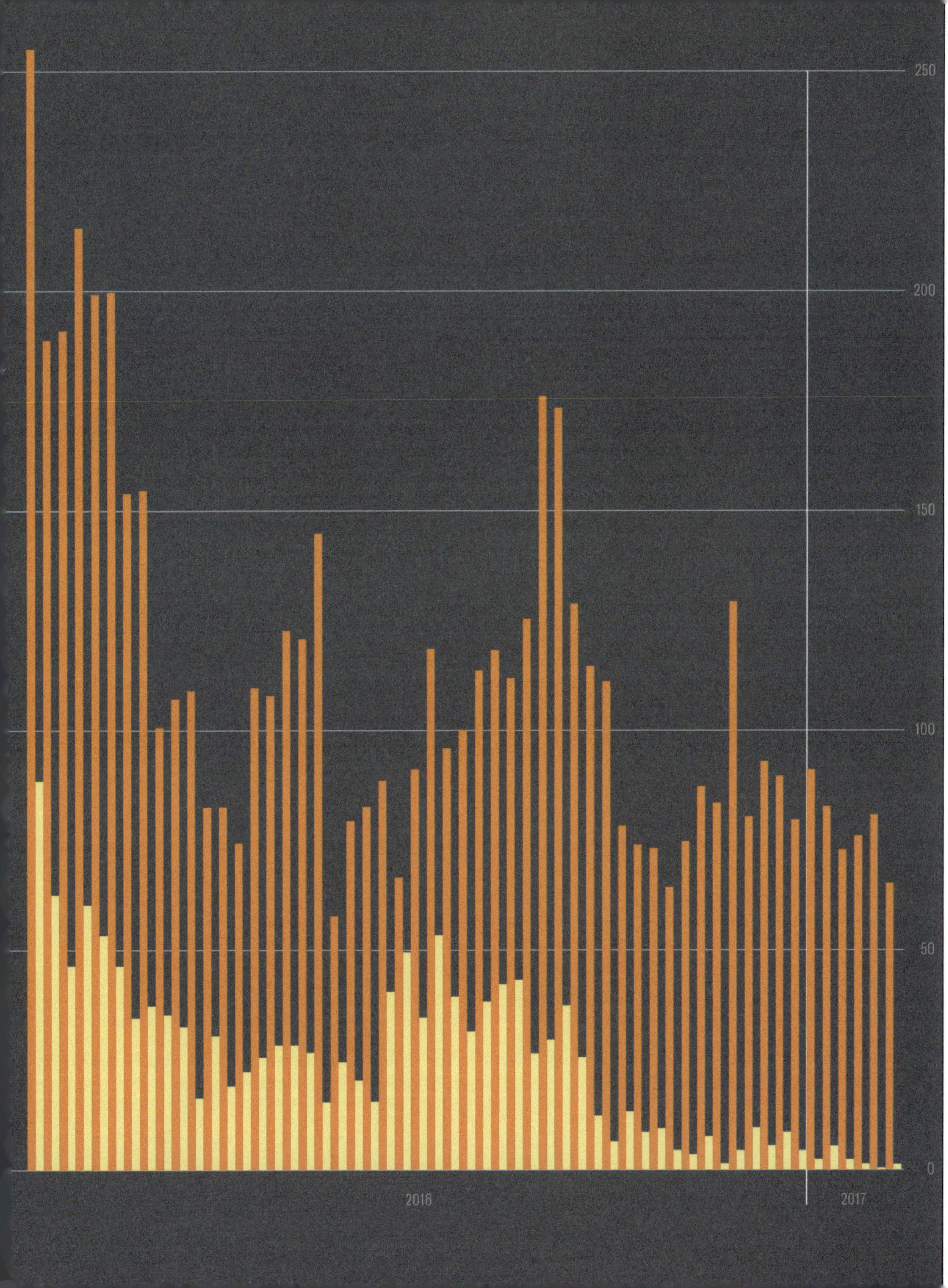
250
200
150
100
50
0
2016
2017

Diskussionsunkultur

Mit Hass und Hetze versuchen wenige, die Grenze des Sagbaren für viele zu verschieben.

Das Internet, sagte Bundeskanzlerin Angela Merkel einst, ist »Neuland«.[3] Sie musste für den Satz viel Häme einstecken, dabei ist es ein passendes Bild: Neuland, das klingt wie ein gerade entdeckter Kontinent, auf dem die Gesetze und Grenzen der alten Welt nicht gelten, auf dem alles möglich ist und alles erlaubt. Und vor allem: ein Ort, an dem man auf sich allein gestellt ist.

Für viele Menschen auf der ganzen Welt fühlt es sich genauso an. Menschen, die von Hasskommentaren im Netz verfolgt werden. Politikerinnen und Politiker, Klimaschützer oder Umweltaktivistinnen, Fußballer, die einen Elfmeter verschossen haben, Schülerinnen, die von Klassenkameraden gemobbt werden.

2018 wurden in Deutschland nur 1472 Hasspostings polizeilich erfasst.[4] Aber die Dunkelziffer hat viele Nullen mehr. Lange gingen die Internetgiganten kaum gegen Hate Speech, **Bots** s. S. 190 und **Trolle** s. S. 195 vor, weil sie sich auf Meinungsfreiheit beriefen und die Tatsache, dass sie als Plattform nicht für die Veröffentlichungen der Nutzer verantwortlich gemacht werden könnten. Die Folgen für die Betroffenen, die manchmal sogar um ihr Leben und das ihrer Liebsten fürchten, sind fatal.

Vor allem Menschen mit Migrationshintergrund oder politisch engagierte Menschen werden Opfer von Hate Speech. Unter diesem Begriff werden Formulierungen zusammengefasst, die sich gegen Einzelne oder Gruppen richten, um sie zu beleidigen, abzuwerten und zu bedrohen: Das schließt Sexismus, Rassismus und Antisemitismus genauso ein wie Homophobie oder die Diskriminierung vermeintlich ärmerer Gesellschaftsschichten. Eine eindeutige juristische Definition für Hasspostings fehlt in Deutschland. Allerdings kann der Straftatbestand der Beleidigung oder Volksverhetzung greifen.[5] Die große Frage: Wie schützt man Grundrechte und Unversehrtheit der Nutzer – und zugleich die Meinungsfreiheit? Es gibt verschiedene Ansätze:

1. GESETZE: Das 2017 verabschiedete Netzwerkdurchsetzungsgesetz verpflichtet Facebook und Co unter hoher Strafandrohung, illegale Posts wie Hasskommentare zu löschen[6] – in Zukunft sollen die Firmen relevante Fälle an das BKA weiterleiten.[7]

2. KONTEXT: Twitter verbirgt fragwürdige Tweets von US-Präsident Donald Trump seit dem Frühjahr 2020 zunehmend hinter Warnschildern, die Nutzer darauf hinweisen, dass sie gegen die Regeln des Netzwerks zu »missbräuchlichem Verhalten« verstoßen.[8]

3. CMD+X: Künstliche Intelligenz soll Hasspostings nach dem Upload löschen.[9]

Hate Speech ist eine Strategie: Kritiker sollen mundtot gemacht, die Grenze des Sagbaren verschoben, die öffentliche Meinung in eine bestimmte Richtung gedrängt werden. Doch auch für die Gesellschaft und die **Diskurskultur** s. S. 191 hat das Beschimpfungsbombardement Konsequenzen: Wo Hass unwidersprochen stehen bleibt, wird er zur neuen »Normalität«. Das Bundeskriminalamt ordnete 2018 einen Großteil der polizeilich erfassten Hasspostings dem rechtsextremen Spektrum zu: 77 Prozent. Neun Prozent der Postings wurden dem linksextremen Spektrum zugeschlagen, die restlichen 14 Prozent verteilten sich unter anderem auf »ausländische oder religiöse Ideologien«.[10] Hass im Netz kann Hass auf der Straße Vorschub leisten. Der Kasseler Regierungspräsident Walter Lübcke etwa war vor seiner Ermordung 2019 massiv im Internet angefeindet worden.[11] Eine direkte Kausalkette lässt sich freilich bei solchen Vorfällen nicht ziehen. Tröstlich ist das trotzdem nicht.

Eigentlich haben die Betreiber sozialer Netzwerke Hate Speech in ihren Community-Standards verboten[12] – nur wurden die Verstöße selten konsequent verfolgt. Im Juni 2020 zogen während der »Black Lives Matter«-Proteste dann viele Unternehmen ihre Werbeanzeigen auf Facebook zurück, weil ihnen die Plattform zu zögerlich gegen Hetze und Fake News vorgin. Der Aktienkurs von Facebook verlor daraufhin innerhalb eines Tages acht Prozent an Wert.[13] Vielleicht hilft ja das.

Anzahl der von Facebook gelöschten Hate-Speech-Inhalte, jeweils 1. Quartal[14] (in Mio.)

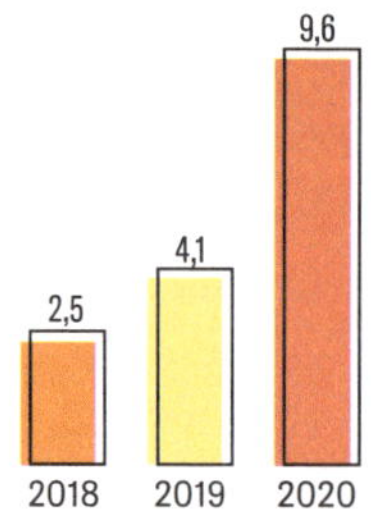

Anteil der Menschen in Deutschland, die nach eigenen Angaben Erfahrung mit Hass im Netz gemacht haben[15]

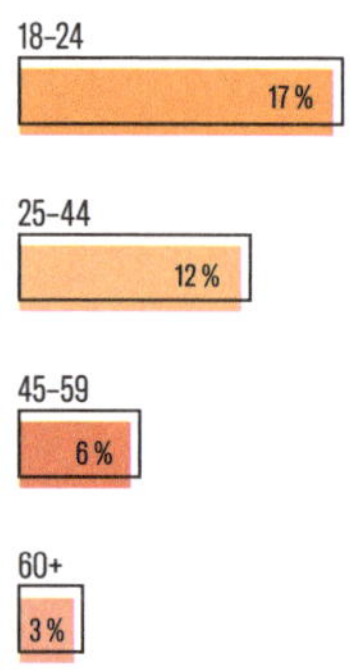

FRAUENKRIMI

Nur 5,92 Prozent der Strafgefangenen in Deutschland waren 2019 weiblich.[1] Sind Frauen wirklich so harmlos?

25 Prozent aller Tatverdächtigen im Jahr 2019 in Deutschland waren Frauen.[2]

Häufigste Straftaten, die Frauen begehen:[4]

Betrug
21,32 %

Diebstahl ohne erschwerende Umstände
21,16 %

Körperverletzung
12,66 %

Beleidigung
11,0 %

Straftaten gegen das Aufenthalts-, das Asyl- und das Freizügigkeitsgesetz/EU
8,93 %

Rauschgiftdelikte
7,14 %

Straftaten gegen die persönliche Freiheit
4,88 %

Alter der weiblichen Strafgefangenen in Deutschland:[3]

Altersgruppe	14–18	18–21	21–30	30–40	40–50	50–60	60–70	70 und älter
Strafgefangene in %	1,0	2,7	19,3	35,4	23,6	13,1	4,0	0,8

Häufigste Straftaten, die Männer begehen:[5]

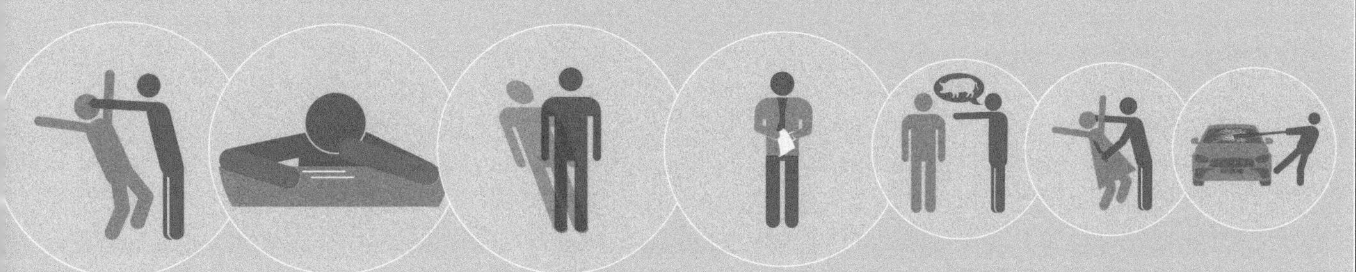

Körperverletzung 17,02 %

Rauschgiftdelikte 16,40 %

Betrug 16,31 %

Diebstahl 14,37 %

Beleidigung 8,43 %

Schwere Körperverletzung, Verstümmelung weiblicher Genitalien 7,80 %

Sachbeschädigung 6,94 %

Das gute Geschlecht?

Frauen begehen wesentlich seltener Verbrechen als Männer. Dafür gibt es mehrere Erklärungsansätze. Es gilt: Die Damen sind etwas weniger, aber vor allem anders kriminell.

550 Männer saßen 2019 in Deutschland in Sicherungsverwahrung, die dazu dient, »die Allgemeinheit vor gefährlichen Straftätern zu schützen« – und exakt eine Frau.[6] Sind Frauen die besseren Menschen? Oder lassen sie sich nur seltener erwischen? Fakt ist, dass der Anteil weiblicher Strafgefangener in den vergangenen Jahren immer konstant unter zehn Prozent lag.[7] Obwohl sie in der polizeilichen Kriminalstatistik immerhin ein Viertel der Tatverdächtigen stellen.[8] Woran liegt das genau?

Zum einen zeigt ein Blick in die Statistik, dass Frauen eher Eigentums- und Vermögensdelikte begehen – und weniger Gewaltstraftaten. Männer dagegen werden deutlich häufiger gewalttätig, begehen generell schwerere Taten als Frauen.[9] Das führt natürlich auch zu höheren Verurteilungen und Haftstrafen.

Was Menschen dazu bringt, kriminell zu werden, hängt von vielen Faktoren ab. Die Biologie könnte eine Rolle spielen, die Erziehung, aber auch die Gesellschaft, in der wir leben. In der öffentlichen Wahrnehmung sind Männer eher Täter, Frauen eher Opfer. Das liegt nicht nur an traditionellen **Rollenbildern** s. S. 194. Frauen seien nicht nur weniger aggressiv, sagte die Kriminologin Susanne Karstedt kürzlich in einem Interview mit *Deutschlandfunk Kultur*, »Frauen sind offensichtlich auch psychisch resistenter als Männer. Und (...) auch weniger anfällig für Alkoholsucht, Drogensucht. Sie sind also insgesamt das Geschlecht, dass sich normenkonformer verhält.«[10] Das zeigt sich auch nach der Haft: Frauen werden seltener rückfällig als Männer.[11]

Allerdings gelten all diese Erkenntnisse nur für das sogenannte Hellfeld, also die Taten, die tatsächlich erfasst, beurteilt und erforscht werden können. Es ist also durchaus möglich, dass Frauen häufiger kriminell sind als bekannt, aber eben im Dunkelfeld verborgen bleiben.

Im Bereich der häuslichen Gewalt etwa tun sich Frauen ohnehin schon schwer, den Partner anzuzeigen. Aber Männern, die auch Opfer von häuslicher Gewalt werden, fällt diese Entscheidung noch schwerer: Viele fürchten das Stigma, von einer Frau verprügelt worden zu sein, als schwach zu gelten.[12] Aktuell sind rund 20 Prozent der Opfer von häuslicher Gewalt Männer, bei steigenden Fallzahlen.[13]

Die Wissenschaft rät aber auch dazu, die gültige Vorstellung von Gewalt zu überprüfen. Wenn es um physische Gewalt geht, fallen mehr Männer auf. Bei emotionaler oder psychischer Gewalt – Lästerattacken, Beleidigungen, Heruntermachen – sind Frauen durchaus sehr präsent.[14] Und auch bei der Misshandlung von Kindern sind zu 45 Prozent Frauen die Täter.[15]

77,7 %

der **inhaftierten Frauen** sind Deutsche,

22,3 %

sind Ausländerinnen.[16]

63 %

der inhaftierten Frauen sind **vorbestraft**.[17]

Gut gesagt?
»Keine Frau ist so schlecht, dass sie nicht die bessere Hälfte eines Mannes werden kann.«[18]

Heinz Erhardt

Barrieren überwinden

Fake News, Verschwörungstheorien, Realitätsverweigerung: Immer mehr Menschen glauben an Dinge, die mit der Wirklichkeit wenig zu tun haben. Hier erklären zwei Philosophen, wie es zu diesem Phänomen kommt – und wie man mit Menschen diskutiert, die keinen Bezug zur Wirklichkeit haben.

VON:
ROMY JASTER UND DAVID LANIUS

Viele Amerikaner*innen hängen der sogenannten »Birther«-Theorie an, derzufolge Barack Obama kein amerikanischer Staatsbürger und seine Geburtsurkunde gefälscht sei. Flacherdler denken, die Erde sei eine Scheibe. Anhänger von »Pizzagate« behaupten, dass Hillary Clinton und andere Demokratische Politiker*innen während des letzten US-Wahlkampfs im Keller einer Pizzeria in Washington einen Kinderpornoring betrieben hätten. Was vereint diese unterschiedlichen Verschwörungsnarrative?

Eine erste Charakterisierung von Verschwörungstheorien verdanken wir dem Philosophen Karl Popper. In *Die offene Gesellschaft und ihre Feinde* (1945) definiert Popper eine Verschwörungstheorie als »[eine Theorie, die] behauptet, dass die Erklärung eines sozialen Phänomens in dem Nachweis besteht, dass gewisse Menschen oder Gruppen an dem Eintreten dieses Ereignisses interessiert waren, und dass sie konspiriert haben, um es herbeizuführen. Ihre Interessen sind verborgen und müssen erst enthüllt werden.« An dieser Definition sind einige Punkte bemerkenswert.

Erstens handelt es sich bei einer Verschwörungstheorie nicht unbedingt um eine Theorie im engeren Sinn. In der Regel haben wir es nicht mit einem kohärenten System von Behauptungen zu tun, denen generelle Prinzipien zugrunde liegen. Vielmehr geht es um eine Theorie im Sinne der ursprünglichen griechischen Bedeutung von »theōria«, die auch bloße Spekulationen einschließt. Gerade in der Alltagssprache stößt man häufig auf diesen allgemeineren Sinn von »Theorie«. Es ist daher wichtig sich zu verdeutlichen, dass Verschwörungstheorien nicht in demselben Sinne Theorien sind wie wissenschaftliche Theorien. Vielmehr sind sie Theorien im alltagssprachlichen Sinn von lediglich ungeprüften und unzureichend begründeten Behauptungen.

Zweitens kann es nach Poppers Definition auch wahre und vernünftige Verschwörungstheorien geben. Zum Beispiel sind Theorien, die eine tatsächliche Verschwörung zum Gegenstand haben, nach seiner Definition ebenfalls Verschwörungstheorien. Denken wir an Watergate. Bernstein und Woodward, die beiden Reporter der *Washington Post,* die den Watergate-Skandal maßgeblich enthüllten, waren nach Poppers Definition Verschwörungstheoretiker. Bloß lagen sie richtig mit ihrer Theorie.

Popper fängt also das, was heute landläufig unter einer Verschwörungstheorie verstanden wird, nicht ausreichend ein. Denn darunter ist eine Theorie zu verstehen, die Poppers Kriterien zwar erfüllt, aber außerdem in einem problematischen Verhältnis zur Wirklichkeit steht. Das ist ein wichtiger Punkt, den auch der Erkenntnistheoretiker David Coady in seinem Aufsatz »Are conspiracy theorists irrational« (in: *Episteme: A Journal of Social Epistemology,* 4.2, 2007) stark macht: Das Problem an Verschwörungstheorien ist nicht, dass eine Verschwörung behauptet wird, sondern dass für diese Behauptung keine hinreichend gute Begründung vorhanden ist.

Der Psychologe Preston Bost arbeitet diesen Punkt besonders anschaulich heraus. Bost stellt uns zwei Personen vor, die unterschiedliche Erklärungen für die Ereignisse des 11. September 2001 für wahr halten. Eine der beiden glaubt, dass die Ereignisse auf geheime, koordinierte Handlungen von Terrorist*innen zurückzuführen seien. Die andere glaubt, dass die Ereignisse durch geheime, koordinierte Handlungen der amerikanischen Regierung ausgelöst wurden. Beide glauben, dass es eine Verschwörung gegeben hat, doch nur eine der beiden Erklärungen, die zweite, gilt als Verschwörungstheorie. Was aber ist der Unterschied? Wir wollen drei Merkmale beleuchten.

Erstens sind Verschwörungstheorien so gestrickt, dass sie kaum eine Korrektur zulassen. Denn Einwände gegen die Verschwörungstheorie werden strukturell abgewehrt. Aus Sicht der Verschwörungstheoretiker-

*innen kommen sie schließlich entweder von Privatpersonen, die im Lichte der Verschwörungstheorie schlichtweg »sheeple« (also naive Schafsmenschen) sind oder von Seiten der Medien oder anderer offiziellen Stellen, deren Gegenrede erwartbar und als Teil der Verschwörung zu verbuchen ist. Wie die Rechtswissenschaftler Cass R. Sunstein und Adrian Vermeule in ihrem Buch *Conspiracy Theories: Causes and Cures* (2009) bemerken, erfüllen Verschwörungstheorien die Merkmale eines Forschungsprogramms, das der Wissenschaftstheoretiker Imre Lakatos »degenerativ« nennt: Gegenläufige Evidenz wird wegerklärt, indem immer neue Theoriebausteine hinzugefügt und die Widerlegung zentraler Annahmen verweigert wird.

Je länger eine Verschwörungstheorie diskutiert wird, desto unwahrscheinlicher ist es, dass sie zutrifft.

Ein zweites Merkmal von Verschwörungstheorien besteht darin, dass sie systematisch die Durchhaltbarkeit der verschwörerischen Aktivitäten überschätzen. In offenen Gesellschaften ist es überaus schwierig, Geheimnisse zu wahren, deren Aufdeckung im öffentlichen Interesse liegt. Und es wird umso unwahrscheinlicher, dass ein Geheimnis gehütet werden kann, je mehr Akteur*innen eingeweiht sind. Verschwörungstheorien überschätzen in aller Regel die Kompetenz und Verschwiegenheit derjenigen, die angeblich an der Verschwörung beteiligt sind. Sunstein und Vermeule verdeutlichen das am Beispiel der 9/11-Verschwörung: Man stelle sich vor, was alles getan werden müsste, um die Rolle der Regierung in der Inszenierung jenes spektakulären Terrorangriffs auf eigenem Territorium zu verschleiern. Wie viele Mitwissende es gäbe! Die Wahrscheinlichkeit, dass die Sache nicht herauskäme, wäre extrem gering. Sowohl David Grimes (in »Correction: On the Viability of Conspiratorial Beliefs«) als auch Brian Keeley (in »Of Conspiracy Theories«) betonen außerdem, dass Zeit eine entscheidende Rolle spielt. Je länger eine Verschwörungstheorie diskutiert wird, ohne dass positive Evidenz für sie vorgebracht werden können, desto unwahrscheinlicher ist es, dass sie zutrifft.

Drittens sind Verschwörungstheorien problematisch, weil sie auf einem Misstrauen gegenüber einer großen Zahl der Institutionen beruhen, die in unserer Gesellschaft Wissen generieren. Wie können Anhänger*innen von Verschwörungstheorien dann überhaupt an Wissen gelangen? Sunstein und Vermeule reißen das Problem erneut am Beispiel der 9/11-Verschwörung auf. Die Theorie beinhaltet, dass die 9/11-Aufklärungskommission, Kongressabgeordnete, das FBI und die Medien entweder mitgemischt haben oder sich hinters Licht führen ließen. Wer das allerdings glaubt, zerstört damit die Grundlage, auf der ein Großteil seiner anderen Überzeugungen beruht; denn diese sind ebenfalls nur durch Vertrauen in eben jene Institutionen gerechtfertigt. Robert Wilson schreibt in diesem Zusammenhang über Holocaustleugner*innen: »Eine Verschwörung, die uns über sechs Millionen Tote täuschen kann, kann uns über alles täuschen, und dann braucht es blindes Vertrauen seitens der Holocaustleugner*innen, um zu glauben, dass der Zweite Weltkrieg überhaupt stattgefunden hat oder dass Franklin Roosevelt von 1933 bis 1945 Präsident war oder dass Marilyn Monroe ›wirklicher‹ war als King Kong oder Donald Duck.« (Brian Keeley: »Of Conspiracy Theories«)

Diese drei Merkmale von Verschwörungstheorien zeigen auf, dass ihre Anhänger in einem problematischen Verhältnis zur Wirklichkeit stehen. Verschwörungstheorien müssen deshalb nicht unbedingt falsch sein. An sie zu glauben, ist aber in mehrfacher Hinsicht irrational.

FAKE NEWS

Fake News sind nicht dasselbe wie Verschwörungstheorien. Das sieht man unmittelbar daran, dass Fake News häufig ohne die Annahme einer Verschwörung auskommen. Einer Analyse des Onlinemagazins *Buzzfeed* zufolge war die populärste Fake News über Angela Merkel in den Jahren 2015/16: »Angela Merkel: Deutsche müssen Gewalt der Ausländer akzeptieren.« Hier wird keine Verschwörung behauptet. Die (falsche) Behauptung ist schlichtweg, Merkel habe zu einem bestimmten Umgang mit Ausländerkriminalität aufgerufen.

Was also sind Fake News? Wie wir ausführlich in unserem Buch *Die Wahrheit schafft sich ab: Wie Fake News Politik machen* darlegen, sind Fake News Berichterstattungen, die in zweierlei Hinsichten problematisch sind. Erstens vermitteln sie ein falsches Bild der Wirklichkeit: Fake News sind entweder in ihrer wörtlichen Bedeutung falsch, oder sie kommunizieren etwas Falsches. Zweitens mangelt es ihren Verfasser*innen an Wahrhaftigkeit: Sie verfolgen entweder eine Täuschungsabsicht oder stehen der Wahrheit gleichgültig gegenüber. Auf Verschwörungstheorien trifft all das nicht zwangsläufig zu. Wie wir bereits gesehen haben, zeichnen Verschwörungstheorien nicht unbedingt ein falsches Bild der Wirklichkeit. Auch wenn es sehr unwahrscheinlich ist, dass sie sich als wahr herausstellen. Verschwörungstheoretiker*innen fehlt es zudem nicht notwendigerweise an Wahrhaftigkeit. Im Unterschied zu den Produzent*innen von Fake News halten sie sogar häufig die Behauptungen für wahr, die sie verbreiten. Fake News und Verschwörungstheorien sind

Wir nehmen vor allem die Informationen zur Kenntnis, die unseren Wünschen, Erwartungen und bereits bestehenden Überzeugungen entsprechen.

allerdings insofern miteinander verschränkt, als dass es einige Fake News gibt, die Verschwörungstheorien zum Gegenstand haben. So gab es eine ganze Reihe von Fake News über die so genannte »Pizzagate«-Verschwörung. Sie wurden von den russischen Staatsmedien RT und Sputnik und vielen rechten amerikanischen Medien mit dem mutmaßlichen Ziel verbreitet, Unsicherheit zu säen und Menschen zu täuschen. Doch die zugrunde liegende Verschwörungstheorie war schon zuvor im Umlauf.

Bei näherem Hinsehen zeigt sich außerdem, dass die weite Verbreitung von Fake News und die große Popularität von Verschwörungstheorien durch dieselben Dynamiken begünstigt werden. Beide Phänomene bekommen durch psychische Mechanismen Auftrieb, die in gewissem Maße völlig normal und in vielen Fällen ausgesprochen nützlich sind. In bestimmten Situationen und gerade in ihrem Zusammenspiel mit den neuen Medien können sie allerdings dazu führen, dass Menschen eigentlich unbegründete Annahmen letztlich für plausibel halten.

»WIE KOMMT MAN AUF SO WAS?!«

Das Internet hat zwar zu einer Demokratisierung der Veröffentlichungsmöglichkeiten, aber auch zu einer potentiell großen Reichweite für Inhalte geführt, die jeder Rechtfertigung entbehren. Jede Nutzer*in kann sich ihre Informationsquellen nach eigenem Dafürhalten zusammenstellen. Vor diesem Hintergrund wird ersichtlich, wieso unsere psychische Funktionsweise in Zeiten des Internets so deutlich zu Buche schlägt: Wenn mehr Menschen mehr Informationen selbst auswählen, dann wirken sich bereits geringfügige Tendenzen zur Fehlselektion sichtbarer aus.

Ein grundlegender Mechanismus, vor dem so gut wie niemand gefeit ist, wird in der Psychologie »selektive Wahrnehmung« s. S. 194 genannt: Wir nehmen vor allem die Informationen zur Kenntnis, die unseren Wünschen, und bereits bestehenden Überzeugungen entsprechen. Wenn wir auf Informationen treffen, die nicht dazu passen, erleben wir ein Gefühl, das man als »kognitive Dissonanz« s. S. 192 bezeichnet: Wir erleben Stress, weil Inhalte nicht zusammenpassen. Das versuchen wir normalerweise zu umgehen. Wir schauen daher nicht so genau hin, wenn etwas nicht zu unseren Überzeugungen passt, halten es für weniger einschlägig oder plausibel und vergessen es schneller wieder.

Allerdings reagieren wir stets besonders deutlich auf negative Berichte. Evolutionär ist das leicht erklärbar: Wer hinter dem Baum einen Bären und nicht ein Eichhörnchen vermutet, hat bessere Überlebenschancen. Angst macht sich bezahlt. Negativberichte ziehen unsere Aufmerksamkeit daher am stärksten in den Bann. Man spricht hier vom »Negativitätsbias«. Wenn ein negativer Bericht zudem vertraute Stereotype aufgreift, hat er besonders leichtes Spiel. Er nutzt in diesem Fall zusätzlich den sogenannten »Vertrautheitsbias« aus. Unsere selektive Wahrnehmung gibt dem Bericht dann besonders hohes Gewicht, weil er Bestätigungsfehler, Negativitätsbias und Vertrautheitsbias zugleich bedient.

Dass diese Mechanismen Fake News und Verschwörungstheorien begünstigen, ist leicht zu sehen. Politische Schmutzkampagnen und ideologische Hetze eignen sich, im Internet Gehör zu finden. Fake-News-Produzent*innen, die mit Klicks Geld verdienen wollen, können ihre Inhalte direkt so zuschneiden, dass sie auf fruchtbaren Boden fallen. Verschwörungstheorien haben typischerweise stereotype und bedrohliche Inhalte. Denken wir nur an die diversen Theorien einer jüdischen Weltverschwörung. Im Kampf um die Aufmerksamkeit der Nutzer*innen sind Fake News und Verschwörungstheorien daher hervorragend aufgestellt.

Ist eine Fake News oder Verschwörungstheorie erst einmal in Umlauf, können Kaskadenphänomene in Gang kommen. Beinahe alle unsere Überzeugungen beruhen auf den Berichten anderer Menschen. Welche haben Sie wirklich ganz und gar allein erworben und nicht aus einem Buch, aus der Zeitung, aus Erzählungen, von Ihren Eltern oder Freunden? Manchen Berichten vertrauen wir, anderen nicht. Aber wenn einige Menschen in unserem Umfeld eine Information für wahr halten und sie uns plausibel vorkommt, stehen die Chancen gut, dass auch wir sie verbreiten. Dieser Effekt kann sich zu einer sogenannten »Informationskaskade« verselbständigen. Je mehr Menschen die Information für wahr halten, desto mehr Grund haben weitere Menschen, sie ebenfalls zu glauben. So können selbst Informationen, für die niemand eine unabhängige Rechtfertigung hat, eine immer höhere Plausibilität bekommen, einfach weil immer mehr Menschen sie für wahr halten.

Dabei muss noch nicht einmal alles, was geteilt wird, auch tatsächlich geglaubt werden. Gerade in Echokammern s. S. 192, in denen kritische Stimmen weitestgehend ausgeklammert werden, besteht ein hoher Konformitätsdruck. Es ist umso schwieriger, sich den vermeintlichen Überzeugungen der anderen zu verschließen, je größer die

Gruppe derer ist, die sich hinter eine Behauptung stellen. Wenn sich dieser Konformitätsmechanismus verselbständigt, spricht man von einer »Konformitätskaskade«. Menschen behaupten Dinge, ohne zu prüfen, ob sie das Behauptete wirklich glauben, weil sie soziale Sanktionen vermeiden und Teil der Gruppe sein wollen. Sie verhalten sich in jeder Hinsicht so, als wären sie wirklich überzeugt, reden aber tatsächlich nur anderen Menschen nach dem Mund. Je mehr Menschen das tun, desto höher wird für alle anderen der Anpassungsdruck. So kann es geschehen, dass sehr viele Menschen etwas nachdrücklich behaupten, von dem aber kaum jemand wirklich überzeugt ist.

Angesichts dieser Kaskadenphänomene in Echokammern überrascht es nicht, dass Demokrat*innen in den USA mit ebenso hoher Wahrscheinlichkeit glauben (oder jedenfalls behaupten), dass George W. Bush über die Ereignisse des 11. September Bescheid gewusst habe, wie Republikaner*innen davon überzeugt sind (oder dies jedenfalls angeben), dass Barack Obama kein US-amerikanischer Staatsbürger sei (DiFonzo, »Conspiracy Rumor Psychology«).

Konformitätskaskaden hängen eng mit dem Phänomen des »Tribalismus« (vom englischen »tribe«, also Stamm) zusammen. In polarisierten Diskussionen ist die Identifikation mit der eigenen Gruppe in der Regel besonders stark. So stark, dass die Stärkung der Gruppe häufig das Ziel, mit seinen Meinungen richtigzuliegen, trumpft. DiFonzo weist zum Beispiel auf eine Verschwörungstheorie hin, die nach den Massenmorden an der US-amerikanischen Sandy-Hook-Grundschule die Runde machte. Der Theorie zufolge sei der Anschlag eine Inszenierung mit dem Zweck gewesen, das Recht auf Waffenbesitz politisch zu beschneiden. Ob diese Theorie tatsächlich geglaubt oder lediglich behauptet wurde, ist schwer zu sagen. Dass unter anderem tribalistische Motive eine Rolle gespielt haben, liegt jedoch auf der Hand.

Stellt man sich diese Dynamiken in einer sich wiederholenden Schleife vor, dann wird ersichtlich, dass in einer Echokammer nach und nach Inhalte Fuß fassen, die ursprünglich keine Fürsprecher*innen gefunden hätten. Geschieht das in mehreren Echokammern, driften die Überzeugungen ihrer jeweiligen Bewohner*innen weiter und weiter auseinander. Weltbilder entfernen sich voneinander, und ganze Gesellschaften polarisieren sich.

Diese Mechanismen begünstigen gleichermaßen die Verbreitung von Fake News und Verschwörungstheorien. Fake News werden in der Regel gezielt so formuliert, dass sie das bestehende Weltbild einer bestimmten Gruppe emotional und kognitiv ansprechen – mit einem politischen oder kommerziellen Interesse. Verschwörungstheorien sprechen das bestehende Weltbild ihrer Anhänger ebenfalls an. Doch geschieht dies normalerweise dynamisch, weil sie in der Regel nicht mit einem politischen oder kommerziellen Interesse kreiert (wenn auch später nicht selten so genutzt) werden. Stattdessen sammeln Verschwörungstheoretiker*innen einfach diejenigen Überzeugungen zusammen, die aus ihrer Sicht gut zusammenpassen, und dann nimmt ihre Verbreitung durch besagte Mechanismen ihren Lauf.

Insbesondere über die kognitive Verfasstheit von Verschwörungstheoretiker*innen ließe sich noch mehr sagen. So spielt es eine wichtige Rolle, dass Verschwörungstheorien die Welt vereinfachen und den Anschein von Kontrollierbarkeit erzeugen, indem Absichten unterstellt werden, die nicht vorhanden sind. Ein weiteres zentrales Merkmal sind Ressentiments, die sich häufig in antisemitischen Narrativen zeigen, die vielen Verschwörungstheorien zugrunde liegen. Den besonders heiklen Fall von Antisemitismus und Rassismus wollen wir im weiteren Text weitestgehend ausklammern. Denn für Diskussionen mit offen rassistischen Personen gelten andere Regeln.

WIE KNACKT MAN VERSCHWÖRUNGSTHEORETIKER*INNEN?

Eine Diskussion mit Verschwörungstheoretiker*innen und den Anhänger*innen abwegiger Fake News ist herausfordernd. Denn beim Diskutieren ist man auf den Austausch von Argumenten angewiesen. Grob gesagt ist ein Argument eine Behauptung, für die eine Begründung mitgeliefert wird. »Obama ist kein Amerikaner« ist kein Argument, sondern eine bloße Behauptung. »Obama ist kein Amerikaner, denn seine Geburtsurkunde, die man auf Reddit anschauen kann, ist gefälscht« ist ein Argument, wenn auch eines, über dessen Plausibilität man streiten kann. Der Unterschied zwischen einem Argument und einer bloßen Behauptung liegt in der Nennung einer Begründung und nicht in ihrer Qualität. Dennoch ist die Qualität der Begründung natürlich nicht gleichgültig. Denn nicht jedes Argument ist ein gutes Argument! Und wie gut ein Argument ist, hängt davon ab, wie gut die Begründung ist. Wenn ein Argument eine Behauptung ist, für die eine Begründung mitgeliefert wird, dann heißt das nichts anderes, als dass ein Argument stets die Form eines Schlusses hat. Es

> Menschen behaupten Dinge, ohne zu prüfen, ob sie das Behauptete wirklich glauben, weil sie soziale Sanktionen vermeiden und Teil der Gruppe sein wollen.

werden Aussagen gemacht, die sogenannten »Prämissen«, die eine weitere Behauptung, die sogenannte »Konklusion«, begründen sollen:

1. Obamas Geburtsurkunde, die man auf Reddit anschauen kann, ist gefälscht. Das ist die Prämisse; sie liefert die Begründung.

2. Also ist Obama kein Amerikaner. Das ist die Konklusion; sie soll begründet werden.

Die Herausforderung beim Diskutieren ist, dass man das Gegenüber nur überzeugen kann, wenn man Prämissen findet, die beide Diskussionspartner*innen akzeptieren. Nur dann kann man in eine konstruktive Argumentation einsteigen. Viele werden zum Beispiel das Argument zugunsten der Konklusion, dass Obama kein Amerikaner ist, nicht besonders überzeugend finden, weil sie nicht glauben, dass das Dokument auf Reddit tatsächlich Obamas Geburtsurkunde zeigt.

Das macht die Diskussion mit Menschen, deren Weltsicht sich stark von der eigenen Weltsicht unterscheidet, so schwierig: Mit manchen Verschwörungstheoretiker*innen und Anhänger*innen von Fake News ist es gar nicht so leicht gemeinsame Prämissen zu finden. Trotzdem ist eine Diskussion nicht aussichtslos. Aber sie muss etwas anders ablaufen, als es normalerweise der Fall ist.

In einem ersten Schritt sollte man sich von der Vorstellung verabschieden, man könne dem Gegenüber direkt nachweisen, dass es einer falschen Überzeugung anhängt. Wenn jemand sagt, Obamas gefälschte Geburtsurkunde auf Reddit zeige, dass er kein Amerikaner sei, dann wird man sich aller Wahrscheinlichkeit nach die Zähne daran ausbeißen, diese Behauptung zu entkräften. Denn wie würde so ein Dialog ablaufen?

***A:** Obama ist kein Amerikaner. Das zeigt seine Geburtsurkunde auf Reddit, die gefälscht worden ist.*

***B:** Hm. Aber das ist ja gar nicht seine Geburtsurkunde.*

***A:** Woher willst du das wissen?*

***B:** Na ja, wenn das seine Geburtsurkunde wäre, dann wäre das ja ein Riesenskandal und man würde in den Medien darüber lesen.*

***A:** Ha! Die Medien stecken doch mit Obama unter einer Decke.*

***B:** Aber …*

So kommt man nicht weiter. Denn es geht schnell um andere und viel grundlegendere Thesen als diejenige, dass Obama kein Amerikaner sei. Wie kann eine Diskussion zwischen Menschen mit sehr unterschiedlichen Weltbildern dennoch gelingen? Wir wollen vier Diskussionstugenden hervorheben, die in diesem Zusammenhang besonders wichtig sind und in der Regel Diskussionen mit radikal Andersdenkenden erleichtern.

Man sollte nicht unterschätzen, wie viel man selbst nicht weiß und wie viel man gerade von Menschen lernen kann, die in Frage stellen, was man für selbstverständlich hält.

ERSTENS: AUFRICHTIGES INTERESSE ZEIGEN

Was glaubt das Gegenüber eigentlich wirklich? Wie hängen die Dinge seiner Meinung nach zusammen? Woran hat es Zweifel? Was erscheint ihm sicher? Es ist unerlässlich, sich für die Weltsicht der anderen Person zu interessieren, wenn man auch nur den Hauch einer Chance haben will, sie zum Nachdenken zu bewegen. Aufrichtiges Interesse kann einen erstaunlichen Effekt haben, wie Daryl Davis eindrücklich gezeigt hat. Davis ist Musiker – und schwarz. Er wollte wissen, was Menschen denken, die Schwarze ablehnen. Er fragte sich, wie es sein kann, dass Menschen ihn hassen, obwohl sie ihn gar nicht kennen. Daher suchte er Kontakt zu Mitgliedern des Ku-Klux-Klan, einer offen rassistischen Vereinigung in den USA. Mit diesen Menschen führte er stundenlange Gespräche, fragte sie aus, wollte genau verstehen, wie sie zu ihren Ansichten kamen. Und interessanterweise konnte er regelrecht dabei zusehen, wie seine Diskussionspartner*innen anfingen, ihre Einstellung selbst zu hinterfragen. Viele der Menschen, mit denen er Gespräche führte, sind heute nicht mehr Mitglieder des Ku-Klux-Klan.

ZWEITENS: GEDULDIG SEIN

Wenn Weltbilder stark voneinander abweichen, kann man die bestehenden Meinungsverschiedenheiten nicht in einem einzelnen Gespräch ausdiskutieren. Davis hat mit einigen Menschen jahrelang gesprochen. Ein erstes Gespräch ist selten mehr als ein kleiner Gedankenanstoß. Zu erwarten, dass das Gegenüber an dessen Ende sein Weltbild über den Haufen wirft, ist unrealistisch. Das heißt nicht, dass ein einzelnes Gespräch keinen Wert hat, aber man sollte seine Erwartungen nicht zu hoch hängen.

DRITTENS: BESCHEIDEN UND LERNBEREIT SEIN

Man sollte nicht unterschätzen, wie viel man selbst nicht weiß und wie viel man gerade von Menschen lernen kann, die in Frage stellen, was man für selbstverständlich hält. Viele unserer Überzeugungen akzeptieren wir einfach, weil wir sie immer schon hatten und weil es nie Gelegenheit gab, sie ausdrücklich in Frage zu stellen. Es kann daher gewinnbringend

Sollten wir bei einigen Quellen, denen wir blind vertrauen, womöglich hin und wieder doch etwas kritischer sein?

sein, seine Haltung zu ändern: Statt zu versuchen, das Gegenüber zu überzeugen, kann man es auch als Sparringspartner*in betrachten, um sein eigenes Überzeugungssystem zu hinterfragen und bestenfalls zu stärken. Der positive Nebeneffekt ist, dass man auch beim Gegenüber mehr Bereitschaft zum Nachdenken erreicht, je mehr man sich selbst zum Nachdenken bereit zeigt.

VIERTENS: GEMEINSAMKEITEN FINDEN

Nach Gemeinsamkeiten zu suchen, wenn jemand abwegige Positionen vertritt, mag wenig intuitiv klingen. Aber nachdem wir uns klargemacht haben, wie Argumente funktionieren, dürfte offenkundig sein, dass es dazu keine Alternative gibt. Wenn Sie nichts finden, worin Sie mit Ihrem Gegenüber einig sind, dann können Sie sich die Diskussion sparen. Das klingt zunächst vernichtend. Doch tatsächlich gibt es immer etwas, worin man sich einig ist. Und wenn man die ersten drei Diskussionstugenden beherzigt, dann findet man diese Gemeinsamkeiten auch.

Allerdings kann es sein, dass man das Thema wechseln muss, um auf geteilte Überzeugungen zu stoßen. Vielleicht lässt sich nicht sinnvoll darüber diskutieren, ob das Dokument auf Reddit Obamas wirkliche Geburtsurkunde ist oder nicht, weil die Weltsichten der beiden Diskussionspartner*innen in diesem Themenfeld keine gemeinsamen Prämissen hergeben. Worüber man aber auch in diesem Fall sehr wohl diskutieren kann, ist die Metaebene des Weltbildes, das man sich angeeignet hat: Woher wissen wir, was wir zu wissen glauben? Was sind unsere Quellen? Wie zuverlässig sind sie? Wie bewerten wir sie? Wie sollte man sie bewerten? Warum vertrauen wir bestimmten Quellen und anderen nicht?

In diesem Themenfeld finden sich fast immer Annahmen, auf die sich beide Seiten einigen können. Zum Beispiel, dass man stets dieselben Maßstäbe ansetzen sollte, wenn man unterschiedliche Quellen bewertet. Auf diese Annahme sollte sich selbst die eingefleischteste Verschwörungstheoretiker*in und die hartnäckigste Anhänger*in von Fake News einlassen. Ist diese Annahme erst einmal etabliert, kann man weiterfragen: Warum ist das Gegenüber skeptisch, wenn es in der *Tagesschau* oder im *Deutschlandfunk* um Themen wie Klimawandel oder Corona geht, aber nicht bei Aussagen auf Reddit oder Facebook zu denselben Themen oder bei Aussagen in der *Tagesschau* zum Fußball oder Wetter? Warum glaubt das Gegenüber den Berichten aus der einen Quelle, aber nicht aus der anderen? Warum misstraut es bestimmten Berichten aus derselben Quelle, aber anderen nicht?

Der Vorteil bei diesem Themenwechsel auf die Metaebene liegt darin, dass man sich bei der Gelegenheit immer auch selbst hinterfragen und so mit dem Gegenüber ein gemeinsames Unterfangen beginnen kann.
Denn solche erkenntnistheoretischen Metafragen richten sich immer auch an einen selbst: Wie gut sind wir eigentlich darin, einheitliche Standards bei der Quellenbewertung anzulegen? Sollten wir bei einigen Quellen, denen wir blind vertrauen, womöglich hin und wieder doch etwas kritischer sein?

An diesem Punkt in der Diskussion ergibt sich die Möglichkeit, vielleicht sogar die Notwendigkeit, das eine oder andere Zugeständnis zu machen. Wir alle haben blinde Flecken, akzeptieren häufiger, als wir denken, ungeprüft Aussagen, deren Status sich bei näherem Hinsehen als problematisch erweist. Und so lernen wir in der Diskussion mit Verschwörungstheoretiker*innen im besten Fall nicht nur etwas über das Gedankengebäude des Gegenübers, sondern auch etwas über unsere eigenen Überzeugungen. Dabei kann es passieren, dass wir im Gespräch mit der Verschwörungstheoretiker*in stärkere Gründe für unsere Überzeugungen finden – was ein Gewinn ist. Aber es kann auch sein, dass wir manche Überzeugungen im Lichte mangelnder Gründe oder guter Einwände aufgeben müssen. Allerdings ist das ebenfalls ein Gewinn; schließlich kommt man zu einem kohärenteren Überzeugungssystem mit weniger falschen Überzeugungen.

Auch hier gibt es einen positiven Nebeneffekt: Wenn ich im Gespräch mit einer Verschwörungstheoretiker*in aufrichtiges Interesse zeige, etwas Geduld mitbringe, offen für neue Erkenntnisse bin und mir eingestehe, dass auch ich mich irren kann, dann habe ich gar nicht so schlechte Chancen, sie am Ende tatsächlich zu überzeugen. Es ist sicherlich nicht leicht. Aber wenn es gelingt, eine gemeinsame diskursive Grundlage (mit einem möglichen Themenwechsel in die Erkenntnistheorie) zu schaffen, ist es durchaus möglich: Auch eingefleischte Verschwörungstheoretiker*innen und radikale Fake-News-Anhänger*innen kann man knacken.

Dr. Romy Jaster arbeitet am Lehrstuhl für Theoretische Philosophie an der Berliner Humboldt-Universität, Dr. David Lanius am Karlsruher Institut für Technologie. Gemeinsam schrieben sie zuletzt das Buch Die Wahrheit schafft sich ab: Wie Fake News Politik machen *(2019).*

Das Auto als Statussymbol verliert an Bedeutung. 2010 hatten 85,8 Prozent der 18- bis 24-Jährigen einen Führerschein ...

... 2018 waren es dann nur noch 79,2 Prozent.[1]

Zeig mir dein Auto, und ich sage dir, wer du bist: Pkw-Neuzulassungen in Deutschland nach Marktsegmenten[2]

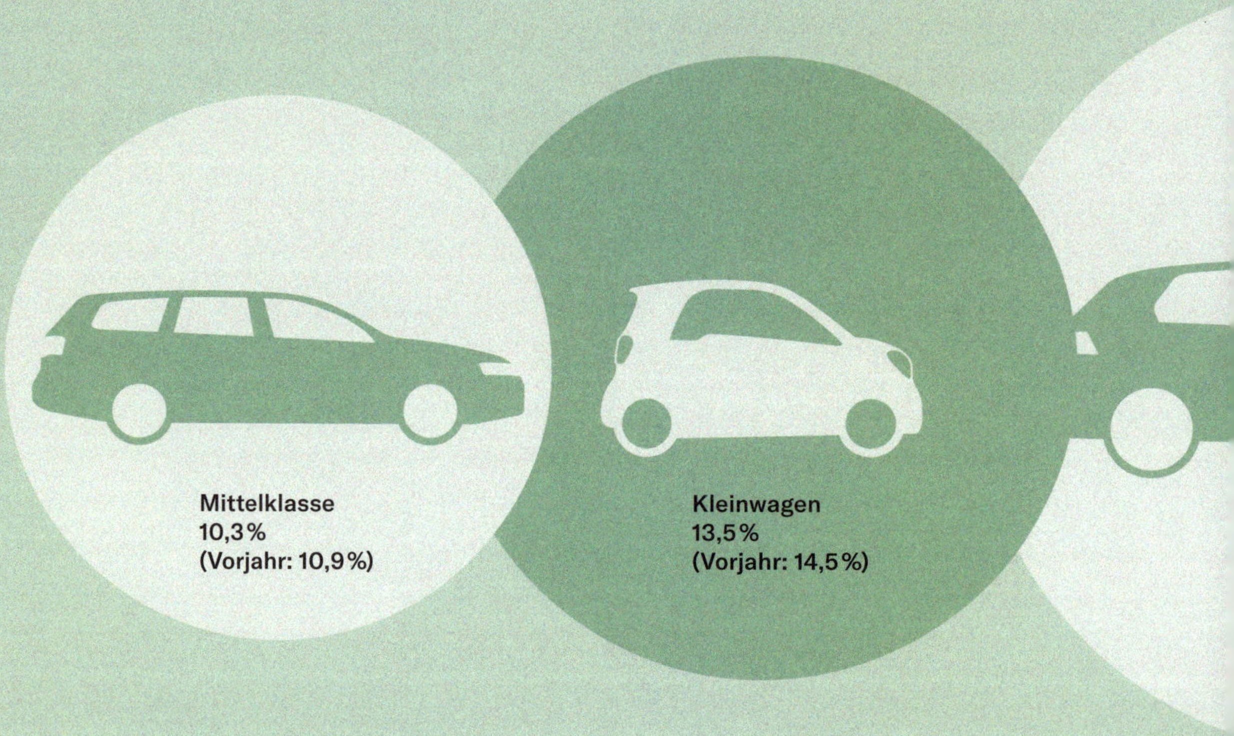

Altmodische Tour: Wie kommen Pendler zur Arbeit?

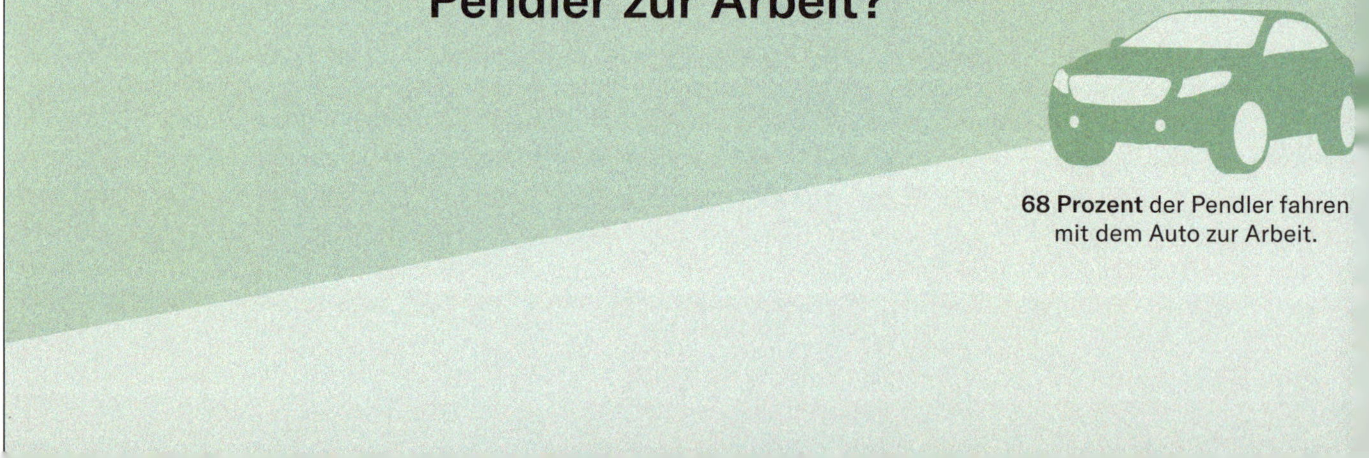

Den ÖPNV nutzen nur **14 Prozent.** Diese Werte blieben zwischen 2000 und 2016 fast **unverändert.**[3]

Eine Liebe auf vier Rädern

In Deutschland wurde das Auto erfunden[4], jedes Jahr werden Hunderttausende Autos gebaut – und die Menschen lieben ihre Karre heiß und innig. So war es lange Zeit. Und so wird es immer sein. Oder?

Wofür ein Auto alles nützlich sein kann: Es transportiert den Fahrer, die Fahrerin und die Passagiere nicht nur ans Ziel, sondern dient in Zeiten der Coronapandemie auch als geschützter Raum, um einen Film zu schauen, ein Konzert zu besuchen oder bei einer Demo das Wort zu erheben. Das Autokino erlebt 2020 eine Renaissance.[5] Auch Konzerte, Demonstrationen oder gar Volksfeste funktionieren plötzlich nach dem Drive-in-Prinzip.

Dabei sah es lange Zeit so aus, als ginge die Ära des Automobils langsam zu Ende. Junge Leute in Deutschland machen ihren Führerschein immer später. Während im Jahr 2010 noch fast 86 Prozent der 18- bis 24-Jährigen eine Fahrerlaubnis besaßen, waren es 2018 nur noch 79 Prozent.[6] Die Medien beschwören bereits »das Ende des Autos«[7]. Und vielleicht gibt es wirklich manche junge Städter, die den sogenannten Lappen, der längst im Kreditkartenformat existiert, erst machen, wenn es aus beruflichen oder familiären Gründen nicht mehr anders geht.[8] Doch die breite Mehrheit der Bevölkerung, gerade auf dem Land, scheint an der viel beschworenen Liebe der Deutschen zu dem Fortbewegungsmittel auf vier Rädern festzuhalten: Die Zahl der Autos in Deutschland nimmt weiter zu und erreichte Anfang 2019 einen historischen Höchststand. Auf 1000 Einwohner kommen 567 Pkw.[9] Die Deutschen nutzen ihr Auto nicht nur, um zur Arbeit zu pendeln,[10] sie fühlen sich auch emotional mit der Maschine verbunden. 55 Prozent der privaten Pkw-Halter empfinden bereits ein Gefühl von Freude, wenn sie ihr eigenes Auto nur erblicken, zeigt die Studie eines Lobbyverbands[11] (wobei eine suggestive Fragestellung in der Studie nicht ganz ausgeschlossen werden kann). Vier von fünf Pkw-Haltern würden sich ohne Auto ganz grundsätzlich in ihrer Bewegungsfähigkeit eingeschränkt fühlen, heißt es in derselben Studie.

ANTEIL ELEKTROFAHRZEUGE AN NEUZULASSUNGEN 2019[18]

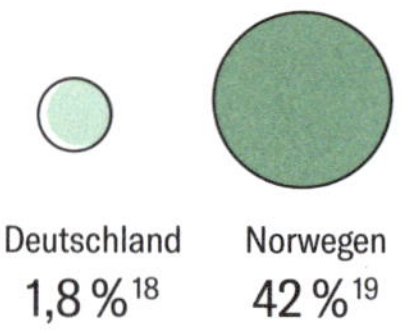

Die Welt der Mobilität ist im Wandel: Wo vorne ist, hängt wie immer von der Definition ab.

ANZAHL PKW-NEUZULASSUNGEN IN EUROPA 2019[19]

Denken die Menschen ans Auto, haben sie noch immer eher den Roadtrip mit dem VW-Bus ans Meer im Kopf als Staus, hohe Benzinpreise oder rauchende Motoren.

Fünf Jahre nachdem der Abgasskandal das Land erschütterte, steigt die Zahl der neuzugelassenen Dieselfahrzeuge wieder.[12] Die Autolobby beeinflusst offenbar nicht nur die Politik, sondern auch das Verhalten der Bürger. Fast jeder Mensch in diesem Land kennt jemanden, der beruflich »irgendwas mit Autos« macht. Die Branche ist der wichtigste Industriezweig des Landes und beschäftigt mehr als 833 000 Arbeitnehmer. Die vielen Arbeitsplätze, die indirekt vom Wohlergehen des Automobilsektors abhängen – all die Werber, Zulieferer, Dienstleister –, sind da noch gar nicht berücksichtigt.[13] Ein Beratergremium der Bundesregierung hat ausgerechnet, dass der Wandel zur unterm Strich saubereren Elektromobilität bis zu 50 Prozent der Jobs in der Branche gefährden könnte.[14] Kein Wunder also, dass Deutschland den Kauf von Elektroautos bislang weniger großzügig subventioniert hat als andere Länder wie beispielsweise Norwegen. Der Marktanteil von E-Autos bei den neu zugelassenen Fahrzeugen liegt in dem skandinavischen Land inzwischen bei 42 Prozent[15], in Deutschland sind es nur magere 1,8 Prozent.[16]

In ihrem Corona-Konjunkturpaket hat die Bundesregierung keine neue sogenannte Abwrackprämie für Autos mit konventionellem Antrieb vorgesehen. Stattdessen wird der staatliche Zuschuss für den Kauf von E-Autos und Hybridfahrzeugen auf 6000 Euro angehoben.[17]

Ein bisschen was scheint sich zu bewegen im Autoland Deutschland. Und wie das immer so ist in einer Gesellschaft, geht die Entwicklung manchen zu schnell und anderen zu langsam.

FLUGSCHAM

71 Prozent der Menschen in Deutschland wünschen sich einen umweltfreundlichen Urlaub.[1] Zeigt sich das auch in den Zahlen?

Leerer Himmel

Wie stark die Anzahl der Flüge nach dem Ausbruch des neuartigen Coronavirus sank[2]

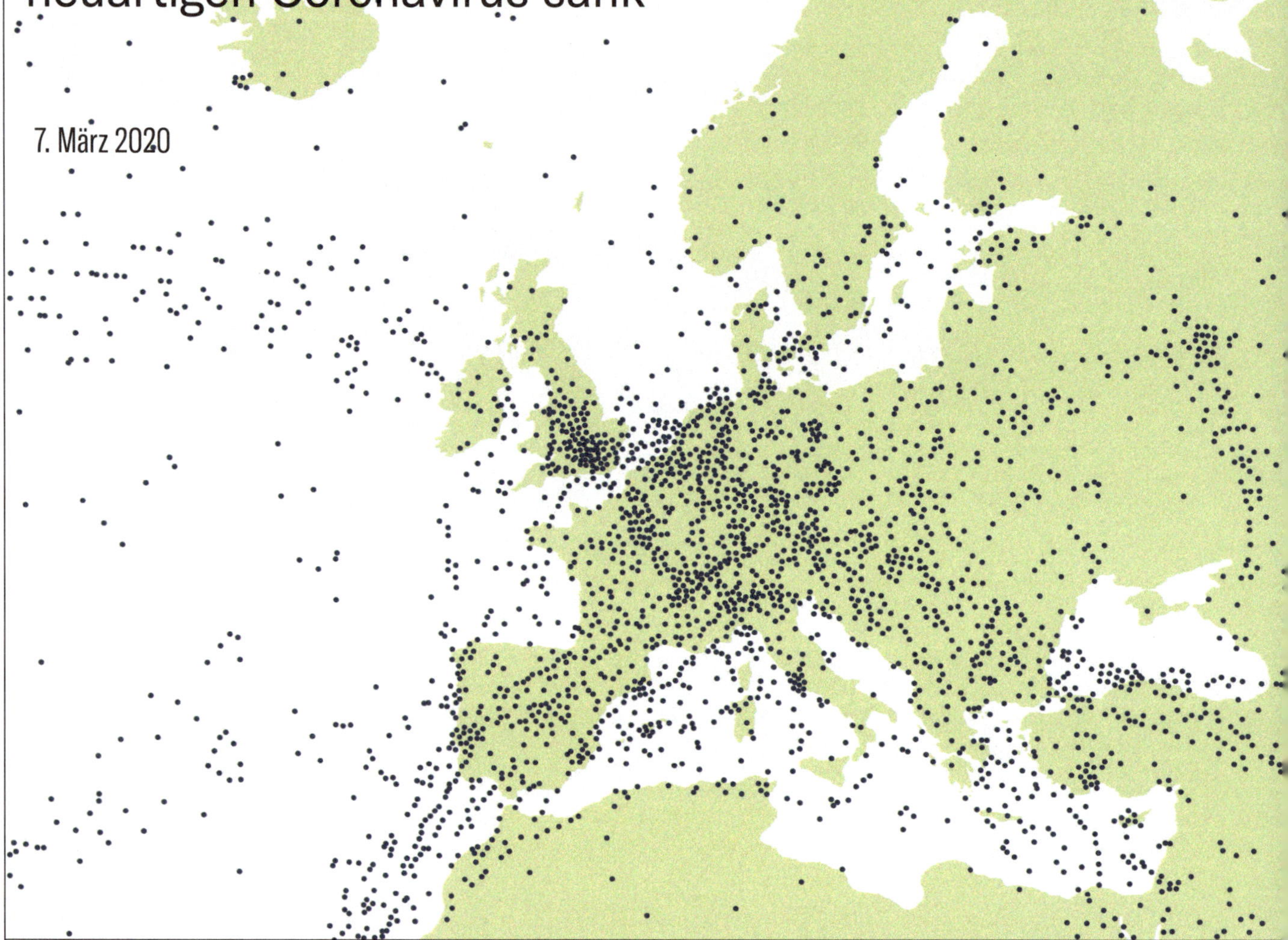

Stabilität im Chaos: Entwicklung der Flugpreise weltweit zwischen 1988 und 2018[3]

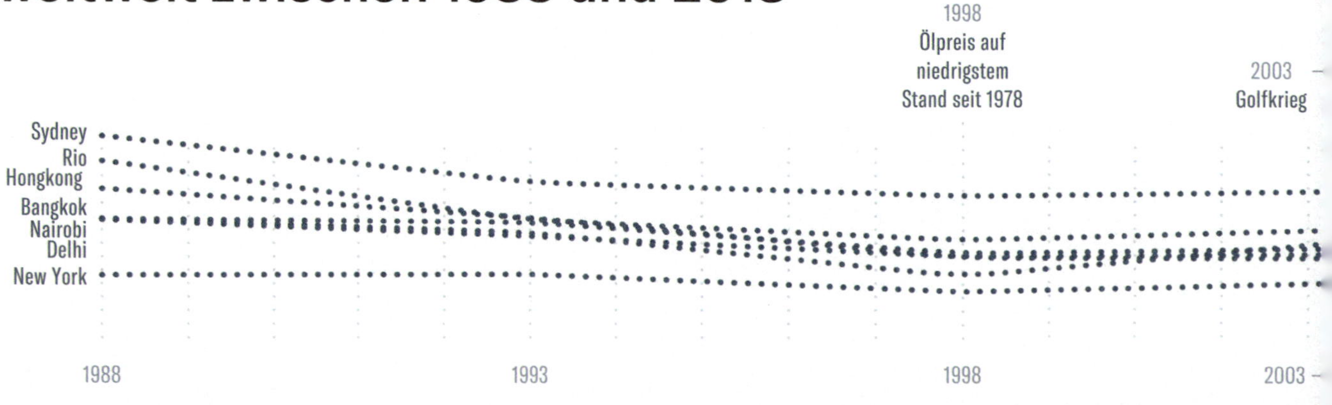

In Europa waren am 7. April 2400 Flüge weniger unterwegs als am 7. März.

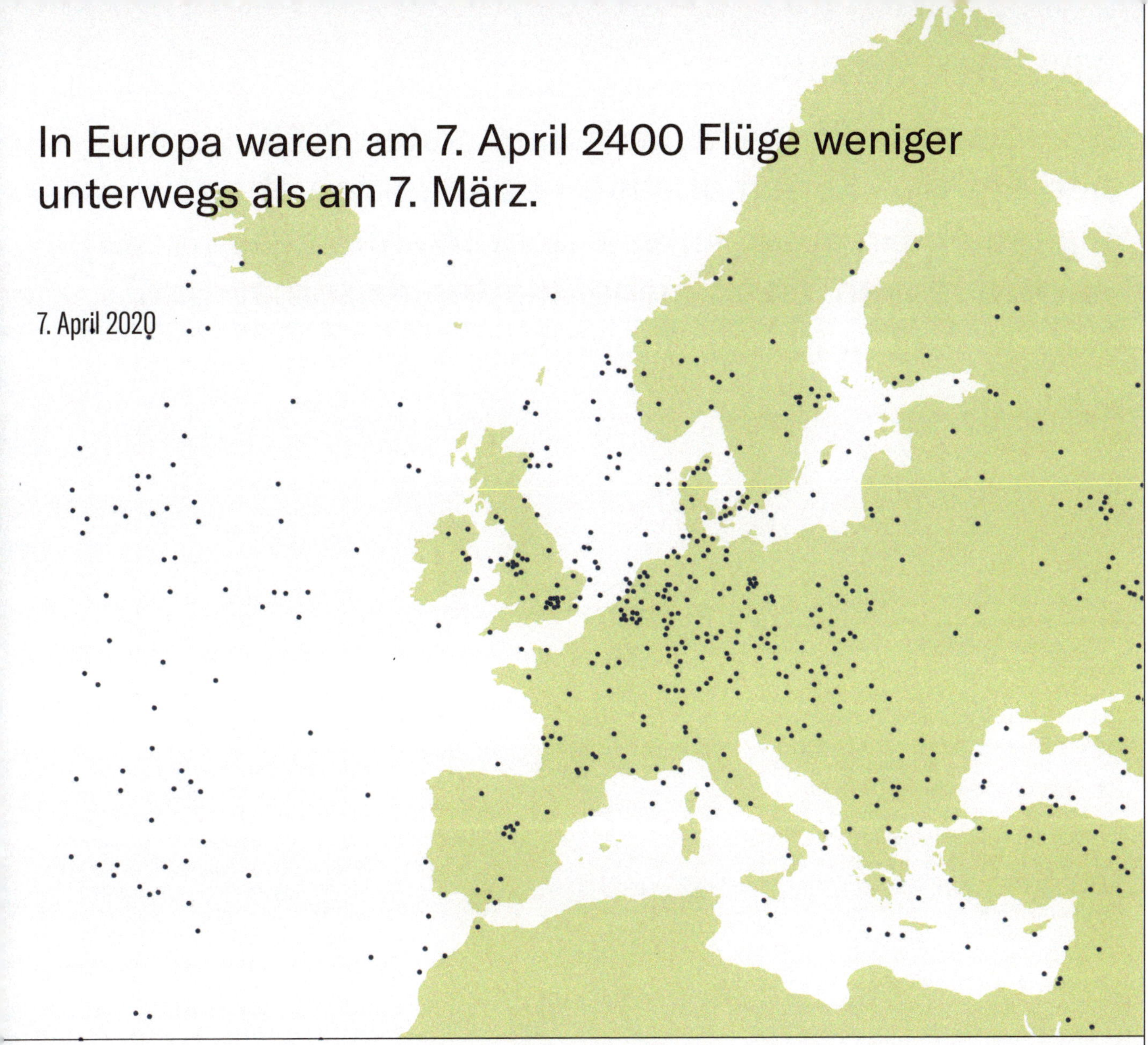

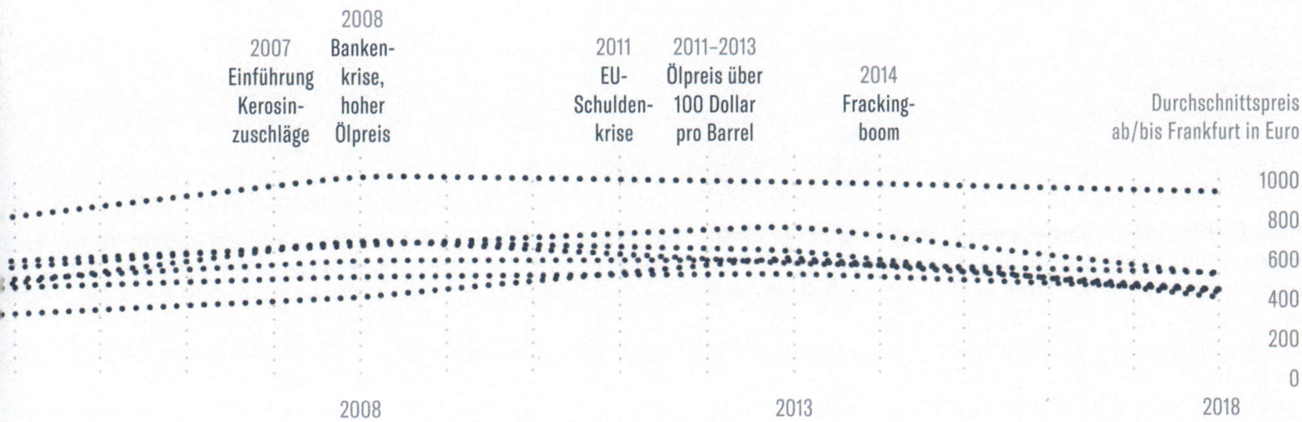

Ab in den Urlaub?

Die reisefreudigen Deutschen mussten 2020 coronabedingt ihre Ferien absagen oder verschieben. Eigentlich ein guter Anlass, über nachhaltiges Reisen nachzudenken. Denn bisher klaffen Anspruch und Wirklichkeit stark auseinander.

Eigentlich ist die Lage klar: Einer YouGov-Umfrage zufolge wollen fast drei Viertel der Menschen in Deutschland möglichst umweltfreundlich in den Urlaub fahren. Doch nur 31 Prozent der Befragten haben bewusst vermieden, mit dem Flugzeug zu verreisen.[4] Und es wird noch verwirrender: Wähler von Bündnis 90/Die Grünen schämen sich am stärksten für Flugreisen, fliegen aber gleichzeitig mehr als die Wähler aller anderen Parteien. Das liegt auch daran, dass Grünen-Wähler tendenziell wohlhabend sind – und einen entsprechend hohen CO_2-Ausstoß verursachen. Und weil bis 2018 die Flugpreise im 20-Jahres-Verlauf auffallend niedrig waren, wurde das Flugzeug für alle Bevölkerungsschichten zum Massenverkehrsmittel. »Was wird aus unserem Mallorca-Urlaub?«, fragte die *Bild* fast trotzig, als im März 2020 die meisten Flüge wegen dem Coronavirus ausfielen. Abheben als Menschenrecht.

Auch ohne Pandemie fällt es vielen Menschen schwer, sich einzuschränken: Die einen reagieren trotzig, denn warum sollte man sich selbst einschränken, wenn andere so weitermachen wie bisher? Andere verzichten aufs Auto, achten auf nachhaltiges Essen und Shoppen, folgen dann aber zum Ausgleich dem Fernweh. »Die Flugscham ist der Ausdruck eines inneren Konfliktes, nicht dessen Lösung: Man möchte einerseits reisen, andererseits aber auch nicht das Klima beeinflussen«, so Martin Lohmann, Professor für Wirtschaftspsychologie an der Leuphana Universität Lüneburg, in der *ZEIT*[5] über unseren Umgang mit der **kognitiven Dissonanz.** s. S. 192

Im Jahr 2019 sind die Passagierzahlen bei Flugreisen innerhalb Deutschlands tatsächlich leicht gesunken. Doch der Flughafenverband ADV führt das auf die Streiks bei Germanwings, weggefallene Strecken bei der Fluglinie Eurowings, eben weniger Flugangebote insgesamt zurück.[6] Und die Zahlen für 2020 werden noch einmal deutlich sinken – was aber wegen der Coronakrise ein statistischer Ausreißer nach unten sein dürfte. Für Prognosen ist es daher noch zu früh. Der Dachverband der Fluggesellschaften IATA rechnet damit, dass die Airlines Ticketpreise stark senken, um die Nachfrage anzukurbeln – das sei im Frühjahr in Asien so gewesen, und dasselbe sei in Europa zu erwarten, so IATA-Chefökonom Brian Pearce.[7] Allerdings haben gerade viele Unternehmen in der Krise auf Geschäftsreisen verzichten müssen und möglicherweise ihre Schlüsse daraus gezogen: Meetings und Seminare kann man auch online veranstalten. Wie ernst es die Deutschen wirklich meinen, wenn es um umweltbewusstes Reisen geht, wird sich erst in den folgenden Jahren zeigen.

DIE BELIEBTESTEN VERKEHRSMITTEL FÜR URLAUBSREISEN IN DEUTSCHLAND[8]

2000	55 %	30 %	15 %
2005	53 %	32 %	15 %
2010	52 %	34 %	12 %
2016	47 %	39 %	11 %
2019	43 %	42 %	12 %

(Anm.: Die Differenz zu 100 % sind Werte für andere Verkehrsmittel, wie z. B. Schiffe.)

26 %

der 18- bis 24-Jährigen (Generation Z) haben schon einmal Flugscham empfunden. Bei der älteren Generation (55 bis 75 Jahre) sind es 9 Prozent – okay, Boomer![9]

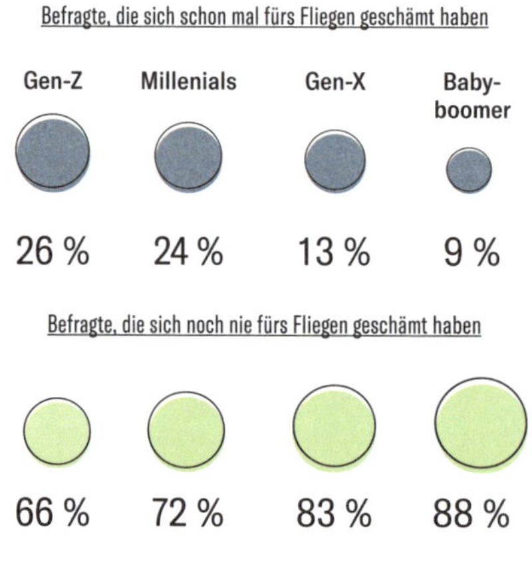

GENDERGERECHTIGKEIT

Die Hälfte der Menschen, die 2018 eine Abschlussprüfung an einer deutschen Hochschule bestanden hat, ist weiblich.[1]

Wer hat den Hut auf – Frauen oder Männer?

	FRAUEN
Geschäftsführung und Führungskräfte allgemein[2]	29 %
CEOs der 30 DAX-Unternehmen[3]	0 %
Küchenleitung der 308 deutschen Sternerestaurants[4]	3 %
Geschäftsführung von Friseur- und Kosmetiksalons[5]	70 %
Lehrstühle für Gynäkologie[6]	15 %
Gehobener Dienst bei der Bundespolizei[7]	13 %
Talkshowgäste im deutschen öffentlich-rechtlichen Fernsehen im Jahr 2019[8]	38 %

Politikerinnen und Politiker im Deutschen Bundestag[9]

CDU/CSU	21 %
SPD	43 %
AfD	11 %
FDP	23 %
DIE LINKE	54 %
GRÜNE	58 %
FRAKTIONSLOS	25 %
GESAMT	31 %

MÄNNER

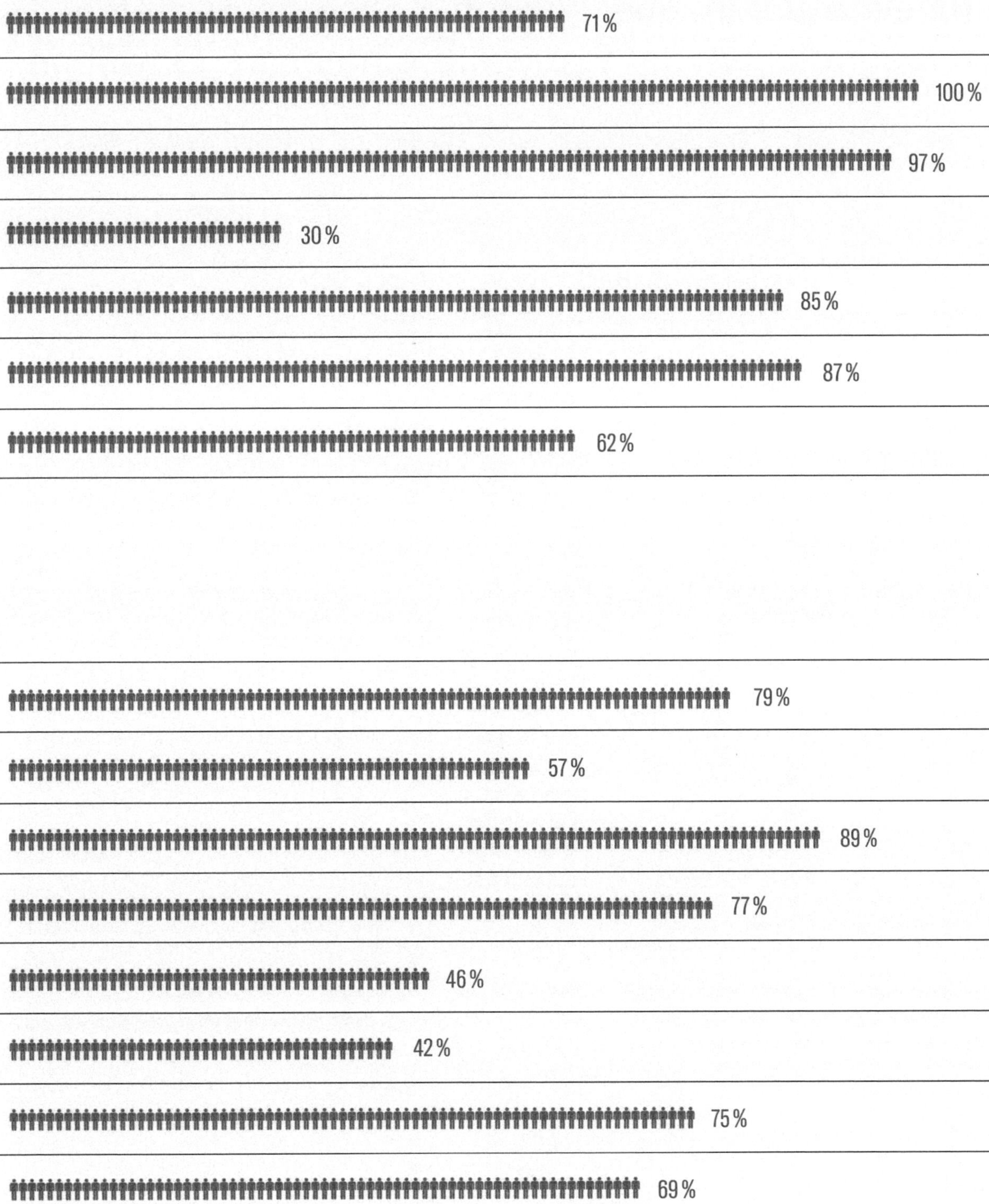

Die wollen doch gar nicht!

Dieser Satz ist immer wieder zu hören, wenn es darum geht, warum Frauen deutlich seltener als Männer Führungspositionen besetzen, obwohl sie etwa genauso häufig ein Studium abschließen.[10] Die besten Antworten auf diesen und vier weitere halbgare Einwände.

DIE WOLLEN DOCH GAR NICHT! Es stimmt, dass Frauen im Beruf nur zu 30 Prozent nach einer Führungsposition streben, während Gleiches auf 39,9 Prozent der Männer zutrifft. Zu diesem Ergebnis kam Anfang 2020 eine Umfrage der Initiative Chefsache, ein Führungskräftenetzwerk, das sich für Chancengleichheit von Frauen und Männern einsetzt.[11] Das hat aber nicht zwingend mit einer geringeren Motivation zu tun. Vielleicht haben viele Frauen lediglich keine Lust auf die intransparente, angeberische Art und Weise, wie Chefposten hierzulande oft vergeben werden.[12]

ES WERDEN EBEN ANDERE PRIORITÄTEN GESETZT. Ein Einwand, der oft zu hören ist, weil sich bei uns immer noch zum Großteil Frauen um die Erziehung der Kinder kümmern. Im Jahr 2018 war fast ein Viertel aller Mütter, deren jüngstes Kind unter sechs Jahre alt war, in Elternzeit. Bei den Vätern traf dies nur auf 1,6 Prozent zu.[13] Logisch, dass sie dann auch eher Karriere machen, meinen nicht wenige. Wie sich daran etwas ändert? Durch mehr Erziehungsbeteiligung der Väter und flexiblere Arbeitszeiten. Einer Studie der Boston Consulting Group aus dem Jahr 2018 zufolge halten 78 Prozent der befragten Managerinnen es für die Zukunft der Arbeit am wichtigsten, dass sich Privatleben und Beruf besser vereinen lassen.[14]

FRAUEN STUDIEREN EINFACH ZU OFT DAS FALSCHE. Eine Behauptung, die auf der Vermutung basiert, dass bestimmte Studienfächer einen besonders dazu befähigen, später Führungsaufgaben zu übernehmen, und dass Frauen sich nun mal für diese bestimmten Fächer besonders selten einschreiben. Das ist, Pardon, ziemlicher Quatsch! Klar, es gibt Fächer, in denen deutlich weniger Frauen als Männer vertreten sind, Physik oder Elektrotechnik zum Beispiel. Und ja, dann ist es auch logisch, dass sie später in diesem Bereich nicht so häufig Führungspositionen bekleiden. Es gibt aber viel mehr Studiengänge, in denen Frauen mindestens genauso präsent sind wie Männer, und trotzdem haben später die Männer das Sagen. Ein Beispiel: Es studieren etwa doppelt so viele Frauen wie Männer Humanmedizin.[15] An deutschen Unikliniken besetzten sie aber im Jahr 2019 nur 13 Prozent der Führungspositionen (Lehrstuhl, Direktion, Abteilungsleitung).[16]

99

JAHRE
dauert es noch, bis auf der Welt Geschlechtergerechtigkeit existiert, wenn das Tempo der Veränderung gleich bleibt.[19]

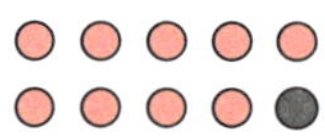

Neun von zehn Deutschen wünschen sich mehr Frauen in verantwortlichen Positionen in Unternehmen, Verwaltung, Universitäten und Gerichten.[20]

FRAUENQUOTE IM BUNDESTAG?

49 Prozent der Deutschen sind dafür, 46 Prozent dagegen und 5 Prozent sind unentschlossen.[21]

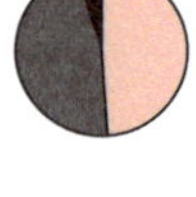

WAS WOLLT IHR DENN? WIR HABEN DOCH ANGELA MERKEL! Richtig. Und Annegret Kramp-Karrenbauer. Und Ursula von der Leyen. Dass es diese drei Politikerinnen bis ins Bundeskanzleramt und an die Spitze des Verteidigungsministeriums und der EU-Kommission geschafft haben, sagt nur bedingt etwas über die Grundstrukturen, denn es sind Einzelfälle! Um das zu erkennen, reicht ein Blick auf die Organisation, der Merkel, Kramp-Karrenbauer und von der Leyen angehören: Die CDU bildet im Bundestag eine Fraktion mit der CSU, der 51 Frauen angehören – bei 195 Männern ein Anteil von 21 Prozent.[17] Für eine Partei, die sich als Volkspartei versteht, ein schräges Verhältnis. Nicht umsonst diskutiert die CDU über eine verbindliche Frauenquote von 50 Prozent ab dem Jahr 2025 für Parteiämter und Mandate.[18]

FRAUEN SIND NICHT PER SE BESSERE CHEFS. Mag sein. Nach allem, was wir wissen, aber auch nicht schlechtere! Es ergibt also keinen Sinn, sich mit diesem Argument gegen Fördermaßnahmen zu wehren, die mehr Frauen in Führungspositionen verhelfen sollen.

KREUZFAHRTEN

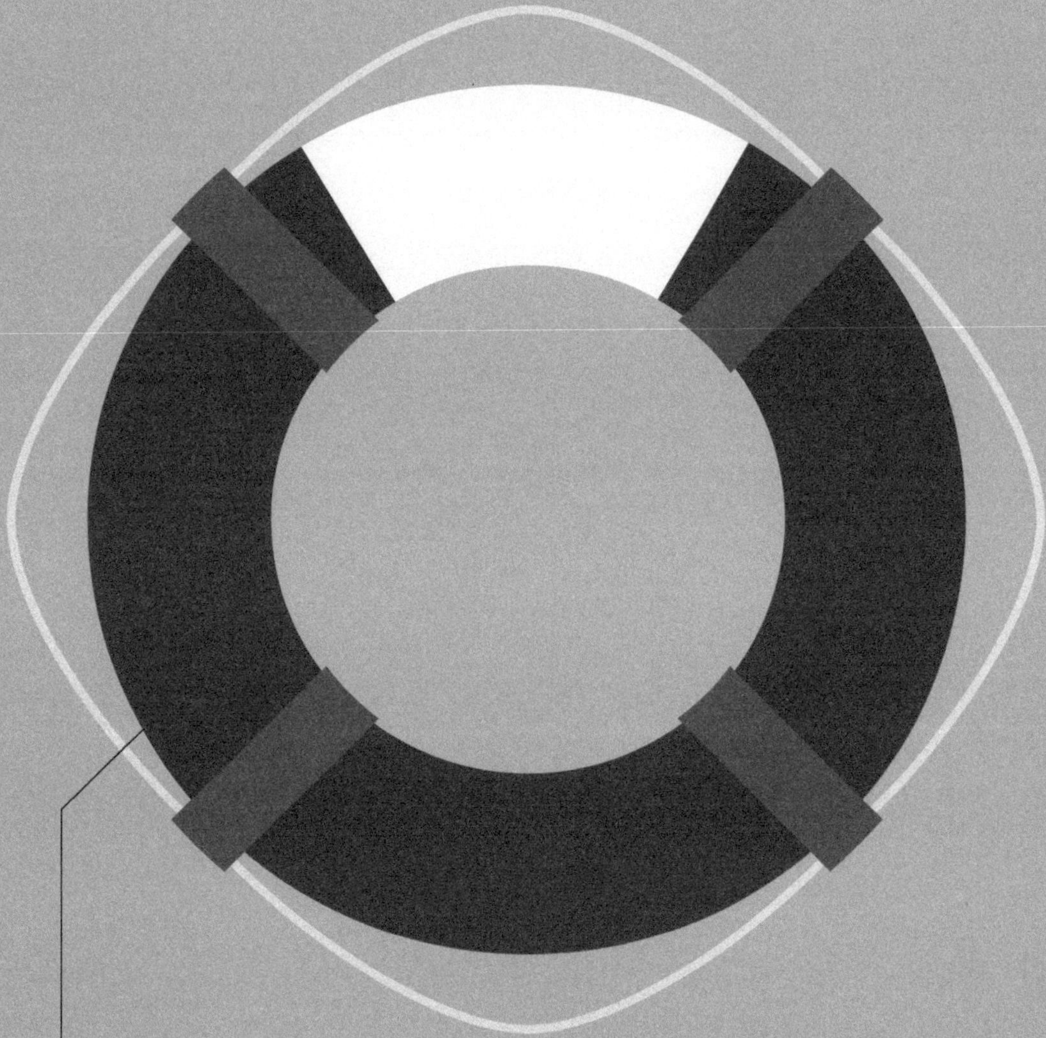

83 Prozent der Menschen, die bereits mindestens eine Kreuzfahrt unternommen haben, schätzen diese als »bequemste« Reiseform überhaupt, um die Welt zu entdecken.[1]

Schadstoffausstoß von Kreuzfahrtschiffen in Hafenstädten im Vergleich zum Schadstoffausstoß von Pkw im Jahr 2017[2]

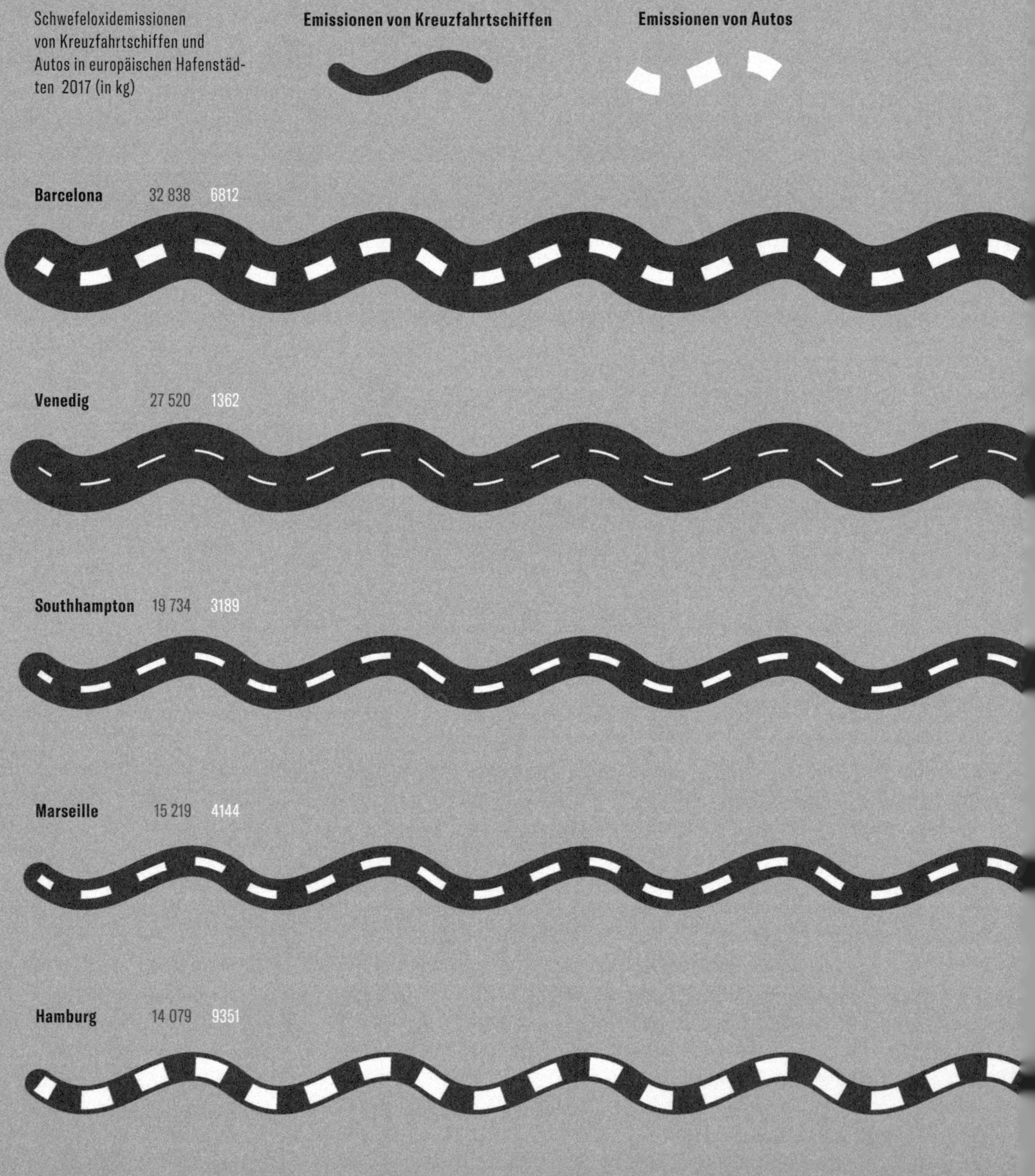

Eine Seefahrt, die ist lustig? Entwicklung der Kreuzfahrt-Passagiere weltweit im vergangenen Vierteljahrhundert[3]

Ab in den Urlaub

Die reisefreudigen Deutschen müssen 2020 coronabedingt ihre Urlaubsplanung über Bord werfen – absagen, verschieben, verzichten. Ein guter Anlass, über nachhaltiges Reisen nachzudenken. Denn bisher klaffen Anspruch und Wirklichkeit hier stark auseinander.

Im Sommer 2019 wollte die 16-jährige Schülerin Greta Thunberg nach Amerika reisen, um dort bei den Vereinten Nationen und dem UN-Klimagipfel aufzutreten. Die Schwedin wusste genau, dass sie als Gründerin der »Fridays for Future«-Bewegung nicht einfach ein Roundtrip-Flugticket buchen konnte, ohne einen globalen Shitstorm auszulösen. Thunberg segelte also über den Atlantik nach New York und bewegte sich dort mit einem Elektroauto fort[4] (der Shitstorm blieb natürlich trotzdem nicht aus, weil insgesamt vier Langstreckenflüge für Mitglieder der Thunberg-Crew anfielen).

Im Sommer 2019 wollten 33 Schüler eines Frankfurter Gymnasiums das Ende ihrer Schulzeit feiern und buchten eine Kreuzfahrt von Kiel nach Kopenhagen. Weil zur selben Zeit viele Jugendliche und Schüler jeden Freitag in den Klimastreik traten, war das auch überregionalen Medien eine Nachricht wert.[5] Die Schüler wurden im Netz beschimpft – die Schule musste eine Presseerklärung herausgeben, in der sie die CO_2-Bilanz verteidigte und auf den »Landstromanschluss des Schiffes« hinwies.

Mobilität ist im Jahr 2020 eine hochpolitische, **politisch korrekte** s. S. 194 Angelegenheit. Ganz besonders offenbar, wenn die junge Generation in die Welt aufbricht.

Kreuzfahrtschiffe werden eher von älteren Generationen genutzt – und stehen seit Jahren in der Kritik von Umweltschützern, weil sie oft mit Schweröl angetrieben werden[6] und so für eine enorme Feinstaubbelastung in Hafenstädten sorgen (siehe Grafik auf Vorseiten). Wenn ein Schiff wie die moderne *AIDAprima* an der Küste vorbeifährt, maß der Naturschutzbund 2016, ist die Feinstaubbelastung an Land plötzlich siebenmal höher als an einer stark befahrenen Straßenkreuzung.[7] Verteidiger der Branche verweisen auf Innovationen wie Schadstofffilter, Flüssiggasantriebe oder

8 %

des globalen Treibhausgasausstoßes werden durch Urlaubsreisende verursacht: 2013 waren es 4,5 Gigatonnen Kohlendioxid-Äquivalente. Wenn wir so weitermachen wie bisher, sind es 2025 6,5 Gigatonnen.[12]

Entwicklung der Luftschadstoffmenge auf Tui-Cruises-Reisen von 2012 bis 2019 (pro Person/Übernachtung in Kilogramm).[13]

- Stickoxid
- Schwefeloxid

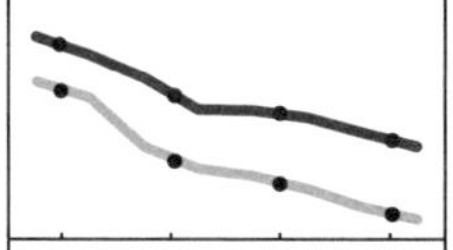

2013	2015	2017	2019
1,39	0,68	0,48	0,18
1,84	1,29	1,21	0,92

Landstromanschlüsse.[8] Und es stimmt, dass der Schadstoffausstoß der Kreuzfahrtkolosse zumindest in den europäischen Flotten sinkt.[9] Andererseits geht es wie so oft um Details: In Europa gibt es aktuell genau zwei Häfen mit Landstromanschluss für Kreuzfahrtschiffe.

Acht Prozent der globalen Treibhausgasemissionen gehen laut der Universität Sydney auf Tourismus zurück.[10] Die Umweltbelastung der Reiseindustrie entsteht nicht nur durch den Treibstoffverbrauch der Transportmittel, sondern auch durch überschüssiges Essen in Hotels, deren Reinigung und Instandhaltung sowie den Kauf von Souvenirs. Die Kreuzfahrtschiffe, die sich durch Karibik, Südsee und die Nordpolarmeere schieben, mit ihren Restaurants, Spaßbädern, Kinos an Bord, dienen auch als Metapher für eine wenig nachhaltige Form des Reisens. »Eine Luxuskreuzfahrt im Massentourismus hat etwas unerträglich Trauriges an sich«, schrieb David Foster Wallace in einem Essay über eine Karibikkreuzfahrt.[11] Das Essen sei zwar unglaublich, der Service ohne Tadel und die Landaktivitäten auf maximale Stimulation ausgerichtet. Der Überfluss und die Perfektion an Bord machten ihm aber zu schaffen. »Das Schiff ist so weiß, dass es wie sterilisiert aussieht.«

Im Frühjahr 2020 platzte dann der Traum, auf einem Kreuzfahrtschiff von den Gefahren der modernen Welt isoliert zu sein. Auf der *Diamond Princess* infizierten sich 700 von 3700 Passagieren mit dem Coronavirus. Insgesamt kam es auf mindestens 26 Kreuzfahrtschiffen zu Virusausbrüchen. »Kreuzfahrtschiffe sind ein ideales Experiment einer geschlossenen Bevölkerung. Man weiß genau, wer dort lebt, und man kann alles messen«, sagt John Ioannidis, Epidemiologe an der Stanford-Universität.[12] Das Luxuskreuzfahrtschiff als Labor. Kein guter Werbespruch.

BILDUNGSGERECHTIGKEIT

78 Prozent der Deutschen ist es wichtig, »dass jeder, unabhängig von seiner sozialen Herkunft, seiner Abstammung oder seines Geschlechts, die gleichen Chancen bei Bildung und Beruf bekommt.«[1]

Von 100 Kindern ...

... aus Akademikerfamilien beginnen im Schnitt 79 ein Hochschulstudium.

... aus Nichtakademikerfamilien sind es 27.[2]

Talent ist nicht immer genug

Deutschland, ein Land der Möglichkeiten? Nicht für alle. Auch 20 Jahre nach der ersten PISA-Studie entscheidet die Herkunft noch viel zu oft über die Bildungschancen von Schülern.

Ein Raum, viele Holztische mit je zwei Kindern, eine Tafel, ein Pult, eine Lehrerin oder ein Lehrer: So oder so ähnlich sahen über viele Jahrzehnte hinweg die Klassenzimmer in Deutschland aus. Dann kam die Coronapandemie – und Schule fand plötzlich auf dem Tablet oder Smartphone statt, per Videoschalte. Wenn die Schülerinnen und Schüler überhaupt ein Endgerät zur Verfügung hatten. Denn Kinder, die nicht aus einer wohlhabenden Familie kommen, müssen mit dem digitalen Unterricht oft warten, bis der große Bruder fertig mit Lernen ist und den Laptop entbehren kann oder die Mutter ihr Smartphone nicht mehr zum Arbeiten braucht.[3]

Die Coronakrise legt erneut offen, was die erste PISA-Studie, in Deutschland besser bekannt als »PISA-Schock«, schon im Jahr 2001 zeigte: In keinem anderen Industrieland haben Kinder und Jugendliche mit Migrationshintergrund oder aus Arbeiterfamilien eine so geringe Chance, einen guten Schulabschluss zu machen.[4] Und auch 20 Jahre später sind die Bildungschancen noch sehr ungleich verteilt: Acht von zehn Akademikerkinder fangen ein Hochschulstudium an – unter den Arbeiterkindern nicht einmal jedes Dritte.[5] Nun bemisst sich Erfolg und Zufriedenheit im Leben nicht nur an einem Uni-Abschluss oder Diplom. Doch im Portemonnaie merkt man es schon: Jedes zusätzliche Jahr, das in Bildung gesteckt wurde, schlägt sich in einem rund zehn Prozent höheren Einkommen am Arbeitsmarkt nieder. Zudem ist die Arbeitslosenquote unter Akademikern und Menschen mit berufsqualifizierender Ausbildung deutlich niedriger als bei Menschen ohne Abschluss.[6] »Gut gebildete Menschen leben länger und gesünder, sie sind politisch und sozial engagierter, haben eine größere Teilhabe an der Gesellschaft und setzen größeres Vertrauen in sie«, sagte die Soziologin Jutta Allmendinger kürzlich der *Süddeutschen Zeitung*, »Bildungsarmut ist Vertrauensarmut. Denn Bildung ist mehr denn je der maßgebliche Kitt für den gesellschaftlichen Zusammenhalt.«[7]

Um jedem Kind die gleiche Chance zu geben, später das Studium oder die Ausbildung anzufangen, die zu ihm passt, müsste die Förderung aktuellen Studien zufolge früh ansetzen – und beispielsweise dafür sorgen, dass kleine Kinder aus Familien mit Migrationshintergrund und aus weniger gebildeten Familien vermehrt in die Krippe gehen und dort zum Beispiel sprachlich gefördert werden.[8] Auch für die Grundschulen wird in Deutschland weniger Geld als in vielen anderen Ländern ausgegeben, was laut einer OECD-Studie fatal ist, denn dort können »am ehesten Bildungsnachteile ausgeglichen werden«.[9] Um allen Kindern die gleichen Chancen zu ermöglichen, fordert etwa der Bildungsforscher Klaus Klemm mehr Ganztagsschulen und eine »soziale Entmischung« der Wohngebiete, damit privilegierte und weniger privilegierte Kinder nicht immer unter sich bleiben.[10] Vereinzelt gibt es auch heute schon Erkenntnisse, die Mut machen: Eine OECD-Studie zeigt, dass mittlerweile deutlich mehr Kinder und Jugendliche aus bildungsfernen Elternhäusern gute schulische Leistungen erzielen als noch vor 15 Jahren.[11] Ein guter Draht zu den Lehrerinnen und Lehrern sowie engagierte Schulleiterinnen und -leiter können demnach ihren Beitrag dazu leisten, dass Kinder aus sozial schwächer gestellten Familien erfolgreich sind. Es braucht also nicht nur mehr finanzielle Mittel, sondern auch Pädagoginnen und Pädagogen, die an die Kinder glauben und mit ihnen arbeiten. Tag für Tag. Immer wenn die Glocke läutet.

Kinder von Eltern mit hoher beruflicher Stellung erhalten im Schnitt
2,5-mal so oft
eine Empfehlung fürs Gymnasium wie Kinder aus Arbeiterfamilien.[12]

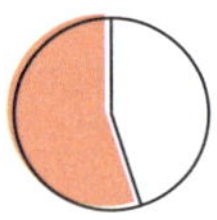

45 Prozent
aller Schülerinnen und Schüler in Grundschulen und in der Sekundarstufe I besuchen Ganztagsschulen, welche die Chancengleichheit vorantreiben sollen.

Seit 2002 hat sich der Anteil der Grundschulen mit Ganztagsbetrieb versechsfacht.[13]

REISEFREIHEIT

48 Prozent der Deutschen sprachen sich 2020 dafür aus, dass Deutschland und die EU-Nachbarländer die Grenzen für Sommertouristen geschlossen halten sollen.[1]

In der EU sind die Grenzen offen. Eigentlich. Seit 2015 wurden die Grenzen in Mitteleuropa immer wieder geschlossen oder kontrolliert – eine Auswahl.[2]

Schweden
Estland
Lettland
Litauen
Polen
Tschechische Republik
Slowakei
Österreich
Ungarn
Rumänien
Italien
Slowenien
Kroatien
Serbien
Bosnien und Herzegowina

Wo soll es denn hingehen?

Die europäische Reisefreiheit ist weniger selbstverständlich, als wir denken. Aber was bringen Grenzzäune schon in einer globalisierten Welt?

In Europa erinnert kein Gedenktag an den 26. März 1995, dabei geschah damals Unglaubliches. Deutschland und ein paar andere europäische Länder schafften ihre Grenzkontrollen ab.[3] Einfach so. Von einem Tag auf den anderen. Ein Vierteljahrhundert später ist die Reisefreiheit längst Teil der europäischen Identität geworden, sogar Nicht-EU-Staaten wie die Schweiz haben sich dem Schengenraum angeschlossen. Eine ganze Generation kennt die alten Grenzstationen mit den rot-weißen Schlagbäumen nur als historische Ruine – oft genug sind die dazugehörigen Tankstellen und Gasthäuser verlassen und verwaist. Der einstige Knotenpunkt – aufgelöst!

Während der Coronakrise bemerkten die Menschen dann erstaunt, wie schnell die Grenzzäune und -kontrollen wieder hochgefahren wurden. Denn das Schengener Abkommen sieht ein paar Ausnahmen vor[4], von denen europäische Regierungen in den vergangenen Jahren zunehmend Gebrauch gemacht haben. Oft entsprangen die Maßnahmen einem gesteigerten Sicherheitsbedürfnis und **Angst** s. S. 190 – aufgrund von Terroranschlägen oder zuletzt der Coronkrise, als viele Länder im Frühjahr 2020 ihre Grenzen abriegelten. Eine Studie zu Beginn der Coronkrise legt nahe[5], dass Reisebeschränkungen die Pandemie bremsen können. Wirklich wirkungsvoll sind Grenzschließungen laut WHO eher nicht[6] – und fordern noch dazu einen hohen Preis:

Denn die Wirtschaft ist längst auf europäische Fachkräfte und grenzüberschreitenden Warenverkehr angewiesen.[7] Zudem führten die Maßnahmen vielerorts zu langen Staus und gefährdeten Lieferketten.

Der Ruf, die Grenze zu sichern, erlebt eine Renaissance. Nicht nur in den USA, wo Präsident Donald Trump seit Jahren von der »großen, wunderschönen Mauer« schwärmt[8], die er an der mexikanisch-amerikanischen Grenze errichten will. Indien hat einen 3000 Kilometer langen Stacheldrahtzaun an der Grenze zu Bangladesch errichtet, Südafrika grenzt sich durch einen Elektrozaun von Simbabwe ab[9], und auch das EU-Land Ungarn schließt seine Grenzen, um Flüchtlinge fernzuhalten[10].

Was aber bringen Grenzkontrollen? So genau kann man das gar nicht sagen. Was an einer Grenze funktioniert, kann an einer anderen Probleme verschlimmern. Mal werden Schlagbäume gesenkt, mal fließt der Verkehr frei, weil auf Schleierfahndung und Kontrollen im Hinterland gesetzt wird. Im Zuge der sogenannten Flüchtlingskrise von 2015 führten viele europäische Staaten wieder Kontrollen ein. In Deutschland gründete das Bundesland Bayern eine neue Grenzschutzpolizei. Im ersten Jahr ihres Bestehens stellte die Truppe rund 26 000 Straftaten, Verkehrsdelikte und Fahndungstreffer fest, griff bei Kontrollen an der Grenze aber gerade einmal 34 Menschen auf, die illegal einreisen wollten. Und nur 15 von ihnen wurden zurückgewiesen.[11]

Grenzen wurden historisch nicht immer errichtet, um Eindringlinge und Gefahren fernzuhalten. Die Chinesische Mauer oder der römische Limes waren steingewordene Machtdemonstrationen nach außen. Ein Tausende Kilometer langes Symbol der Stärke. Der Impuls von Populisten und Hardlinern, die nationalen Grenzen zu stärken, schreibt die Politologin Wendy Brown in ihrem Buch *Walled States, Waning Sovereignty*, »ist nicht nur ein Zeichen für die schwindende Souveränität der Nationalstaaten, sondern beschleunigt diese Entwicklung sogar«. Die Staaten reagieren mit Grenzschließungen darauf, dass sie den Fluss von Informationen, Geld, Menschen und Viren immer weniger kontrollieren können.
Die Verstärkung von Grenzkontrollen sei nur eine »visuelle Demonstration von Stärke und Souveränität, die Staaten immer weniger garantieren können.«[12]

9750 km
Stau wurden im Jahr 2019 am Grenzübergang Passau-Suben (Österreich) wegen der neuen Kontrollen verzeichnet – deutscher Rekord.[13]

620 Hektar
Wasser und unbewohntes Land verwalten Deutschland und Luxemburg in einem gemeinsamen Grenzgebiet.[14]

1500 Bürgerinnen und Bürger
leben in der deutschen Exklave Büsingen am Hochrhein. Der Ort ist von Baden-Württemberg nur durch die Schweiz erreichbar.[15]

15 Stunden
benötigten Autofahrerinnen und -fahrer am 19.03.2020, um während der Coronapandemie die Grenze zwischen Olszyna (Polen) und Forst in der Nähe von Cottbus zu überqueren.[16]

Drei von vier Deutschen halten die Kluft zwischen Arm und Reich in Deutschland für ungerecht und zu groß.[1]

In Deutschland gibt es 10,3 Billionen Euro Privatvermögen – so verteilt es sich laut dem Deutschen Institut für Wirtschaftsforschung in der Bevölkerung (Bundesbürger ab 17 Jahre):[2]

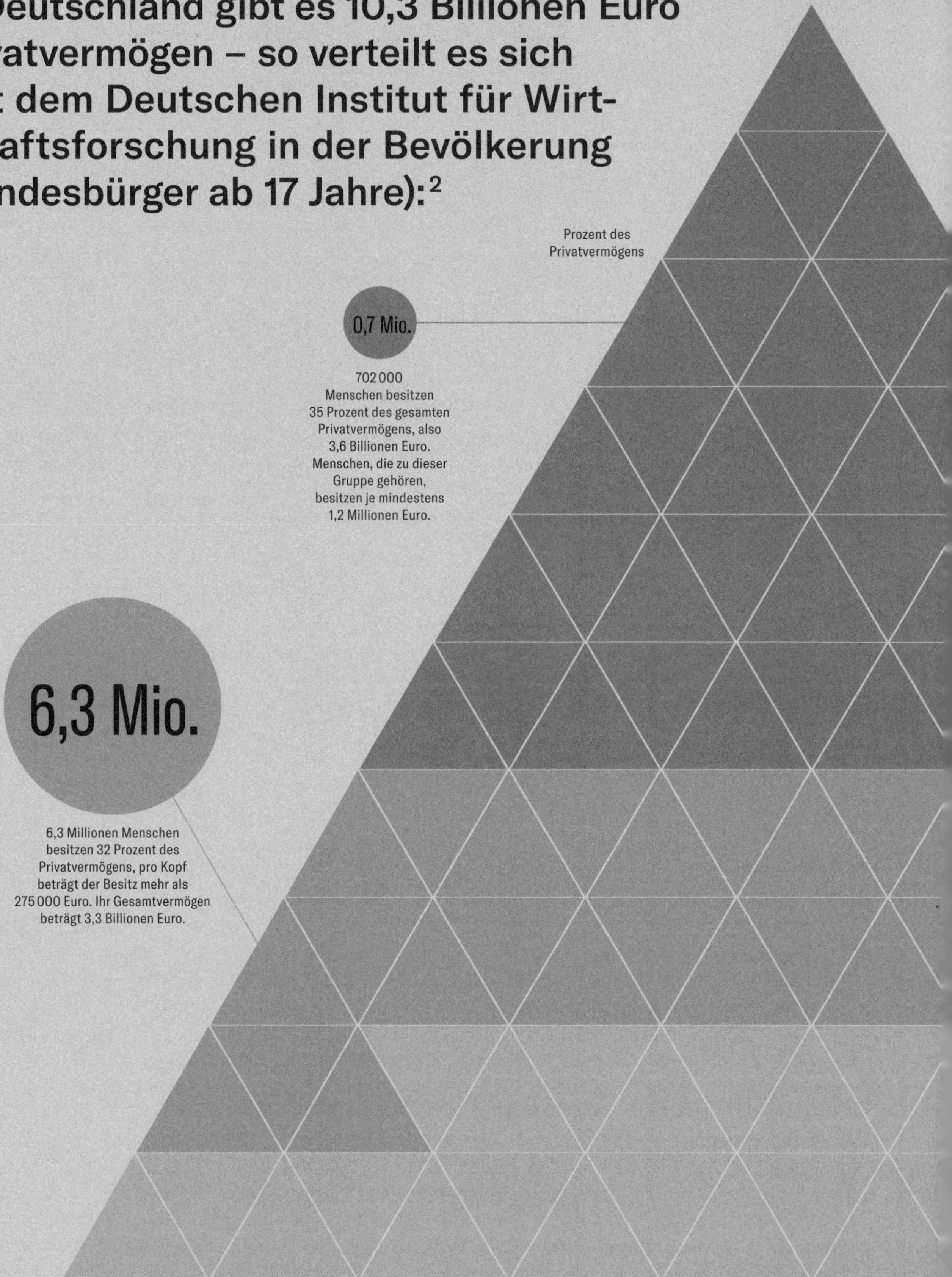

Ab welchem Nettomonatseinkommen gehört man zu den zehn Prozent der bestverdienenden Deutschen?[3]

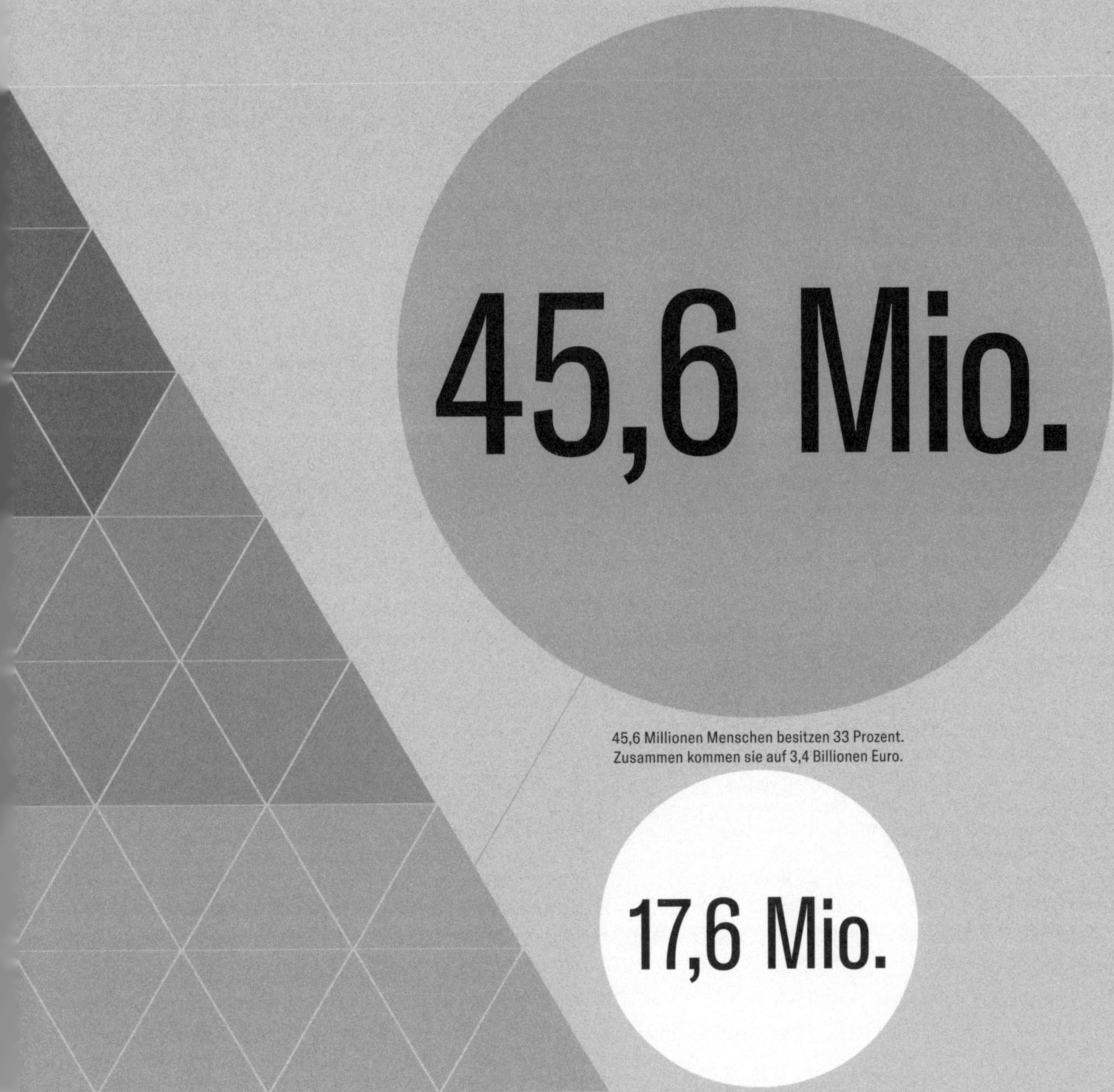

45,6 Millionen Menschen besitzen 33 Prozent. Zusammen kommen sie auf 3,4 Billionen Euro.

17,6 Millionen Deutsche, also 25 Prozent der Bevölkerung, haben kein Privatvermögen angehäuft.

Geheimsache Geld

Privatvermögen in Deutschland sind extrem ungleich verteilt. Einkommensunterschiede fallen jedoch anderswo auf der Welt deutlich größer aus. Warum wird auch hier geklagt?

Geht es um die Vermögensverteilung, befindet sich Deutschland in hoch angesehener europäischer Gesellschaft: Privatbesitz ist hierzulande ähnlich ungerecht verteilt wie in Schweden, Dänemark, Norwegen und Irland.[4] In all diesen Ländern fällt der 1921 vom italienischen Statistiker Corrado Gini erfundene Gini-Koeffizient[5] besonders hoch aus. Im weltweiten Vergleich landet Deutschland auf einem der oberen Plätze.[6] Auch wenn man Industriestaaten nicht ohne weiteres mit ärmeren Ländern vergleichen kann: Betrachtet man nur die Vermögensverteilung, irren drei Viertel der Deutschen nicht, wenn sie die Kluft zwischen Arm und Reich für ungerecht groß halten.

Komplexer wird es, wenn es ums Einkommen geht. Wir stellen uns die Einkommensverteilung in Deutschland als Pyramide vor – unten sehr viele Einkommensschwache, und oben thronen die Reichen, die so richtig gut verdienen. Tatsächlich liegt es viel näher, an einen Kreisel zu denken, der einen schlanken, aber soliden Sockel hat, sich dann großzügig nach außen wölbt und nach oben schnell wieder abnimmt. Laut Institut der Deutschen Wirtschaft verdienen 13 Prozent der Deutschen weniger als 1000 Euro netto pro Monat. Exakt in der Mitte der Gesamtbevölkerung befindet man sich mit 1869 Euro. Zu den reichsten zehn Prozent gehört man bereits ab einem Nettoeinkommen von 3440 Euro.[7]

Dass die Einkommensverteilung von vielen als ungerecht empfunden wird, hat viel damit zu tun, dass es nur selten ums Gesamtbild geht, es geht um die besonders Reichen und die besonders Armen. Sie haben sich finanziell immer weiter voneinander entfernt. Von 1991 bis 2016 sind die Einkünfte der einkommensstärksten zehn Prozent der Bevölkerung um 35 Prozent gestiegen,[8] die der ärmsten zehn Prozent sind gesunken.[9]

Als wie ungerecht diese Entwicklung empfunden wird, hängt von der politischen Einstellung ab. Diesen Schluss lässt die vom *Spiegel* beauftragte Studie zu, laut der drei von vier Deutschen die Kluft zwischen Reich und Arm hierzulande für zu groß halten. Nur die Hälfte der FDP-Wähler zum Beispiel bewertet die Verteilung als ungerecht, Anhänger der Linken dagegen sind zu 93 Prozent dieser Meinung.[10]

Forscher der Universität Hannover haben 2015 in einer repräsentativen Umfrage[11] mehr als tausend Deutsche gefragt, wie sie ihr Einkommen in der Gesellschaft einordnen, und mussten feststellen: Sie sind nicht einmal annähernd dazu in der Lage. Die obersten 20 Prozent waren sich ihrer Position an der Spitze fast ausnahmslos gar nicht bewusst.[12] So wie der Politiker Friedrich Merz, der sich im Ringen um den CDU-Vorsitz im November 2018 der gehobenen Mittelschicht zuordnete – mit einem Jahreseinkommen von etwa einer Million Euro. Doch auch die Ärmsten verorten sich laut der Studie sehr häufig in der Mitte der Gesellschaft statt an ihrer tatsächlichen Position. Zu tun haben könnte das damit, dass viele Menschen sich vor allem unter ihresgleichen bewegen. Eine Ärztin trifft beim Einkaufen oder beim Sport vermutlich vor allem auf Menschen, die ähnlich gut situiert sind wie sie. Genauso tauscht sich ein Hilfsarbeiter in einer Hochhaussiedlung möglicherweise überwiegend mit Freunden oder Bekannten mit einem ähnlichen Lebensstandard aus. Durch diese **Echokammern** s. S. 192 im Alltag kann man sich jedenfalls selbst schnell für normal halten – als Teil der Mitte, egal wie viel man verdient.

WEM DIE DEUTSCHEN IHR GEHALT OFFENBAREN[13]

Ehepartner/-in: 50 %
Eltern: 37 %
Freunden: 31 %
Kollegen: 18 %
jedem auf Nachfrage: 14 %
niemandem: 10 %

Ein DAX-Vorstand hat schon immer mehr verdient als der durchschnittliche Angestellte. Aber wie hat sich dieses Verhältnis in den letzten 30 Jahren verändert?

1987: 14-mal mehr[14]
2017: 71-mal mehr[15]

Vermögensverteilung im weltweiten Vergleich nach dem Gini-Index[16]

(0 = alle besitzen gleich viel, 100 = wenige besitzen alles)

Slowakei: 46,3
Pakistan: 52,6
Nepal: 67,3
Senegal: 69,8
Chile: 78,6
Deutschland: 79,1
Schweden: 83,4
USA: 85,9
Südafrika: 86,7

GERECHTIGKEIT

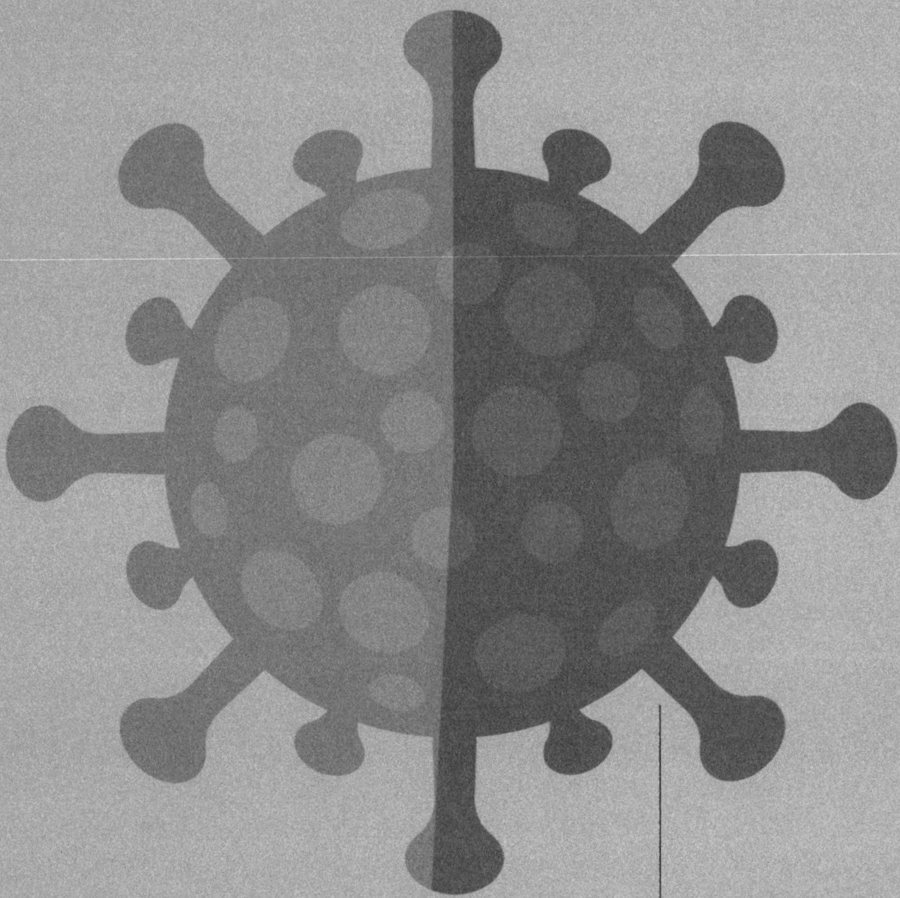

51 Prozent der Deutschen fanden im Frühjahr 2020, die deutschen Gesundheitsbehörden seien schlecht auf die Coronapandemie vorbereitet.[1]

Gesundheitsausgaben pro Kopf in ausgewählten Ländern in US-Dollar pro Person im Jahr 2018[2]

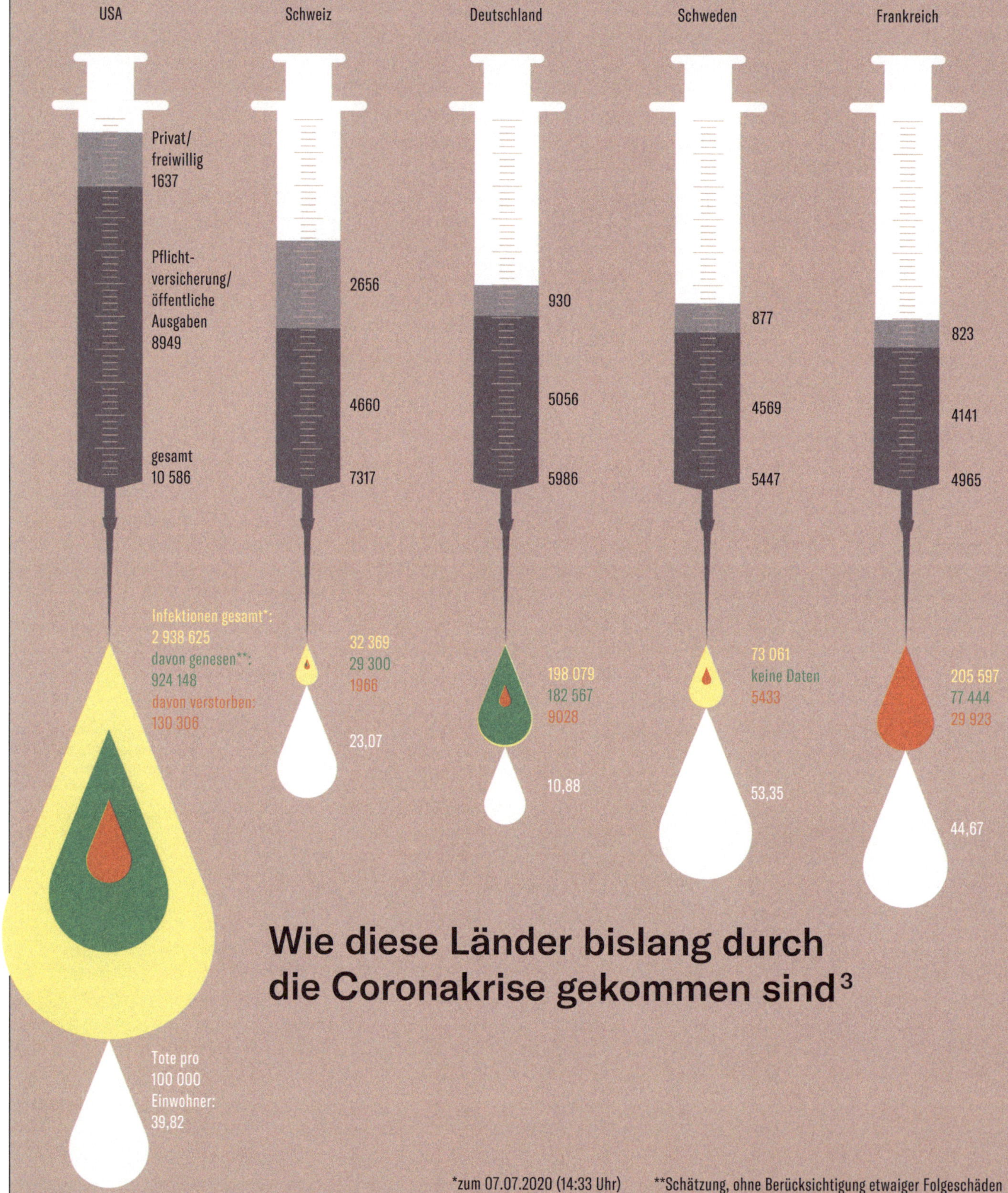

Wie diese Länder bislang durch die Coronakrise gekommen sind[3]

*zum 07.07.2020 (14:33 Uhr) **Schätzung, ohne Berücksichtigung etwaiger Folgeschäden

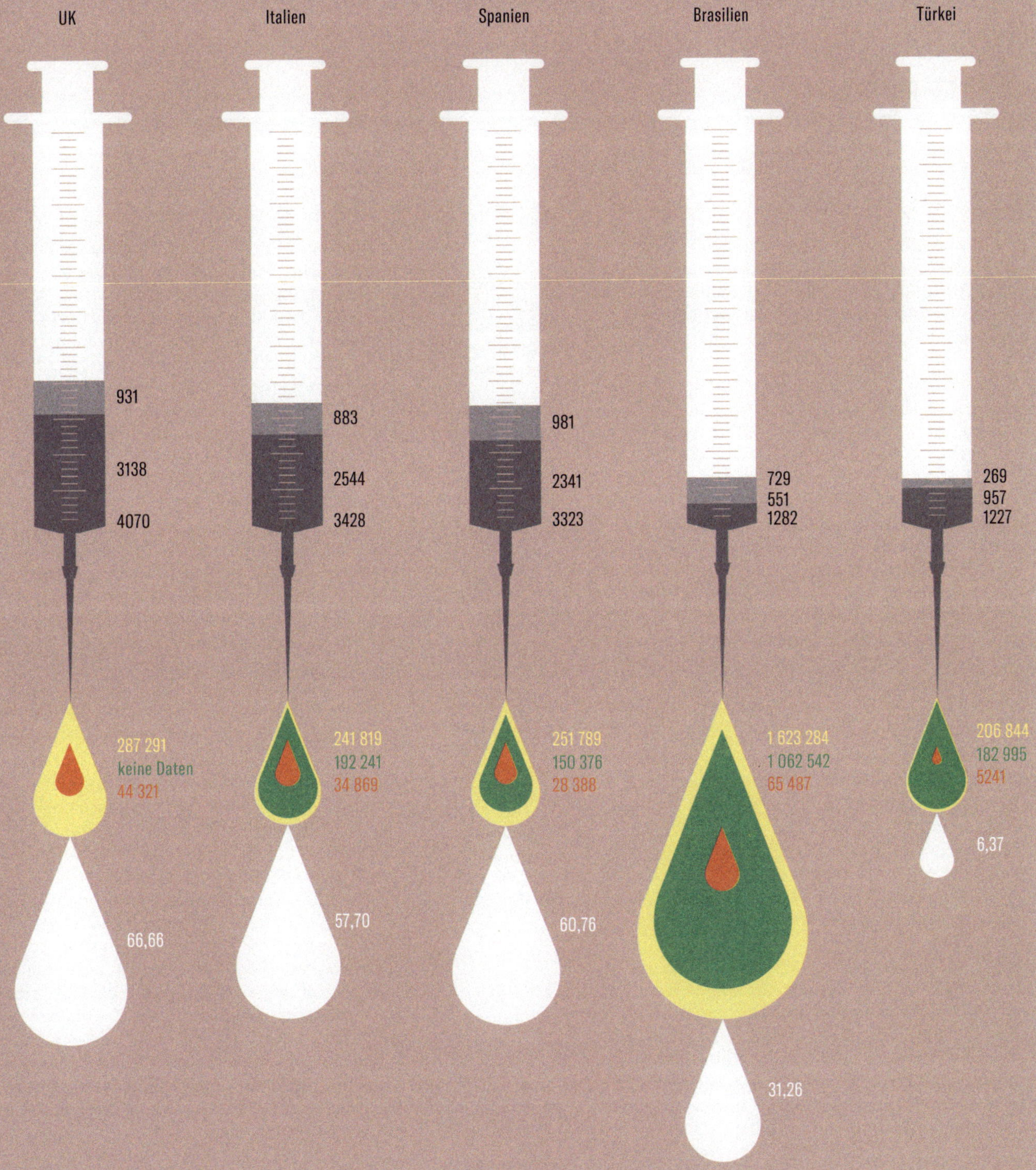
UK
931
3138
4070
287 291
keine Daten
44 321
66,66
Italien
883
2544
3428
241 819
192 241
34 869
57,70
Spanien
981
2341
3323
251 789
150 376
28 388
60,76
Brasilien
729
551
1282
1 623 284
1 062 542
65 487
31,26
Türkei
269
957
1227
206 844
182 995
5241
6,37

Entzaubert

Populistische Politik ignoriert unliebsame Fakten. Das funktioniert so lange, bis die Realität populistische Politik ignoriert – zum Beispiel, weil ein Virus um die Welt geht.

Dr. Trump stellt eine klare Diagnose: Als Ende Juni 2020 die täglichen Coronaneuinfektionen mit 40 000 Fällen einen neuen Höchstwert erreichen, sagte der US-Präsident bei einem Wahlkampfauftritt: »Wir haben Fälle, weil wir testen.«[4] Wenn weniger Menschen auf eine Covid-19-Erkrankung getestet würden, gäbe es weniger Fälle. Problem gelöst. Alles gut?

Donald Trump hat sich 2020 viel Mühe gegeben, das neuartige Coronavirus SARS-CoV-2 wegzureden, sprach von »Wuhan Virus«, »Kung Flu«[5] und erklärte, das Virus sei »ein bisschen wie die normale Grippe«[6]. Aber die Pandemie hat die Menschen in den USA (und im Rest der Welt) weiter fest im Griff. 2020 wird als das Coronajahr in die Geschichtsbücher eingehen. Aus verschiedenen Gründen. Auch als das Jahr, das den Populismus entzauberte.

Das Coronavirus mutierte schnell zu einem echten Problem für **populistische** s.S. 194 Politiker wie Trump oder den brasilianischen Präsidenten Jair Bolsonaro. Wie unliebsame Fakten kann man ein Virus zwar ignorieren – nur ist dem das schlicht egal. Es bleibt trotzdem: präsent, ansteckend, potenziell tödlich. Trump konnte oft behaupten, dass die USA »den Krieg gewinnen«[7] und »das Virus bald verschwinden wird«[8]. Aber die Bevölkerung merkt am eigenen Leib, dass Bekannte und Freunde erkranken und sterben, dass Millionen von Menschen ihren Job verlieren, dass andere Länder Kontaktbeschränkungen erlassen haben, die zumindest für den Moment wirken.

Gut möglich, dass nach Corona in vielen Ländern neu verhandelt werden muss, wie das Gesundheitssystem künftig gestaltet sein soll. In Deutschland könnte man dann zum Beispiel klären, wie wir der Personalnot im Gesundheitswesen endlich Herr werden und wie viel uns das finanziell wert ist. Bei der Bekämpfung von Pandemien geht es nicht nur um Geld, sondern auch um politische Führung und darum, Maßnahmen zur Eindämmung schnell und maßvoll einzusetzen. Hier trennt sich der billige Populismus von verantwortungsvoller Politik. »Eine wirksame Annäherung an Covid-19 erfordert eine kriegsähnliche Mobilisierung«, schreibt die *Harvard Business Review*.[9] »Sowohl in Bezug auf die menschlichen und wirtschaftlichen Ressourcen, die eingesetzt werden müssen, als auch in Bezug auf die extreme Koordination, die über verschiedene Teile des Gesundheitssystems, verschiedenen Einheiten im öffentlichen und privaten Sektor und der Gesellschaft insgesamt erforderlich sein wird.«

Populisten setzen auf einfache Lösungen und schnelle Siege. In Brasilien leugnet Präsident Jair Bolsonaro die Gefahr durch das Virus, während Zehntausende sterben. Sogar nachdem er sich selbst infiziert hatte, trug er auf Pressekonferenzen keine Maske.[10] Trump sagte, Menschen, die eine Maske trügen, zeigten damit ihre Ablehnung ihm gegenüber.[11] Beide Politiker nahmen das vermeintliche Wundermittel Hydroxychloroquin[12] ein – das Medikament wird zum politischen Symbol.

In Großbritannien vergingen Premier Boris Johnson immerhin die Witze, als er selbst mit Covid-19 im Krankenhaus lag.[13] Sogar in Ländern, in denen Populisten keine Verantwortung tragen, lässt sich ihre Entzauberung beobachten. In Deutschland erlebt die AfD ein Umfragetief.[14] Vielleicht liegt das daran, dass Populisten gerne Grenzen ziehen und Mauern bauen, während der Kampf gegen das Virus von Vernetzung und Kollaboration lebt. Bill Gates, der von vielen Verschwörungstheoretikern persönlich für die Pandemie verantwortlich gemacht wird, schreibt: »Die gesamte Menschheit kann zusammenarbeiten, um etwas über die Krankheit zu erfahren und die Fähigkeit zu entwickeln, sie zu bekämpfen.«[15]

Bedeutet 2020 also auch das Ende des Populismus? Nein. Die Geschichte zeigt, dass er mindestens so virulent wie Corona ist, und der Mensch neigt zum Vergessen und Verdrängen. Entzaubern heißt nicht Verschwinden.

Anzahl Intensivbetten in deutschen Krankenhäusern ohne/mit Beatmungsmöglichkeit[16]

Vor der Coronakrise:
28 000/20 000

Juni 2020:
40 000/30 000

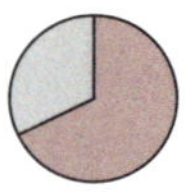

61 % der Menschen in Deutschland wollten sich laut einer Studie aus dem Juni 2020 gegen das Coronavirus impfen lassen[17]

Absatz Schutzmasken in Deutschland zu Beginn der Pandemie[18]

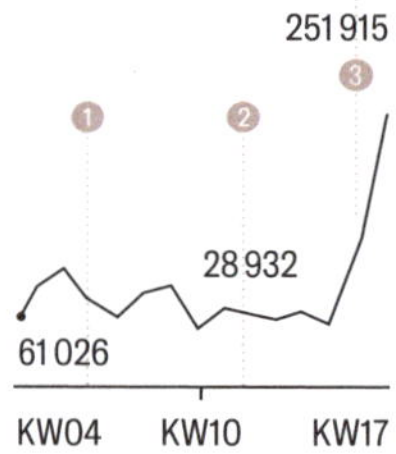

1 erste registrierte Infektion in D

2 »Lockdown«

3 Maskenpflicht in D

In etwa 2,3 Prozent der Filme und Sendungen im deutschen TV werden illegale Drogen wie Cannabis und Speed konsumiert.

In sechs von zehn Sendungen werden alkoholische Getränke gezeigt.[1] Wie berauschen sich Menschen in Deutschland im echten Leben?

Wie hat sich der Suchtmittelkonsum in den vergangenen Jahren – und in verschiedenen Generationen – verändert?*

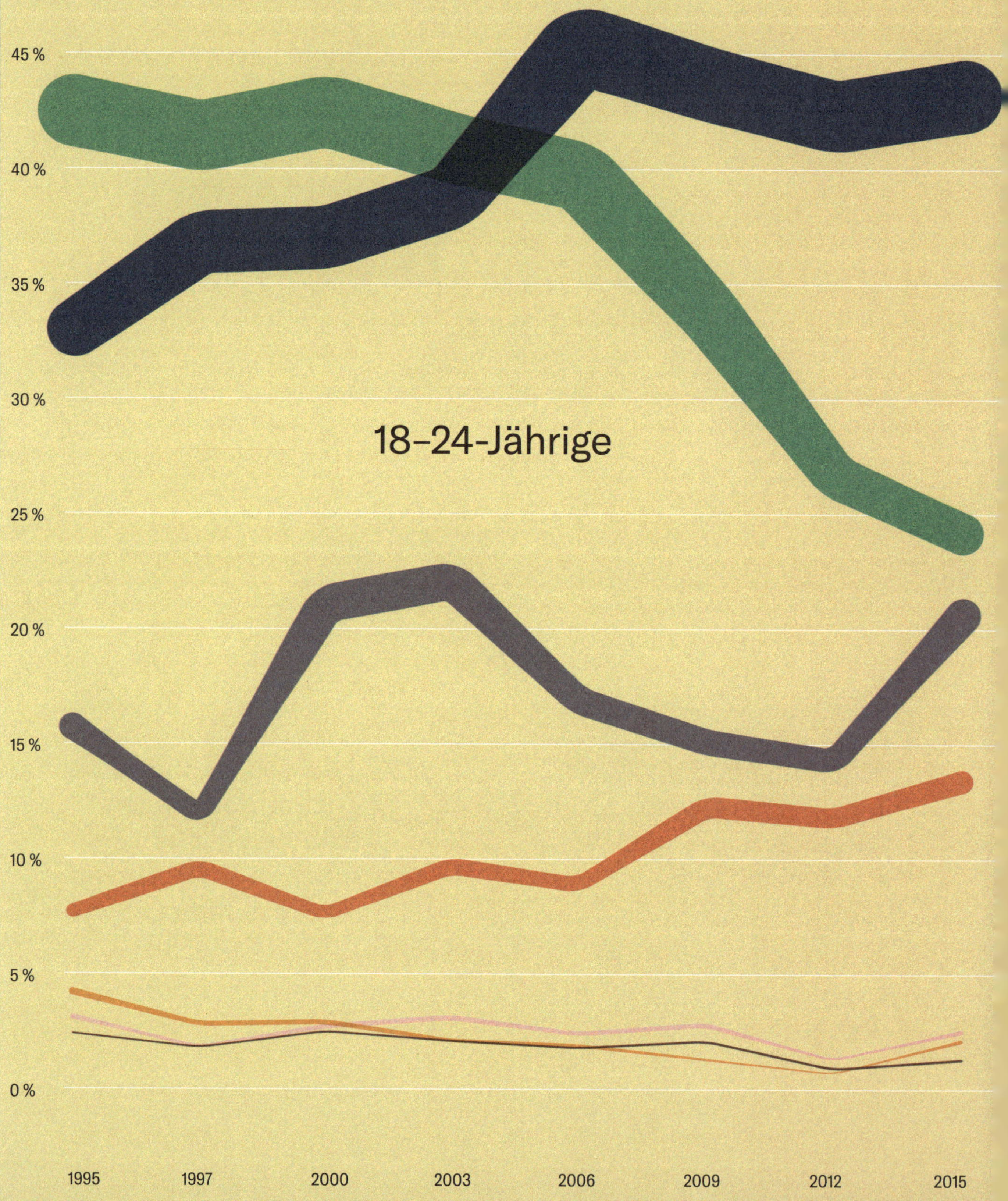

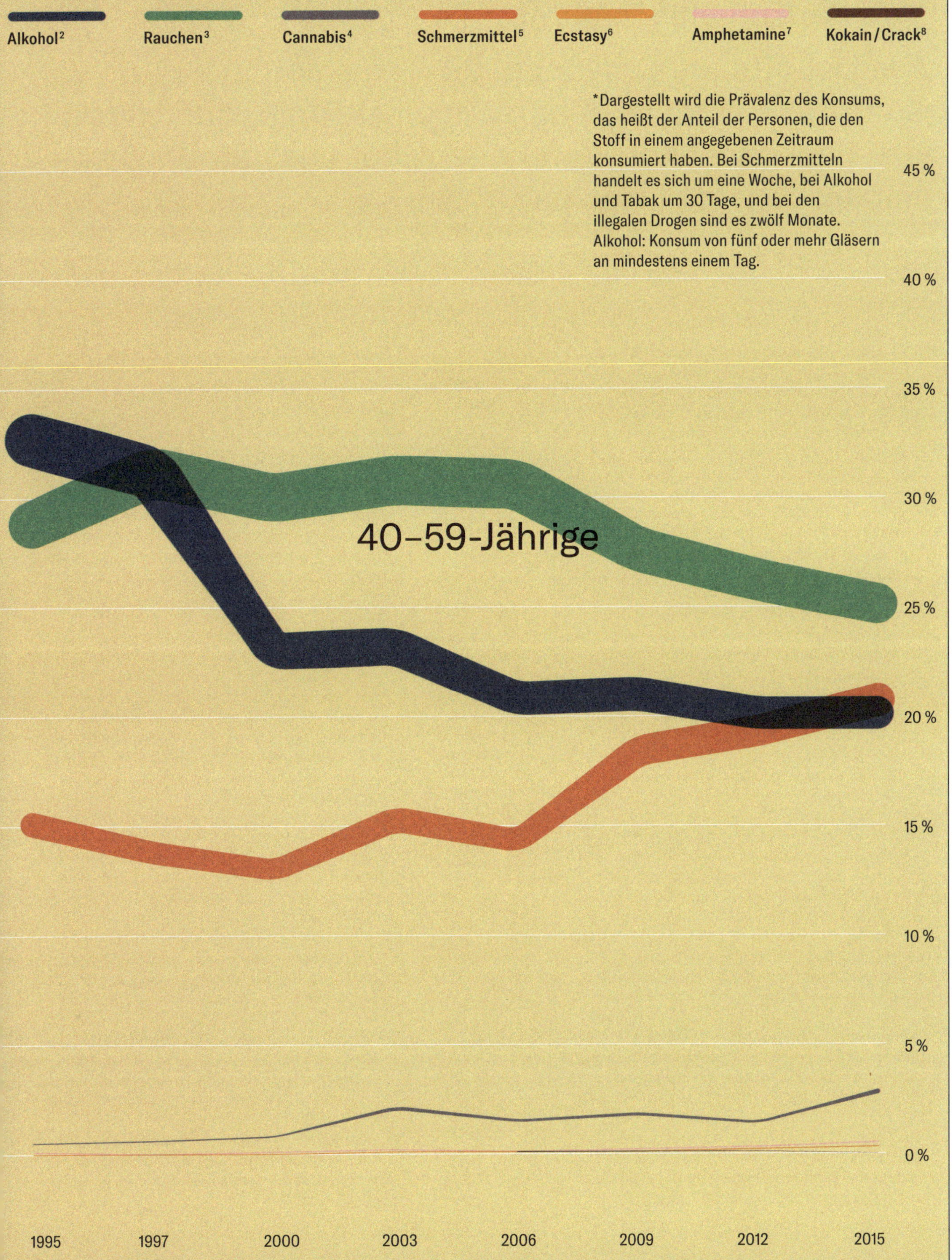

Alkohol[2]
Rauchen[3]
Cannabis[4]
Schmerzmittel[5]
Ecstasy[6]
Amphetamine[7]
Kokain / Crack[8]
*Dargestellt wird die Prävalenz des Konsums, das heißt der Anteil der Personen, die den Stoff in einem angegebenen Zeitraum konsumiert haben. Bei Schmerzmitteln handelt es sich um eine Woche, bei Alkohol und Tabak um 30 Tage, und bei den illegalen Drogen sind es zwölf Monate. Alkohol: Konsum von fünf oder mehr Gläsern an mindestens einem Tag.
40–59-Jährige
45 %
40 %
35 %
30 %
25 %
20 %
15 %
10 %
5 %
0 %
1995
1997
2000
2003
2006
2009
2012
2015

Von Rausch und Realität

Die Debatte um Drogenpolitik wird emotional und kontrovers geführt, aber nicht alle kennen die Fakten: drei überraschende Wahrheiten über unseren Umgang mit legalen und illegalen Drogen.

1. Ältere Frauen sind stark suchtgefährdet

In der allgemeinen Wahrnehmung wird Drogensucht aufgrund **dramatisierender Medienberichte** s. S. 191 zumeist mit illegalen Substanzen wie Heroin oder Kokain in Verbindung gebracht. Und tatsächlich stieg die Zahl der Drogentoten in Deutschland von 2018 auf 2019 um knapp zehn Prozent auf 1398.[9] Für die meisten Suchtprobleme sind jedoch legale Drogen wie Alkohol und Tabak.[10] Vor allem der Konsum starker Schmerzmittel stieg zuletzt deutlich an.[11] Etwa fünf bis sechs Prozent der häufig verordneten Medikamente haben Suchtpotenzial.[12] Die Deutsche Hauptstelle für Suchtfragen schätzt, dass 1,2 bis 1,5 Millionen Menschen in Deutschland abhängig von Tranquilizern und Schlafmitteln sind. Die größte Gruppe bilden ältere Menschen, die meisten davon sind Frauen[13] – ungefähr 70 Prozent der Medikamentenabhängigen sind weiblich.

2. Deutschland kann von Südeuropa lernen

Von den 2019 in der polizeilichen Kriminalstatistik erfassten 359 747 Betäubungsmitteldelikten waren 79 Prozent reine Konsumdelikte.[14] Gleichzeitig gibt es in Großstädten wie Frankfurt, Berlin oder Hamburg immer mehr »Konsumräume«, in denen sterile Spritzen verteilt werden. Eine klare Strategie fehlt.

Portugals Hauptstadt Lissabon galt lange als eine der Drogenhochburgen Europas.[15] Bis die Regierung vor 20 Jahren beschloss, Drogenbesitz und -konsum zu entkriminalisieren. Mit den eingesparten Kosten werden therapeutische Maßnahmen finanziert. Seit der Einführung gingen die Todesfälle durch Überdosen um 85 Prozent und die registrierten Drogenfälle um 75 Prozent zurück.[16] Auch die Weltkommission für Drogenpolitik fordert, Drogen nicht zu verbieten, sondern zu regulieren.[17] Ein Grund ist das sogenannte »Eiserne Gesetz der Prohibition«: Je härter die Strafe, desto härter werden auch die Drogen.[18]

ANZAHL DER SUCHTOPFER IM JAHR 2019

1398
illegale Drogen[22]

ca.
120 000
Tabak[23]

ca.
74 000
Alkohol oder eine Kombination von Alkohol und Tabak[24]

Die »gerine Cannabismenge«, bei der meist von der Strafverfolgung abgesehen wird, wird in den Bundesländern unterschiedlich definiert:[25]

6 g
Baden-Württemberg, Bayern, Brandenburg, Hamburg, Hessen, Mecklenburg-Vorpommern, Niedersachsen, Saarland, Sachsen, Sachsen-Anhalt, Schleswig-Holstein

10 g
Nordrhein-Westfalen, Rheinland-Pfalz, Thüringen

>10 g
Berlin, Bremen

3. Der »War on Drugs« war ein Mittel zur sozialen Kontrolle

Im Jahr 1971 eröffnete der damalige US-Präsident Richard Nixon den »War on Drugs«, der viele Milliarden US-Dollar und unzählige Menschenleben auf der ganzen Welt gekostet hat. Erst Jahre später enthüllte sein damaliger Berater John Ehrlichman das wahre Motiv: »Unser Weißes Haus hatte damals zwei große Feinde, die Antikriegslinke und die Schwarzen. (...) Indem wir die Öffentlichkeit dazu brachten, die Hippies mit Marihuana und die Schwarzen mit Heroin in Verbindung zu bringen, und dann beides stark kriminalisierten, konnten wir diese Gruppen stören. Wir konnten ihre Anführer verhaften, ihre Wohnungen durchsuchen, ihre Versammlungen unterbrechen und sie Nacht für Nacht in den Abendnachrichten diskreditieren.«[19] Obwohl schwarze und weiße Menschen ungefähr ähnlich häufig Marihuana konsumieren, haben Afroamerikaner bis heute ein viermal höheres Risiko, wegen Cannabis verhaftet zu werden.[20]

In Deutschland ist ein solches »Racial Profiling«, also eine Kontrolle oder Sanktion aufgrund des Aussehens und der vermuteten Herkunft, durch das Grundgesetz verboten. In Grenzgebieten, an Bahnhöfen und Flughäfen sowie in ausgewiesenen »Gefahrengebieten« wie Rotlichtbezirken darf die Polizei jedoch durchaus verdachts- und anlassunabhängige Personenkontrollen durchführen, wie die Sozialwissenschaftlerin Vanessa Eileen Thompson von der Goethe-Universität Frankfurt schreibt. »Racial Profiling ist in Sicherheitsorganisationen wie der Polizei institutionell ›eingeschrieben‹.« Genaue Zahlen gibt es dazu bisher keine – im Juni 2020 kündigte die Bundesregierung an, Racial Profiling erstmalig auf Bund- und Länderebene in einer Studie zu untersuchen. Im Juli 2020 aber blies Innenminister Horst Seehofer das Vorhaben wieder ab, es bestehe »kein Bedarf«.[21]

»Menschen halten an dem fest, was sie ohnehin schon glauben«

Wir neigen zu massiven Fehleinschätzungen der Wirklichkeit. Warum? Der Politikwissenschaftler **Bobby Duffy** hat für seine Studie »Perils of Perception« Umfragen mit über 100 000 Menschen in 40 Ländern analysiert. Ein Gespräch über verzerrte Sichtweisen auf die Welt – und was man dagegen tun kann.

INTERVIEW:
BENEDIKT SARREITER

Herr Duffy, wo haben Sie sich in letzter Zeit am meisten geirrt?

Nun, ich irre mich immer wieder bei meiner Arbeit, weil ich Annahmen treffe, die sich dann als völlig falsch herausstellen. Vor einer Umfrage denke ich darüber nach, wie die Leute wohl antworten werden und bin dann nicht selten überrascht, welche Einschätzungen sie abgeben. Ziemlich umgehauen haben mich zum Beispiel die globalen Befragungen zu Teenagerschwangerschaften. In allen möglichen Ländern dachten die Leute, dass eines von fünf oder eines von vier Mädchen im Teenageralter schwanger werden würde. Im Durchschnitt bekommen weltweit aber nur zwei Prozent in diesem Alter ein Kind, also ein Mädchen von 50. Selbst in Ländern mit hohen Raten wie Argentinien sind es nur sechs Prozent. Ich wusste, dass die menschliche Urteilskraft von Gefühlen und Vorurteilen stark getrübt werden kann, trotzdem waren die Zahlen doppelt so hoch, wie ich vorher angenommen hatte.

In unserer Zeit gibt es den Reflex, solche Missverhältnisse auf Fake News oder alternative Realitäten zurückzuführen. Aber gab es solche Fehleinschätzungen nicht schon immer?

Ja, ab den 1940er Jahren wurden in den USA weitreichende Untersuchungen zur Entscheidungsfindung durchgeführt. Also warum beschäftigen sich Menschen etwa sehr genau damit, welche Waschmaschine sie kaufen sollten, aber kaum damit, welcher Politiker ihre Interessen am besten vertritt? Eines der Ergebnisse war, dass die Politik nicht konkret genug war, zu weit weg von den Problemen vor Ort, zu national ausgerichtet. Nebenbei fand man auch heraus, was die Leute über bestimmte Dinge denken, etwa über Kriminalitätsraten. Und man muss sagen: Unsere Selbsttäuschungen halten sich hartnäckig, über Jahrzehnte, Ländergrenzen und alle möglichen Themen hinweg. Trotzdem spielen heute die Medien eine ganz andere Rolle als damals.

Bevor wir zur Rolle der Medien kommen: Was ist im Denken des Menschen angelegt, dass er die Wirklichkeit fortlaufend verzerrt wahrnimmt?

Es gibt viele unterschiedliche Dinge, die unseren Blick auf die Realität beeinflussen. Zum Beispiel die Bedeutung der sozialen Norm. Man könnte sie auch den Was-wir-sehen-ist-alles-was-es-gibt-Effekt nennen. Es ist das Gefühl, dass bestimmte Charakteristika des eigenen Milieus auch für alle anderen Menschen gelten müssen.

Wie meinen Sie das genau?

Wir haben in Indien einmal Leute befragt, wie viele Inder wohl einen Zugang zu Facebook hätten.

Der Durchschnitt der Antworten lag bei 65 Prozent. In Wahrheit waren es damals aber nur 20 Prozent. Eine massive Fehleinschätzung, was daran lag, dass die Umfrage online stattfand. Unsere Probanden stammten also aus der Onlinebevölkerung Indiens,und verallgemeinerten ihr Umfeld auf ganz Indien. Daran ist zu erkennen, dass die reicheren Schichten kaum eine Vorstellung von den Problemen der armen Bevölkerung haben. Ein Internetzugang ist ein öffentliches Gut, der vielen Indern noch verwehrt bleibt. Dagegen wird aber nur wenig getan. Auch weil die Situation den Leuten, die sie verändern könnten, besser erscheint, als sie wirklich ist.

»Gegen Armut wird wenig getan. Weil die Situation den Leuten, die sie ändern könnten, besser erscheint, als sie wirklich ist.«

Sind bestimmte soziale Milieus anfälliger für Fehleinschätzungen als andere?

Bildung hilft natürlich schon dagegen. Trotzdem reicht eine gute Ausbildung nicht allein, um Trugschlüsse zu verhindern. Denn, wenn es um Dinge geht, die ihre Gruppe direkt betreffen, dann liegen auch gebildete Menschen oft ziemlich falsch. Sie biegen dann mit ihren intellektuellen Fähigkeiten die Fakten so lange, bis sie in ihr Weltbild passen. Letztlich muss man aber sagen: Bildung ist entscheidender Faktor für eine realistische Weltsicht. Man sitzt Täuschungen und Lügen einfach nicht so leicht auf, wenn man mehr weiß.

Unser soziales Milieu, unser Umfeld beeinflusst also unsere Perspektive auf die Wirklichkeit. Wo trickst uns unser Denken noch aus?

Eine sehr starke Wirkung hat das »directionally motivated reasoning« wie es in der Sozialpsychologie heißt. Der Begriff beschreibt im Grunde Francis Bacons Aussage aus dem 16. Jahrhundert, dass der Mensch gerne an dem festhalten würde, was er ohnehin schon immer glaubt. Wir suchen unbewusst nach Informationen, die unsere Meinung bestätigen und blenden die aus, die ihr widersprechen.

Haben Sie dafür Beispiele?

Wenn man etwa in den USA Leute befragt, ob Schuss- oder Stichwaffen mehr Menschen töten, dann entscheiden sich 80 Prozent der Befragten, die die Demokraten wählen, für Schusswaffen, was korrekt ist. Aber nur 27 Prozent der Republikaner sehen das genauso. Dieselbe Wirklichkeit wird komplett anders eingeschätzt, die politische Einstellung prägt den Blick auf die Welt. Ein anderes Beispiel kommt aus der Zeit der Brexit-Referendums. Damals im Jahr 2016 haben wir eine Umfrage zu den 350 Millionen Pfund gemacht, die Großbritannien laut den Brexiteers angeblich wöchentlich an die EU überweist. Wir wollten wissen, wer daran glaubt und wer nicht. Vier von zehn Leuten hielten die Summe für plausibel, obwohl die UK Statistics Authority sagte, dass die Zahl falsch verwendet wurde. Insgesamt dachten zwei Drittel der Leave-Fraktion, dass die Behauptung wahr sei, aber nur ein Viertel des Remain-Lagers. Zwei Jahre später wiederholten wir die Umfrage. Und trotz aller Berichterstattung zum Brexit und zur falschen Behauptung der 350 Millionen Pfund blieben die Ergebnisse der Umfrage exakt gleich. Die Perspektive der Leute hat sich kein bisschen verändert.

Warum ist das so?

Dazu gibt es Forschung zur **kognitiven Dissonanz** s. S. 192. Es erzeugt bei uns psychischen Schmerz, wenn wir Dinge erfahren, die unserer vorgefassten Meinung widersprechen. Deswegen vermeiden wir sie. Facebook hat immer wieder Experimente mit dem Newsfeed gemacht. Das Unternehmen spielte in den Feed mancher User Texte ein, die nicht deren Meinungen widerspiegelte. Sie verließen dann die Plattform schneller als sonst, was Facebook natürlich nicht so gut fand. Das ist auch ein Grund, warum der Facebook-**Algorithmus** s. S. 190 die Themen des Newsfeed sehr gleichförmig auswählt. Man erkennt daran, wie sehr unsere Identität die Wahrnehmung der Welt färbt.

Andererseits wird oft gesagt, dass negative News besonders viel Aufmerksamkeit bekommen. Fügen sie unserer Psyche nicht Verwundungen zu, sodass wir sie besser wegklicken sollten?

Wir haben die Tendenz, unseren Fokus mehr auf negative Dinge auszurichten als auf positive. Das hat evolutionäre Gründe. **Angst** s. S. 190 und das Wissen um Gefahren ermöglichen das Überleben. In Experimenten wurde nachgewiesen, dass negative Informationen im Gehirn anders abgespeichert werden als positive. Sie sind schneller abrufbar. Und wir reagieren stärker auf Bilder, die Gewalt zeigen. Das führt dazu, dass wir uns zu unangenehmen Nachrichten hingezogen fühlen oder Politikern, die in ihren Reden über Terrorismus oder Kriminalität sprechen, eher zuhören. Und das führt wiederum dazu, dass wir die realen Gefahren unserer Gegenwart gewaltig überschätzen.

Wie ist vor diesem Hintergrund das nostalgische Schwärmen für die gute alte Zeit zu bewerten?

Erst einmal ist es ja nicht schlecht, wenn wir die Herausforderungen, Mühen und schmerzvollen Erfahrungen aus der Vergangenheit vergessen. Das ist gut für unsere Psyche. Aber wir haben deshalb oft ein irreal schlechtes Bild von unserer Gegenwart und Zukunft. Wir denken, alles wird immer schlechter, obwohl es gar nicht so ist. In der Wissenschaft nennt man diese Neigung »rosige Retrospektion«. Die Vergangenheit wird überhöht, die Gegenwart scheint von hoher Kriminalität, Armut und Terrorismus geprägt. Obwohl die Fakten etwas anderes sagen. Bei Umfragen in 30 Ländern kam zum Beispiel heraus, dass 85 Prozent der Befragten nicht daran glauben, dass die Mordraten seit 2000 zurückgegangen sind. Sie sind aber in den meisten Ländern heute tatsächlich erheblich geringer als damals.

Die Sehnsucht nach einer glorreichen Vergangenheit ist ein Wesenszug des Populismus. Inwiefern spielen die Schwachstellen unserer Denkprozesse eigentlich Politikern in die Karten?

Politiker, aber auch Journalisten und andere Menschen, die Inhalte produzieren, wissen intuitiv, wie sie Menschen am besten packen. Und das geht eben vor allem durch das Betonen des Negativen und von Stereotypen, besonders auf Social Media. Außerdem sind auch sie Opfer der angesprochenen fehleranfälligen Denkprozesse. Es ist aber schwer zu sagen, wer hier auf wen einwirkt: das Medium auf sein Publikum oder umgekehrt. In den USA gibt es etwa den »Fox News Effect«. Man hat untersucht, inwieweit sich die Einstellungen des Publikums von Fox News, etwa zu Einwanderung und Terrorismus, von den Nutzern anderer Medien unterscheidet. Die Unterschiede sind beträchtlich. Man weiß deswegen aber nicht, ob das Publikum eben das Medium nutzt, das seine Weltsicht am ehesten vertritt, oder ob das Medium selbst diese Weltsicht kreiert.

Aber es gibt Akteure, die willentlich falsche Informationen streuen, um ihre Agenda durchzudrücken. Damit verbreiten sie doch gezielt eine bestimmte Weltsicht.

Natürlich, und das ist unentschuldbar. Sie nutzen die in uns angelegten Trugschlüsse und verstärken sie noch weiter. Und sie treffen heute auf ein mediales Umfeld, das ihnen dabei hilft. Denn wie ich vorher schon erwähnt habe, versuchen Anbieter wie Facebook oder Twitter ihre User so lange wie möglich auf ihren Seiten zu halten. Das gelingt am besten, indem man sie mit den Inhalten bedient, die ihnen am ehesten entsprechen. Aus den genannten Gründen. Algorithmen liefern uns Dinge, mit denen wir ohnehin schon einverstanden sind. Und so wird unsere Weltsicht, auch wenn sie falsch ist, nur noch mehr bestätigt. Hier wirkt auch das, was man »Wahrheitseffekt« nennt. Je häufiger man eine Lüge hört oder liest, desto wahrscheinlicher wird es, dass man sie glaubt.

Aber wenn der Einfluss von Social Media so stark ist, warum unterscheiden sich dann unsere Fehleinschätzungen nicht unbedingt von denen früherer Generationen?

Ich denke, dass wir erst am Anfang dieser Entwicklung stehen. Und auch wenn das Prinzip der Echokammern, also das Zersplittern der Wirklichkeit in viele kleine private Wirklichkeiten durch Social Media, kürzlich zu Recht in Frage gestellt wurde, sehe ich trotzdem ein großes Problem auf uns zukommen. Denn die Technologien, die gezielt Informationen ausspielen, entwickeln sich schnell weiter, und zwar schneller, als wir unsere Fehleinschätzungen analysieren und erkennen können. Aber es geht hier nicht nur um unsere Trugschlüsse, sondern auch darum, wie sich bestimmte Weltsichten immer mehr verfestigen und sich dadurch gesellschaftliche Gruppen unvereinbar gegenüber stehen.

Woran erkennt man diese Brüche?

Das Pew Research Center untersucht etwa seit den frühen 2000er Jahren in den USA, inwieweit sich Unterstützer der Demokraten und der Republikaner in zehn politischen Wertvorstellungen unterscheiden – etwa ob man den Armen mehr helfen sollte oder ob Rassismus der Hauptgrund für die geringen Entwicklungsmöglichkeiten von Afroamerikanern ist. 2004 lag der Durchschnittswert der Unterschiede zwischen beiden Parteien bei 17 Prozent, 2017 hat sich der Wert mit 36 Prozent mehr als verdoppelt. Die beiden Gruppen entfernen sich also immer mehr voneinander. Das sieht man auch an einer anderen Zahl. 1994 waren 65 Prozent der Republikaner in ihren Ansichten konservativer als der durchschnittliche Demokrat, 2017 waren es 95 Prozent. Diese Gruppen blicken verschieden auf die Welt und die Gesellschaft, in der sie leben. Und die Brüche sind nicht selten so groß, dass beide sich nicht mehr austauschen. Sie sind gefangen in ihren Weltsichten und erfahren kaum noch etwas von der anderen Seite.

Aber müssen sie sich unbedingt austauschen?

Ich denke, es ist fundamental wichtig, dass man in Kontakt bleibt. Denn sonst ist irgendwann niemand mehr da, der einen auf seine Irrtümer aufmerksam machen kann. Und das hat keine gute Auswirkungen auf die Gesellschaft im Allgemeinen. Man muss sich nur die Debatten um das Impfen anschauen. Untersuchungen mit über eine Million Kindern zeigten keinen Zusammenhang zwischen Impfungen und Autismus. Trotzdem sagen sechs von zehn Leuten bei Umfragen in 40 Ländern, dass es diesen Zusammenhang gebe oder dass sie sich darüber nicht sicher seien. Leute, die sich aus diesen völlig unbegründeten Zweifeln gegen

Impfungen aussprechen, haben einen Einfluss auf Impfraten und gefährden damit die Gesundheit der ganzen Gemeinschaft. Die festgefahrene, durch Fehleinschätzungen erzeugte Weltsicht einer Gruppe wirkt sich auf alle aus. Das gibt es in anderen Bereichen auch.

Wenn wir beim Beispiel des Impfens bleiben, sieht man, wie schwierig es ist, Menschen davon zu überzeugen, ihre Ansichten noch einmal zu überdenken oder sogar ihre Meinung zu ändern. Wie kann das trotzdem gelingen?

Es funktioniert natürlich nicht, wenn man den Leuten sagt: »Hör mal, das sind die Fakten, und deswegen liegst du vollkommen falsch. So ist es richtig.« Es geht hier erst mal nicht um Fakten, sondern um Gefühle, Sorgen und Bedenken. Sie leiten unser Denken viel mehr als trockene Statistiken. Wir denken immer, dass wir rationale und kühle Analysten sind, aber letztlich sind unsere Ansichten über die verschiedensten Dinge von emotionalen Geschichten geprägt. Wir haben vorher über Teenagerschwangerschaften gesprochen und wie absurd die Fehleinschätzungen waren. Die Gründe dafür sind in den vielen ergreifenden Geschichten zu finden, die wir immer wieder über junge, schwangere Mädchen hören und lesen. Sie beeindrucken uns so sehr, dass viele die Rolle von Teenagerschwangerschaften in der Gesellschaft als viel größer imaginieren, als sie wirklich ist. Die gewaltige Wirkung von Narrativen bedeutet aber nicht, dass Fakten nutzlos sind. Damit sie die Leute aber erreichen und wahrgenommen werden, müssen sie wiederum in ein Narrativ eingebettet sein. Wir Menschen verstehen die Welt über Geschichten.

Wie schafft man es, objektive Fakten besser zu erzählen? Bisher scheinen eher diejenigen zu gewinnen, die Stereotype bedienen und die Wirklichkeit gemäß ihrer Interessen biegen.

Wir sind darin tatsächlich noch nicht besonders gut. Manchmal hilft es aber schon, eine persönliche Geschichte zu erzählen und sie dann in den Kontext einer größeren, gesellschaftlichen Frage zu stellen. So machen es etwa Organisationen, die sich um Flüchtlinge kümmern und Kampagnen zu deren Schutz gestalten. Sehr gelungen war auch David Attenboroughs BBC-Sendung »Climate Change – The Facts«. Er vermischte Fakten und Experteninterviews mit einem sehr gelungenen Storytelling. Über die Sendung wurde in der englischen Öffentlichkeit ausführlich gesprochen, und sie war weltweit erfolgreich.

Und doch scheinen viele Menschen den herkömmlichen seriösen Nachrichtenquellen nicht mehr besonders zu vertrauen. Wie erreicht man die?

Am Beispiel von David Attenborough und der BBC kann man sehen, dass viele Leute schon noch Vertrauen in diese Quellen haben. Aber es gibt dieses Gefühl von schwindendem Respekt gegenüber Politikern und seriösen Medien. Nur wenn man sich die Trends anschaut, ist es im Vergleich zu früher gar nicht so viel schlimmer geworden. Das ist auch ein bisschen rosige Retrospektion. Es ist kein allgemeines Problem. Wir haben keine Krise des Vertrauens in Medien und Politik über alle Nationen hinweg, Ausnahmen gibt es natürlich immer. Die Probleme sind anders gelagert. Heute können sich die Leute viel mehr aussuchen, woher sie ihre Informationen beziehen, es gibt nicht mehr nur einige News-Organisationen, sondern sehr viele, letztlich kann ja jeder zum Sender werden. Dadurch wird es für Politiker, Journalisten oder Organisationen, die ihre Arbeit auf eine objektive Faktengrundlage stellen, schwieriger, die Menschen zu erreichen. Für sie stellt sich die Frage, wie man verhindert, dass sie der anderen Seite zufallen, und wie man bestehende Fehleinschätzungen auflöst.

Haben Sie eine Idee?

Man muss erst einmal entscheiden, auf welche Themen man seinen Fokus legen sollte. Wir können natürlich nicht alle Trugschlüsse auflösen, und das müssen wir auch nicht. Viele haben keine weitreichenden Konsequenzen. Wenn es aber um Themen wie den Klimawandel, Impfen oder um politische Entscheidungen geht, also um Dinge, die tiefgreifende Folgen für jede Gesellschaft und die Welt haben, dann müssen wir dafür sorgen, dass sich das ganze System der Informationsvermittlung verändert.

Wie kann man das erreichen?

Es reicht nicht, falsche Behauptungen im Nachhinein richtig zu stellen. In den letzten Jahren hat man angefangen, Verbreiter von Fake News direkt anzugehen und systemisch vorzugehen. Und aus meiner Arbeit über Fehleinschätzungen weiß ich, dass dieser systemische Ansatz hilft. Wir haben ein sehr starres System der Informationsvermittlung entwickelt, es erscheint unveränderbar. Aber das stimmt nicht. Wie wäre es zum Beispiel, wenn Google nicht die relevantesten Treffer anzeigt, sondern die vertrauenswürdigsten? Eben solche, die einen Prozess des Fact-Checkings durchlaufen haben. Es geht also darum, Algorithmen mit anderen Prämissen als bisher zu programmieren. Denn bisher reagieren sie perfekt auf die Verzerrungen, die unseren Denkprozessen innewohnen. Und so entsteht ein System der Täuschung, das unvorhersehbare Konsequenzen hatte – und weiter haben wird. Wir müssen deshalb jetzt etwas verändern.

Bobby Duffy ist Direktor des Policy Institutes am Londoner King's College und war davor Geschäftsführer des Sozialforschungsinstituts Ipsos. Dort leitete er ein Team von 250 Mitarbeitern, die Umfragen weltweit durchführten. Duffy veröffentlichte 2018 das Buch The Perils of Perception: Why We're Wrong About Nearly Everything.

74 Prozent der Deutschen glauben, dass hohe Mieten zum Verlust der Wohnung führen können.

79 Prozent fürchten, wegen hoher Wohnkosten zu verarmen.[1]

Warum müssen so viele Menschen um das Dach über ihrem Kopf fürchten?

Wir wollen mehr!

Es gibt verschiedene Gründe dafür, warum bezahlbare Wohnungen in Großstädten immer schwerer zu finden sind: Der Immobilienboom der vergangenen Jahre, der Wohnungen zum Investitionsgut machte, fehlende Sozialwohnungen und die Zunahme von Einpersonenhaushalten.[2] Aber auch die Wohnfläche pro Person nimmt seit Jahren stark zu.[3] Wird der Wohnraum auch knapp, weil unsere Ansprüche steigen?

1960

,4
qm

1991

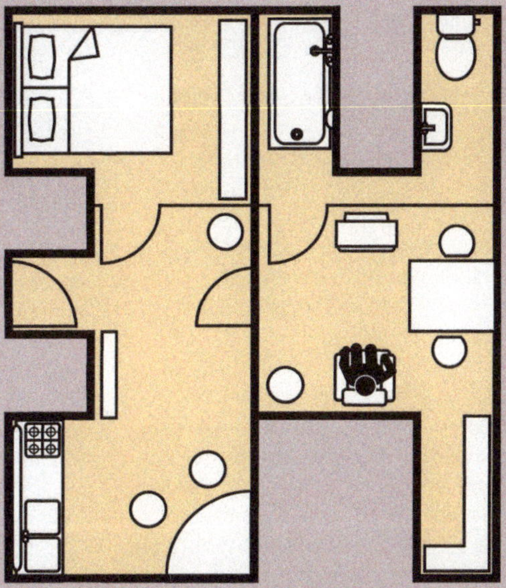

,9
qm

2018

,7
qm

Platz da!

Wohnraum wird immer teurer, vor allem in Großstädten. Gleichzeitig hat sich die Zahl der Wohnungen pro 1000 Einwohner von 1990 um knapp 20 Prozent erhöht.[4] Wie passt das zusammen? Die drei wichtigsten Faktoren.

1. WIR LEBEN HEUTE ANDERS ZUSAMMEN ALS FRÜHER

Wenn sich die Gesellschaft verändert, dann ändert sich auch unser Wohnraum. Von 1990 bis 2018 hat sich der Anteil der Ein- und Zweipersonenhaushalte massiv vergrößert.[5] Dass heute immer weniger Menschen unter einem Dach zusammenleben, liegt zum einen daran, dass Frauen im Schnitt weniger Kinder bekommen. Entscheidend ist aber auch, dass die Familienmitglieder, die sich eine Wohnung teilen, immer enger gefasst werden: Früher war es normal, dass die Groß- und Urgroßeltern und manchmal sogar entferntere Verwandte wie Cousins und Cousinen in einem Haus oder einer Wohnung zusammenlebten. Heute ist es überwiegend nur die engste Verwandtschaft, die sogenannte Zweigenerationenkernfamilie, schreibt Christine Hannemann, Professorin für Architektur- und Wohnsoziologie, in der Publikation »Zum Wandel des Wohnens«.[6]

Weil Familien später gegründet werden und die nicht optimale, aber doch wachsende Geschlechtergerechtigkeit und die Überwindung von starren **Rollenbildern** s. S. 194 dazu führen, dass heute rund 30 Prozent mehr Frauen berufstätig sind als noch vor 50 Jahren[7], bildete sich eine große Gruppe berufstätiger Singles. Die Nachfrage nach Wohnungen wächst stärker als das Angebot. Und plötzlich wird Wohnraum zum Statussymbol.
»Ein großer Teil privat verfügbarer Finanzen wird zum Wohnen eingesetzt und insbesondere dazu verwendet, Wohnfläche auszuweiten sowie den Wert der Wohnausstattung zu steigern«, schreibt Hannemann. Laut Mieterbund ist es problematisch, wenn die Miete 30 Prozent des Einkommens übersteigt. Bei Millionen von Haushalten ist das der Fall.[8] Und fast zwei Drittel der Rentner in Deutschland müssen 30 Prozent oder mehr ihres Einkommens für die Miete ausgeben.[9]

Im Jahr 2018 gab es 41,4 Millionen private Haushalte in Deutschland.[12]

42 %
Einpersonenhaushalte

34 %
Zweipersonenhaushalte

12 %
Dreipersonenhaushalte

9 %
Vierpersonenhaushalte

3 %
Haushalte mit fünf oder mehr Personen

Seit 2008 ist die Zahl der Sozialwohnungen um fast

40

Prozent zurückgegangen.[13]

Wohnungen je 1000 Einwohner in Deutschland

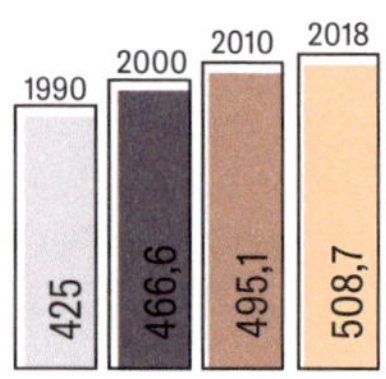

2. LEERSTAND VERFÄLSCHT DIE STATISTIK

Ein Blick auf die Zahlen zeigt erst mal einen scheinbaren Widerspruch: Wie kann es sein, dass die durchschnittliche Wohnfläche pro Person in Deutschland seit Jahrzehnten steigt, gleichzeitig aber mehr als sieben Prozent der Menschen auf zu wenig Raum zusammenleben müssen?[10]

Neben stark unterschiedlichen Einkommens- und Lebensverhältnissen gebe es auch Faktoren, die die Zahlen verfälschten, erklärte Matthias Waltersbacher, zuständig für den Wohnungs- und Immobilienmarkt beim Bundesinstitut für Bau-, Stadt- und Raumforschung (BBSR) kürzlich in einem Interview. Zum Beispiel, sagte Waltersbacher, werde der Leerstand mitgezählt, der gerade in ländlichen Regionen immer weiter steige.[11] Dort leben also, in der Statistik, null Personen auf einer gewissen Wohnfläche, was den bundesweiten Durchschnitt stark anhebt.

3. DER REIZ DES ALTEN MIETVERTRAGS

Die stark steigenden Mietpreise können außerdem dazu führen, dass viele Menschen gegen ihren Willen auf einer zu großen Fläche leben. Eines dieser Szenarien, das so oder so ähnlich sicher häufig passiert: Ein Paar, das einen alten und vergleichsweise günstigen Mietvertrag besitzt, trennt sich. Es ist sehr wahrscheinlich, dass einer der beiden allein in einer 80-Quadratmeter-Wohnung für 900 Euro Miete bleibt, statt sich für praktisch denselben Preis ein Ein-Zimmer-Apartment zu suchen.

Die gemeinsame Wohnung kommt nicht auf den Markt, der Expartner sucht eine neue Wohnung, die Wohnfläche pro Kopf erhöht sich stark.

19 %

19 Prozent der Schülerinnen und Schüler in Deutschland konnten 2016 in der vierten Klasse nur unzureichend lesen.[1]

Am Anfang war das Wort

21 % der Eltern mit höherer Bildung lesen ihren zwei- bis achtjährigen Kindern zu selten (maximal einmal die Woche) oder nie vor.*[2]

LESEN IHREN
ZWEIJÄHRI
EN BIS ACHTJ
ÄHRIGEN KIN
DERN ZU SELT
EN (DAS HEIß
T MAXIMAL EI
NMAL IN DER W
OCHE) ODER G
AR NICHT VOR

27 % der berufstätigen Mütter

LESEN IHREN
ZWEIJÄHRI
EN BIS ACHTJ
ÄHRIGEN KIN
DERN ZU SELT
EN (DAS HEIß
T MAXIMAL EI
NMAL IN DER W
OCHE) ODER G
AR NICHT VOR

32 % der Eltern

LESEN IHREN
ZWEIJÄHRI
EN BIS ACHTJ
ÄHRIGEN KIN
DERN ZU SELT
EN (DAS HEIß
T MAXIMAL EI
NMAL IN DER W
OCHE) ODER G
AR NICHT VOR

Wir lesen immer weniger Bücher – und es gibt weniger Material.

Buchkäufer[3]

2011:
36,5 Millionen

Buchkäufer

2018:
29,9 Millionen

Zahl der Neuerscheinungen (Neu- und Erstauflagen)[4]

2011:
96 273

39 % der nicht berufstätigen Mütter

LESEN IHREN
ZWEIJÄHRI
EN BIS ACHTJ
ÄHRIGEN KIN
DERN ZU SELT
EN (DAS HEIß
T MAXIMAL EI
NMAL IN DER W
OCHE) ODER G
AR NICHT VOR

51 % der Eltern mit niedriger Bildung

LESEN IHREN
ZWEIJÄHRI
EN BIS ACHTJ
ÄHRIGEN KIN
DERN ZU SELT
EN (DAS HEIß
T MAXIMAL EI
NMAL IN DER W
OCHE) ODER G
AR NICHT VOR

58 % der Väter

LESEN IHREN
ZWEIJÄHRI
EN BIS ACHTJ
ÄHRIGEN KIN
DERN ZU SELT
EN (DAS HEIß
T MAXIMAL EI
NMAL IN DER W
OCHE) ODER G
AR NICHT VOR

Wir lesen mehr digital.[5]

2018:
79 916

2010 kauften 0,7 Millionen Menschen insgesamt 1,9 Millionen E-Books

2018 kauften 3,6 Millionen Menschen insgesamt 32,8 Millionen E-Books

Lies mal wieder!

Seit einigen Jahren sinkt die Zahl der Menschen, die Bücher kauft. Ist das ein Anlass zur Sorge? Nicht unbedingt. Für Kinder dagegen ist es aber wichtig, dass sie ans Lesen herangeführt werden – durch Vorlesen.

Kulturpessimisten fühlen sich in der U-Bahn sehr wohl, können sie sich auf dem Weg von A nach B doch in ihrer Ansicht bestätigen, dass die Welt den Bach runtergeht: Kaum ein Fahrgast liest mehr eine Zeitung oder ein Buch, alle tippen auf ihren Smartphones herum, die Gesichter eingetaucht in das milchig-bläuliche Licht der OLED-Displays. Allerdings gehörte »Bücher lesen« zuletzt 1986 zu den Top Ten der Freizeitbeschäftigungen der Deutschen.[6] 2018 gaben 84 Prozent der Menschen in Deutschland Fernsehen als häufigste Freizeitbeschäftigung an, danach folgten Radiohören (62 Prozent) und im Internet surfen (58 Prozent).[7]

»Ich war einmal ein Taucher im Meer der Worte. Jetzt flitze ich über die Oberfläche wie ein Typ auf einem Jetski«, schrieb der Autor Nicholas G. Carr schon vor Jahren in seinem Bestseller *The Shallows*.[8] Aber produziert das digitale Zeitalter wirklich eine Kultur der Oberflächlichkeit, deren Aufmerksamkeit nicht ausreicht, eine Buchseite zu Ende zu lesen, weil die nächste Mail, das nächste **Mem** s. S. 193, der nächste Chat ansteht?

Die Indizien dafür sind schwach: Der Buchmarkt in Deutschland ist laut dem Börsenverein des Deutschen Buchhandels stabil und konnte 2018 erstmals wieder zulegen. Bei den 20- bis 29-Jährigen stieg die Zahl der Buchkäufer im Vergleich zum Vorjahr um rund 15 Prozent, ebenso bei den 30- bis 39-Jährigen.[9] Sogenannte »Long Reads«, lange Essays und Magazintexte, sind ein echter Onlinetrend. Und überhaupt: Ist es wirklich so wichtig, ob man einen Text in einer 580-Seiten-Hardcover-Schwarte, einer Tageszeitung oder auf einem Blog liest? Ist nicht wichtiger, was drinsteht? Was man mitnimmt? »Seit 1998 ist der Anteil der Jugendlichen, die täglich oder mehrmals in der Woche Bücher lesen, gleich geblieben und liegt bei circa 40 Prozent. Der Anteil an Internetnutzern ist nach und nach auf fast 100 Prozent gestiegen«, sagt auch Lukas Heymann von der Stiftung Lesen. »Zur täglichen Buchlesezeit kommen diese Lesezeiten im Internet noch hinzu. Jugendliche lesen also 2018 mehr als jemals zuvor.«[10]

Es ist nicht nur Aufgabe der Schule und der Lehrer, den Kindern diese Kompetenz beizubringen – Bücher, Lesen, das Versinken in Texten sollten zum Alltag gehören. Laut der jährlichen »Vorlesestudie« liest rund ein Drittel der Eltern den Kindern zu wenig vor, also maximal einmal pro Woche oder nie. Das beeinträchtigt auch Sprachfähigkeit und Wortschatz.[11] Die Stiftung Lesen empfiehlt, 15 Minuten pro Tag vorzulesen.[12] Dabei ist der Faktor Zeit kein Argument. Berufstätige Mütter lesen ihren Kindern häufiger vor als Mütter, die nicht berufstätig sind. Als Grund dafür nehmen die Forscher an, dass berufstätige Frauen tendenziell höher gebildet sind und sie ihre geringere Zeit mit den Kindern intensiver nutzen.

Das Netz wird von GIFs, Emojis und Videos dominiert. Trotzdem oder gerade deshalb ist das Lesen die wichtigste Kulturfertigkeit überhaupt, um Absender zu entschlüsseln und Informationen einzuordnen. Ganz abgesehen davon, dass es notwendig ist, um in der Schule und später im Beruf zurechtzukommen. Je nach Genre eröffnen sich Leseratten völlig neue Welten, die Fantasie wird angeregt, der geistige Horizont erweitert. Der ehemalige US-Präsident Barack Obama sagte mal über das Romanlesen: »Es hat mit Empathie zu tun. Es hat damit zu tun, dass man sich mit der Vorstellung wohlfühlt, dass die Welt kompliziert und voller Grautöne ist. Aber es gibt dort immer noch Wahrheit zu finden.«[13]

DA KAUFEN WIR BÜCHER[14]

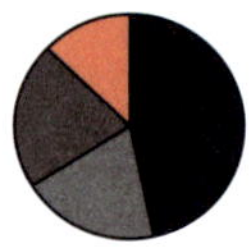

a) 46,8 % im stationären Buchhandel

b) 19,5 % im Internetbuchhandel

c) 21 % direkt beim Verlag

d) 12,7 % sonstiger Vertrieb

DAS KAUFEN WIR[15]

a) 31,5 % Belletristik

b) 16,6 % Kinder- und Jugendbücher

c) 14 % Ratgeber

d) 11 % Schule und Lernen

e) 10,6 % Sachbuch

f) 16,3 % Sonstiges

VOLLGAS

Zwei Drittel der Deutschen sind für ein Tempolimit auf Autobahnen[1],

40 Prozent für eine maximale Geschwindigkeit von 130 Kilometern pro Stunde.[2]

Wie häufig sind Geschwindigkeitsbegrenzungen auf deutschen Autobahnen?*

Tempolimit:
7640 km

* Stand: Anfang 2019

Durchschnittliche PS-Zahl neu zugelassener Autos in Deutschland

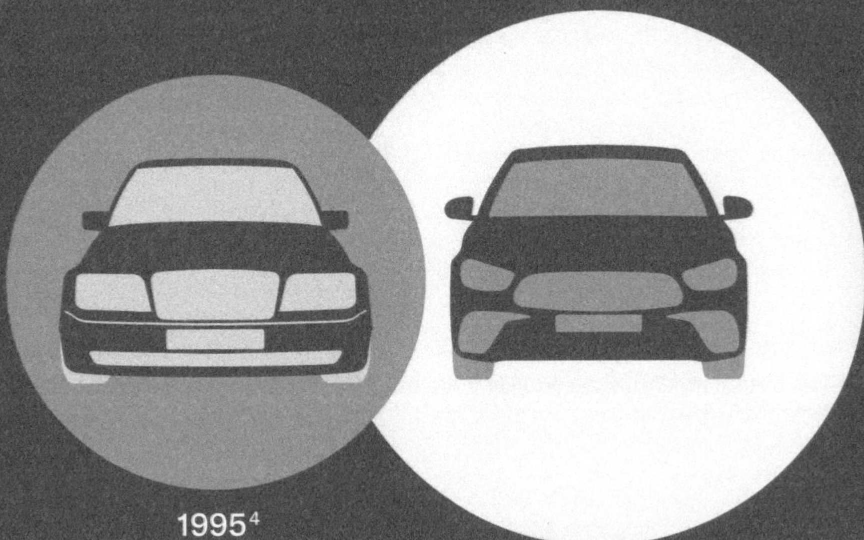

1995[4]
95 PS

2019[5]
158 PS

Dichter und Lenker

67 Prozent der Deutschen halten Tempolimits auf Autobahnen für angebracht. Theoretisch! In der Praxis sieht es anders aus. Denn die Auswirkungen eines Tempolimits auf Umweltschutz und Sicherheit scheinen gering.

Macht man es sich einfach, dann sind die Verantwortlichen schnell gefunden. Zwei Drittel der Deutschen sind für ein Tempolimit auf Autobahnen, und trotzdem wird weitergerast? Daran sind die Politiker schuld, die keine Gesetze verabschieden, die Autolobbyisten verärgern könnten. Und die bösen Autokonzerne, die in einem irrsinnigen PS-Wettrüsten gefangen sind, statt die Umwelt mit weniger Abgasen zu belasten!

Viele von uns befürworten Tempolimits, wenn man sie direkt danach fragt. Es gibt ja gute Argumente dafür, weniger Treibhausgasemissionen zum Beispiel. Aber sich ernsthaft für diese Maßnahme einsetzen? Oder sogar persönliche Opfer bringen? Das tut kaum jemand. Oder hat schon mal wer von einer Demo für Tempo 130 gehört? Und niemand wehrt sich dagegen, mit immer leistungsfähigeren Autos unterwegs zu sein: 3,6 Millionen Neuwagen wurden im Jahr 2019 zugelassen – fünf Prozent mehr als im Vorjahr.[6] Das Prinzip PS-Schleuder kommt gut an.

Einer der Gründe für diese Halbherzigkeit ist ganz sicher unsere eigene Ambivalenz. Die Vernunft sagt, es wäre sinnvoll, wenn alle konsequent langsamer fahren müssten. Irgendwo tief im Inneren scheint sich in vielen von uns jedoch etwas dagegen zu sträuben. Das Auto ist tief verwurzelt in der deutschen Gesellschaft, es ist seit jeher nicht nur ein Transportmittel, das einen sicher von A nach B bringen soll, es steht für Wohlstand, Aufbruch und Selbstermächtigung. Laut dem »Automobilbarometer 2017«, einer Studie des Kreditanbieters Consors Finanz, verbinden 93 Prozent der Deutschen das Auto mit Freiheit, Autonomie und Unabhängigkeit.[7] Dazu passen einheitliche Tempolimits nun mal nicht.

VERKEHRSTOTE PRO JAHR IN DEUTSCHLAND:[10]

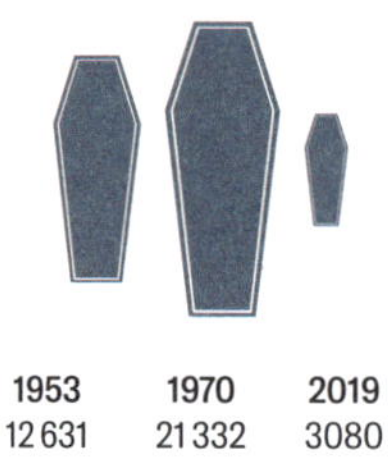

So viele Tonnen Treibhausgasemissionen könnten jährlich in Deutschland durch Tempolimits eingespart werden (nur Pkw und leichte Nutzfahrzeuge)[11]

Ein zweiter wichtiger Grund ist die Verhältnismäßigkeit. Viele Deutsche setzen sich möglicherweise nicht vehement für Tempolimits ein, weil die 5,4 Millionen Tonnen CO_2-Emissionen, die sich dadurch einsparen ließen, angesichts der 163 Millionen Tonnen, die der Autoverkehr in Deutschland insgesamt verursacht, verschwindend gering sind[8] (vielleicht sollte man auch weniger über die Geschwindigkeit diskutieren als über die Art des Antriebssystems). Oder wenn man sich anguckt, wie viele Menschen pro Jahr bei Unfällen auf Autobahnabschnitten ohne Tempolimitund wie viele auf Strecken mit Geschwindigkeitsbeschränkung ums Leben kommen. Errechnet man, wie viele Menschen durchschnittlich pro 1000 Kilometer sterben, zeigt sich nur ein geringer Unterschied von weniger als einem Prozent.[9]

Durchgehende Geschwindigkeitsgrenzen haben, so scheint es, wenig Einfluss auf die Sicherheit. Sie hat sich – und damit sind wir bei einem dritten Grund für unsere Halbherzigkeit – ohnehin erhöht. 3080 Verkehrstote hat die Bundesanstalt für Straßenwesen für das Jahr 2019 in einer ersten Schätzung erfasst. So wenige wie noch nie und sechs Prozent weniger als 2018. Auf Autobahnen starben 350 Menschen – ein Rückgang um 16 Prozent. Wenn sich die Dinge so positiv entwickeln: Warum sollte man dann eigentlich etwas ändern?

72 Prozent der Menschen in Deutschland halten die hohe Staatsverschuldung vieler EU-Staaten für die größte Gefahr für Europa.[1] Wie gehen wir mit den enormen Kosten der Coronakrise um?

Finanzmagie

Die Schulden der Bundesrepublik bleiben hoch, aber die Kosten sinken! Entwicklung der deutschen Staatsverschuldung[2] und Zinsausgaben[3] seit 1970:

Um die Entwicklung von Schulden und Zinsausgaben des Bundes nachvollziehbar zu machen, haben wir den jeweiligen Betrag im Jahr 1995 als Wert 1 gesetzt – und zeigen die prozentuale Veränderung im Vierteljahrhundert davor und danach.

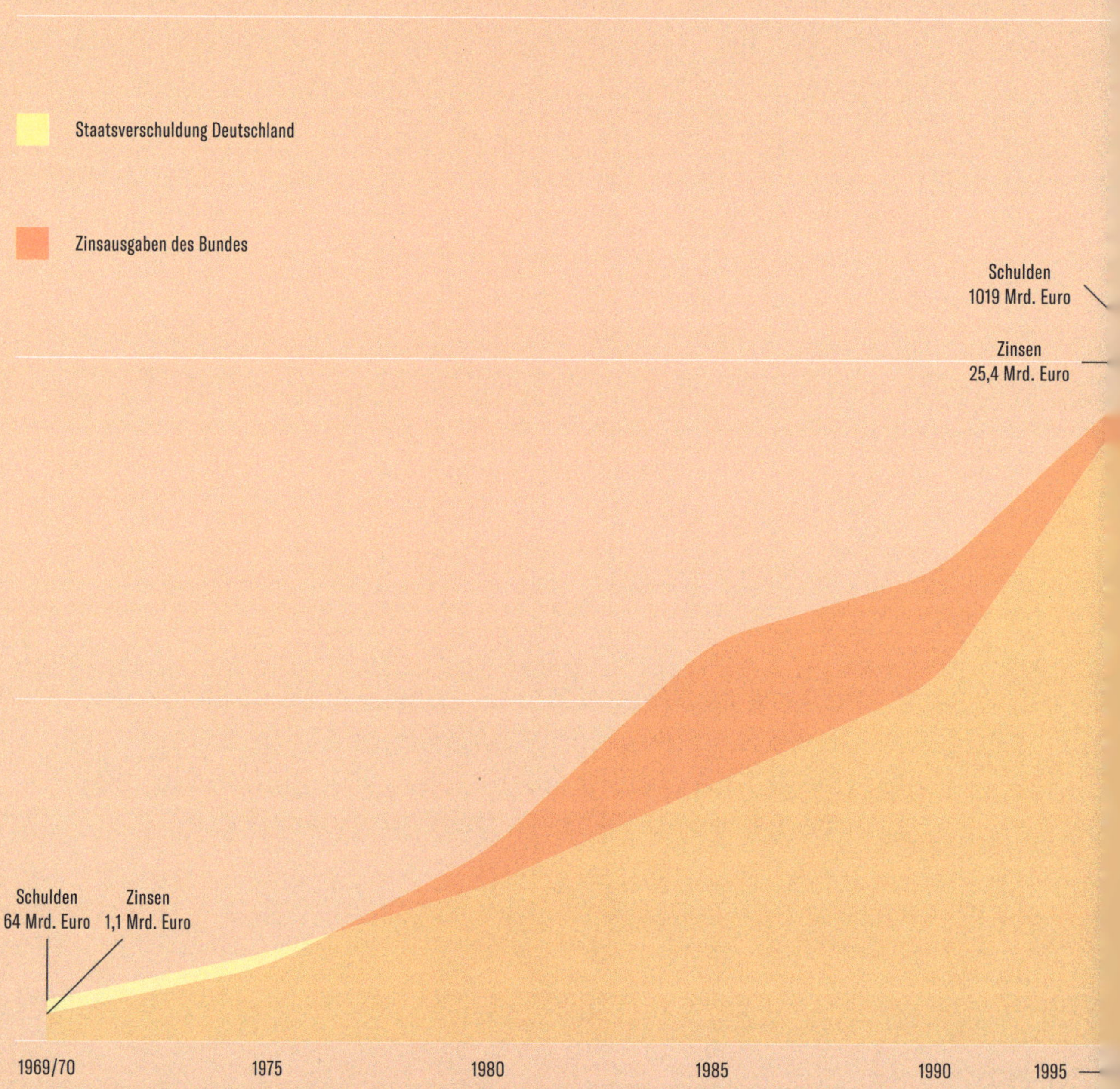

2,0
1,5
1,0
0,5
0,0
Schulden
1889 Mrd. Euro
Zinsen
11,9 Mrd. Euro
2000
2005
2010
2015
2019

Das große Schuldenexperiment

Neun Billionen US-Dollar Staatshilfen und -kredite sollen die Schäden der Coronapandemie global begrenzen.[4] Die weltweite Staatsverschuldung steigt ins Unermessliche. Aber Schulden muss man irgendwann zurückzahlen. Oder?

Die Dimensionen sind gewaltig: Zwischen März und Juni 2020 nahm der Bund neue Schulden in Höhe von 218,5 Milliarden Euro auf, um die Folgen der Coronokrise abzuschwächen. 2010 waren es »nur« 44 Milliarden Euro, um die Banken in der Finanzkrise zu retten.[5] Obwohl 75 Prozent der Deutschen die Schulden für das Coronakonjunkturpaket richtig finden[6], müssen sich die Minister in den Talkshows zwei Fragen gefallen lassen: »Schlafen Sie noch gut?« und »Wer soll das bezahlen?«.[7]

Denn Deutsche tun sich schwer mit Schulden. Für 64 Prozent kommt Schuldenmachen gar nicht infrage – selbst wenn hohe Preisnachlässe winken.[8] Und wenn doch mal ein Konsumkredit aufgenommen wird, zahlen die Menschen das Darlehen laut Schufa in 97,9 Prozent aller Fälle ordnungsgemäß zurück.[9]

»Es ist ein deutsches Missverständnis, dass Staaten ihre Schulden zurückbezahlen«, sagt der Makroökonom Daniel Stelter.[10] »Wir müssen uns keine Sorgen machen, wie wir die Schulden bezahlen«, schreibt der Wirtschaftsnobelpreisträger und *New York Times*-Kolumnist Paul Krugman. »Wir werden das nie machen. Und das ist okay.«[11] Aber was passiert mit den rund zwei Billionen Euro, mit denen Deutschland mittlerweile in der Kreide steht?[12] »Staatsschulden lösen sich durch das Wachstum der Wirtschaft auf«, meint Daniel Stelter. Solange das Bruttoinlandsprodukt (BIP) stärker wächst als der Zins, den die Staaten für ihre Schulden bezahlen müssen, schrumpft der Schuldenstand von allein.[13] Die USA nahmen zum Beispiel während des Zweiten Weltkriegs immense Kredite auf, sodass sich die Verschuldung von rund 40 Prozent des BIP innerhalb weniger Jahre auf knapp 120 Prozent verdreifachte.[14] In den darauffolgenden Jahrzehnten wurden weiter Schulden gemacht, so gut wie jedes Jahr lag ein Haushaltsdefizit vor. 1985 waren die Schulden des Zweiten Weltkriegs trotzdem abbezahlt, weil die Wirtschaft in der Nachkriegszeit stark wuchs. Auch in Deutschland wurden auf diese Weise schon Schuldenberge abgebaut, etwa die Kosten der Finanzkrise 2008.[15] Es ist also weniger die absolute Summe der Schulden, die zählt, sondern das Verhältnis der Verschuldung zur gesamten Wirtschaftsleistung.

Die einzelnen Bürger leiden unter **kognitiven Dissonanzen** s. S. 192, weil diese Regeln so für sie nicht gelten: Menschen müssen die Schulden, die sie aufnehmen, irgendwann zurückbezahlen – auch weil sie nicht ewig leben. Staaten können dagegen ihre alten Schulden immer wieder durch neue ablösen – der Zahltag bleibt aus. Die Kritiker der ungebremsten Staatsverschuldung weisen darauf hin, dass man sich keinesfalls darauf verlassen kann, dass die Wirtschaft immer stärker wachsen wird als die Zinskosten. Tatsächlich sind aber selbst in Griechenland und Italiendie Zinsausgaben beständig gefallen[16]: Während es 1995 noch rund elf Prozent des BIP waren, lagen die Kosten 2019 bei unter drei Prozent.[17] Das liegt an der Europäischen Zentralbank, die im Jahr 2015 damit begann, für mehr als zwei Billionen Euro Staatsanleihen zu kaufen – mit Geld, das sie aus dem Nichts erschaffen hat.[18] Zu Beginn der Coronakrise kamen weitere 750 Milliarden Euro dazu, die schnell auf 1,35 Billionen Euro erhöht wurden.[19] Kann das gut gehen? Sicher weiß das niemand. Es ist ein gigantisches Experiment. Zumindest aber weiß man, dass es eine ganze Weile so weitergehen kann: Japan – das mit Abstand am höchsten verschuldete Land der Welt[20] – pumpt seit vielen Jahren Billionen Yen in die Wirtschaft.[21] Heute beträgt die Staatsverschuldung dort knapp 240 Prozent des BIP – kollabiert ist die Wirtschaft bisher aber nicht.[22]

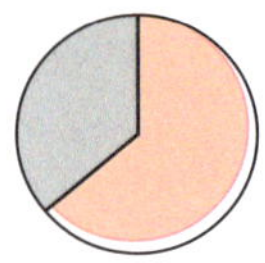

64 %

der Deutschen wollen auf keinen Fall Schulden aufnehmen – selbst wenn hohe Preisnachlässe winken.[23]

255.300.000.000.000 US-$

So hoch sind die Staatsschulden weltweit im Jahr 2019 – jeder Mensch hat pro Kopf also 33 000 US-Dollar Schulden.[24]

EU-HEIMAT

60 Prozent der EU-Bürgerinnen und -Bürger sagen, die positivste Errungenschaft der EU sei die Freizügigkeit, also überall in der EU leben, arbeiten, studieren und Geschäfte machen zu können.[1] Aber wie sehr wird sie auch genutzt?

Anteil der Einwohner, die nie in ein anderes EU-Land reisen:

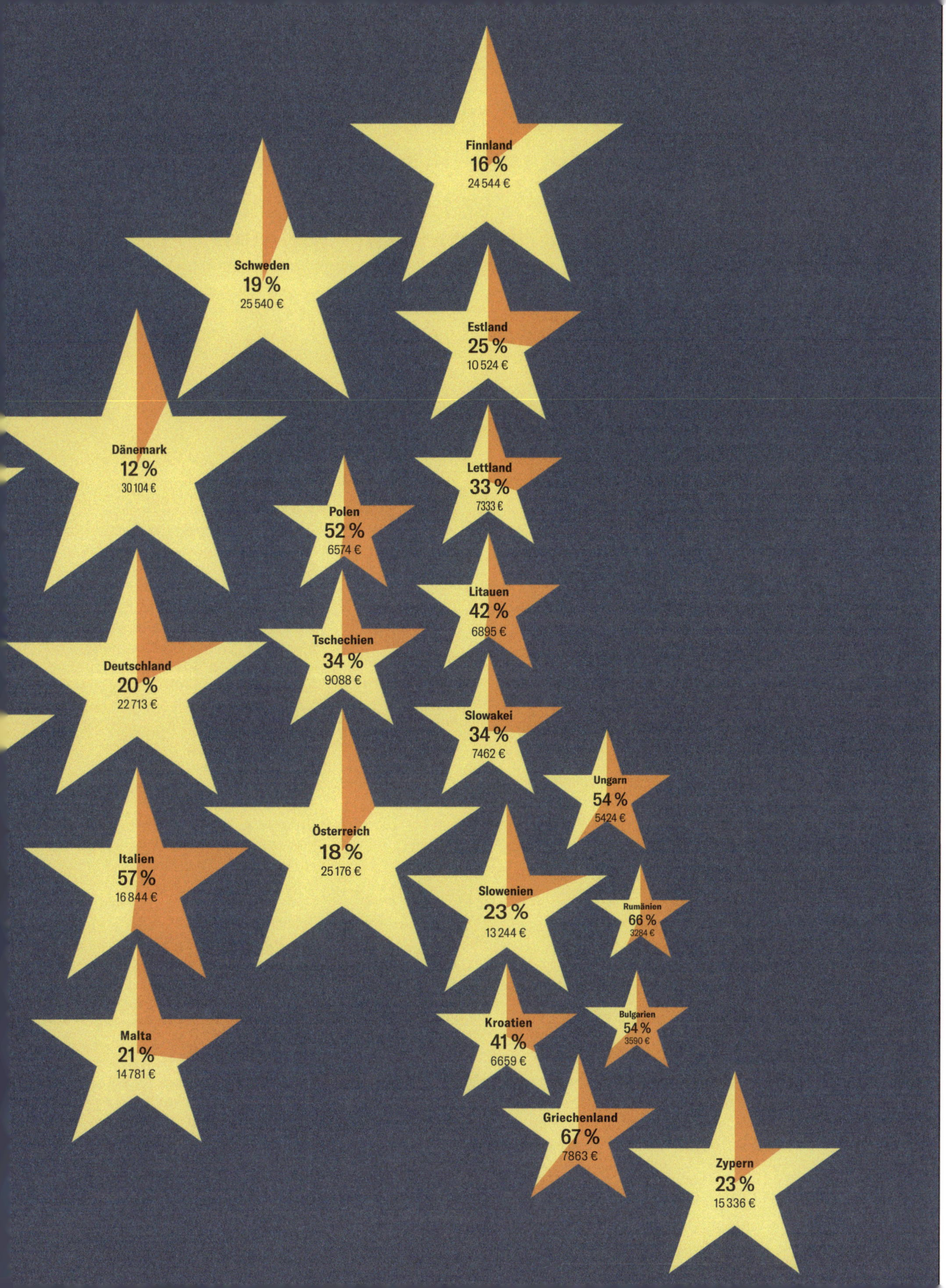
Finnland
16 %
24 544 €
Schweden
19 %
25 540 €
Estland
25 %
10 524 €
Dänemark
12 %
30 104 €
Lettland
33 %
7333 €
Polen
52 %
6574 €
Litauen
42 %
6895 €
Tschechien
34 %
9088 €
Deutschland
20 %
22 713 €
Slowakei
34 %
7462 €
Ungarn
54 %
5424 €
Österreich
18 %
25 176 €
Italien
57 %
16 844 €
Slowenien
23 %
13 244 €
Rumänien
66 %
3284 €
Bulgarien
54 %
3590 €
Kroatien
41 %
6659 €
Malta
21 %
14 781 €
Griechenland
67 %
7863 €
Zypern
23 %
15 336 €

Beziehungsstatus: Es ist kompliziert

Die Europäische Union galt mal als großes Versprechen: Frieden, Wirtschaftswachstum, später gar offene Grenzen. Zum 70. Geburtstag zeigt sich, dass sich viele ihrer Bewohner noch immer fremd sind.

70 Jahre ist die Europäische Union alt.[4] Aber nicht bei allen Europäerinnen und Europäern knallten am 9. Mai, dem Europatag, die Sektkorken.
Im Schnitt fühlen sich nur 73 Prozent der Menschen, die in der EU leben, auch als EU-Bürgerinnen und -Bürger.[5] Von den jungen Menschen, die mit dem Erasmus-Programm einige Monate im Ausland verbracht haben, fühlen sich immerhin 83 Prozent stark mit Europa verbunden.[6] Gilt also die Formel: Je mehr Kontakt und direktes Erleben, desto größer die Verbundenheit?

Die »Liebe« zur EU hängt natürlich auch von anderen Faktoren ab. Wie sonst wäre zu erklären, dass 42 Prozent der Bevölkerung von Litauen nie ins EU-Ausland reisen7, doch 72 Prozent der Einwohnerinnen und Einwohner des baltischen Lands Vertrauen in die Union haben, der Spitzenwert?[8]

Wie mobil Europäerinnen und Europäer innerhalb der EU sind, hängt einerseits davon ab, ob sie es sich finanziell leisten können, wie gebildet sie sind und wo ihre Heimat geografisch liegt.
Eine Griechin von der Insel Kreta muss einen weiteren Weg in einen Nachbarstaat zurücklegen als ein Luxemburger, dessen Land so klein ist, dass er auch mal aus Versehen im Ausland landen könnte. Wohlstand ermöglicht (Business-)Reisen in Europa.

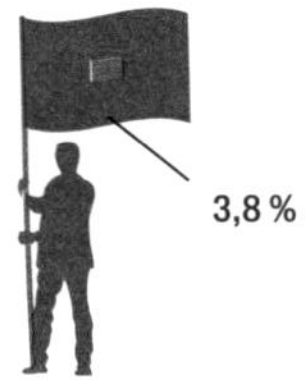

3,8 Prozent der EU-Bürgerinnen und -Bürger im erwerbsfähigen Alter leben in einem anderen EU-Mitgliedstaat als dem ihrer Staatsangehörigkeit.[15]

IN WELCHE EU-LÄNDER ZIEHEN BESONDERS VIELE DEUTSCHE?[16]

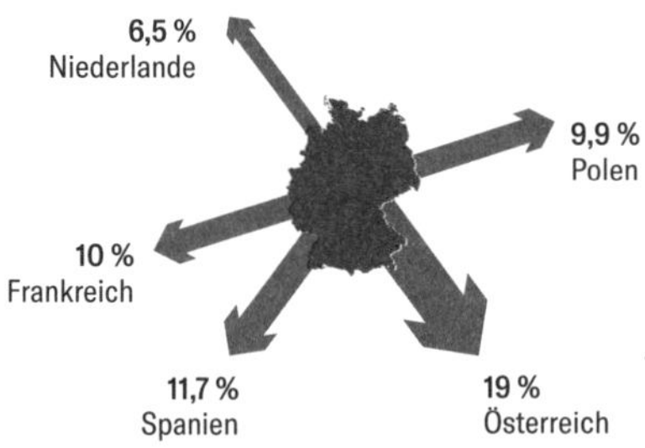

Viele EU-Bürgerinnen und -Bürger beherrschen keine Fremdsprache. Besonders hoch ist der Anteil in Rumänien: 64,2 Prozent. In Deutschland sind es 21,3 Prozent.[17]

Fehlender Wohlstand nötigt Menschen, ihre Heimat wegen fehlender Arbeit oder geringer Löhne zu verlassen. Zwei Drittel der Rumäninnen und Rumänen reisen nie ins Ausland.[9] Gleichzeitig nimmt niemand in der EU die Freizügigkeit mehr in Anspruch als die Bewohner des osteuropäischen Mitgliedsstaates. Weil es nicht anders geht: In Rumänien gibt es neben Bulgarien die niedrigsten Nettolöhne und Bruttostundenverdienste in der EU.[10] Knapp 20 Prozent der Rumänen leben in einem anderen EU-Staat.[11] Zum Vergleich: Das trifft auf ein Prozent der Deutschen zu.[12]

Es ist also kompliziert. Fest steht: Miteinander reden hilft. Von Angesicht zu Angesicht, per Telefon, Videokonferenz oder via soziales Netzwerk – Hauptsache, über den Grenzzaun hinweg.

Das ist eine Frage der Mittel, aber auch der Sprache. Seit dem Austritt Großbritanniens aus der EU im Januar 2020 hat der Staatenbund 27 Mitglieder. Die EU-Einwohnerinnen und Einwohner unterhalten sich in 24 Amtssprachen.[13] Und die EU-Kommission hat das Konzept eines »europäischen Bildungsraums« entworfen, in dem es bis 2025 gängig ist, neben der Muttersprache zwei weitere Sprachen zu sprechen.[14] Wenn das klappt, gäbe es neben dem 75. Geburtstag der EU auf jeden Fall etwas zu feiern.

Für 57 Prozent der Deutschen ist die EU »wuchernde Bürokratie« und »ein großer, schwer zu durchschauender Beamtenapparat«.[1]

65 Prozent der Befragten wünschen sich, die EU sollte weniger bürokratisch werden.[2]

Mitarbeiter in öffentlichen Einrichtungen pro 1000 Einwohner in Europa[3]

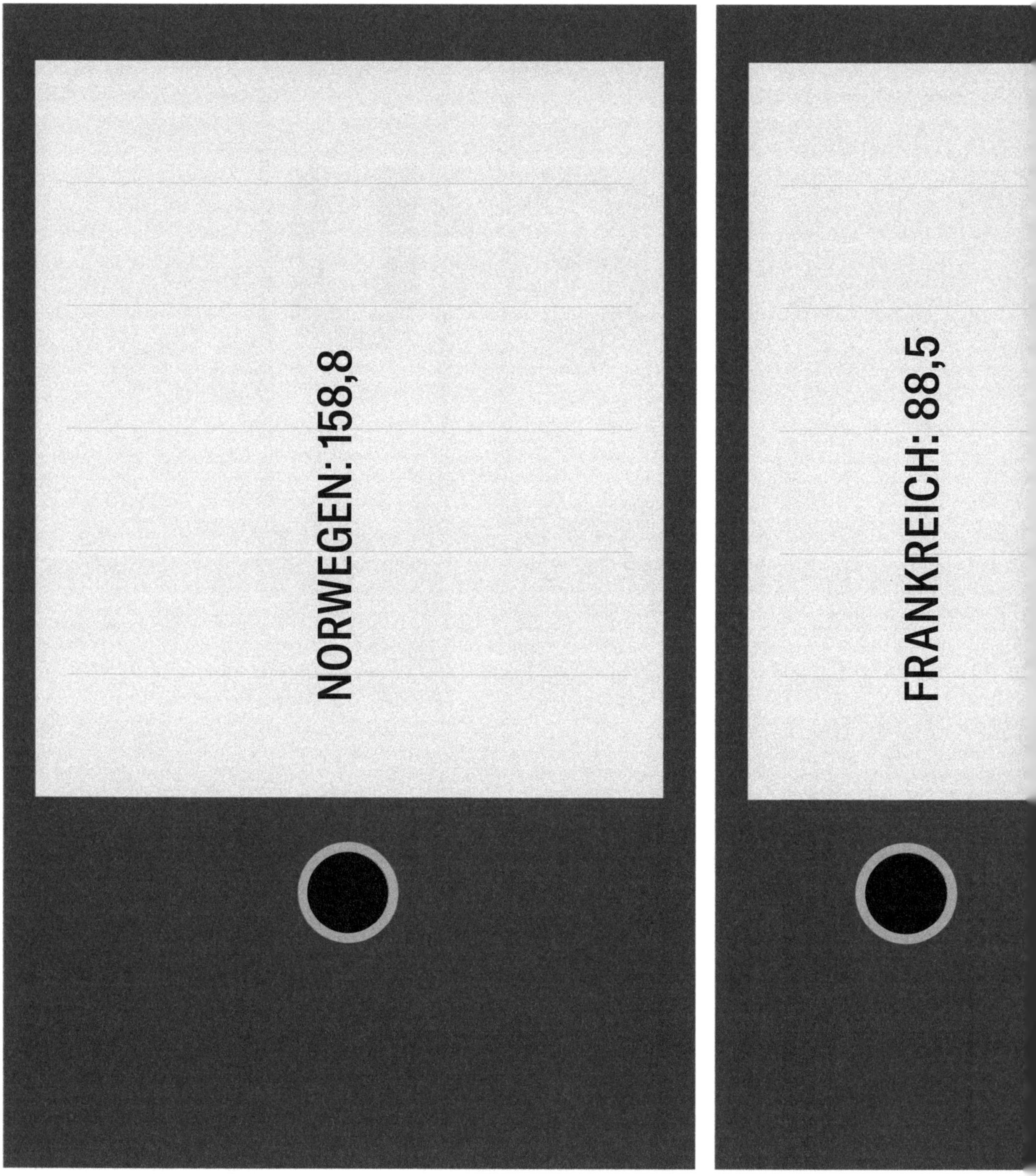

GROSSBRITANNIEN: 79,4
DEUTSCHLAND: 55,7
ITALIEN: 54,8
BUNDESLAND BERLIN: 30
EU: 0,1

Revierkämpfe im Dschungel

Politiker schimpfen gerne über das Bürokratiemonster in Brüssel. Und das Vorurteil ist in den Köpfen der EU-Bürgerinnen und -Bürger fest verankert. **Pascale Cancik**, Professorin für Verwaltungswissenschaften an der Uni Osnabrück, erklärt, warum das so ist.

Frau Professor Cancik, woher kommt das Bild des »Bürokratiemonsters EU«?

Es knüpft an eine alte Herrschaftskritik an, die es seit über 200 Jahren gibt. Zu dieser Zeit wurden Karikaturen veröffentlicht, in denen tintenklecksende, faule Beamte andere Menschen wie Untertanen behandeln. Damals fingen Bürger gerade an, sich als solche zu entdecken und Freiheiten einzufordern. Und als Unterdrücker galten zu der Zeit neben dem König eben auch seine Beamten. Erzählungen über EU-Bürokraten, die angeblich sogar bestimmen wollen, wie krumm unsere Gurken zu wachsen haben, lösen ähnliche Reaktionen aus.

Diese Verordnung wurde aber bereits im Jahr 2009 abgeschafft.

Die Geschichte hat eine symbolische Funktion, sie steht für den scheinbar großen Einfluss, den die EU auf unseren Alltag hat. Tatsächlich werden die Qualitätsstandards, die damals für Gurken eingeführt werden, noch immer angewandt, freiwillig. Um die Freiheit des Gemüses ging es also nie, sondern eher um den Ausdruck eines Unbehagens.

Was meinen Sie damit genau?

Der Begriff Bürokratie ist sehr vage und kann unterschiedliche Dinge bedeuten. Heute denken viele erst mal an Papierkram, Formulare, Regeln, Paragraphen und unverständliche Sprache. Das führt oft zu einem Gefühl von Ohnmacht und Entfremdung; Menschen haben Angst, nur noch eine Zahl zu sein. Im Zusammenhang mit der EU geht es vor allem um den Vorwurf der Überregulierung.

Wer profitiert von dem Bild der angeblich überbürokratisierten EU?

Ein Großteil der Kritik kommt aus der Wirtschaft. Das ist erst mal ein scheinbarer Widerspruch, weil die Unternehmen aller Mitgliedsstaaten vom gemeinsamen Markt profitieren. Gleichzeitig wurden in den letzten Jahrzehnten auch viele EU-Vorgaben im Verbraucherschutz, im Umweltschutz und im Arbeitsschutz eingeführt. Unternehmen nutzen dafür den Begriff »Bürokratiekosten« und kämpfen dagegen. Die andere Gruppe, die das Bild stark aufgreift, sind Politiker.

Aus welchem Grund?

Politiker sind ja selbst Teil der Bürokratie. Durch die Verurteilung der EU-Bürokraten wollen sie sich vor den Augen der Wählerinnen und Wähler als Kämpfer gegen Überregulierung, als Bewahrer des eigenen Landes oder der regionalen Kultur darstellen. Sie sagen also im Grunde: »Ich bewahre uns vor einer fremden, übergriffigen Macht.«

Gibt es eine eine neutrale, wissenschaftliche Definition von Bürokratie?

Eine regelgebundene, kontrollierbare Verwaltung, die ihre Aufgaben in nachprüfbaren Verfahren erfüllt. Das ist ja etwas Wünschenswertes. Denn nach jedem Skandal, wie aktuell bei den zahlreichen Coronainfektionen in der Fleischindustrie, kommt doch die Frage auf: Wo ist eigentlich der Staat, und wieso kontrolliert er nicht mehr?

Aber es muss doch trotzdem erlaubt sein, einen bürokratischen Apparat zu kritisieren?

Die EU-Kommission ist eine Mischung aus Verwaltung und Regierung, und viele wissen gar nicht, wie sie tätig wird, weil das Verfahren so kompliziert ist. Ein Demokratiedefizit gibt es in der EU also durchaus zu kritisieren. Ein Ansatz wäre mehr politische Bildung. Denn wenn man etwas besser versteht, kann man es auch besser kritisieren.

der Deutschen sagen, dass Kinder nach einer Trennung zu gleichen Teilen bei beiden Eltern aufwachsen sollten.[1]

Wo Trennungskinder in Deutschland wirklich aufwachsen.*2

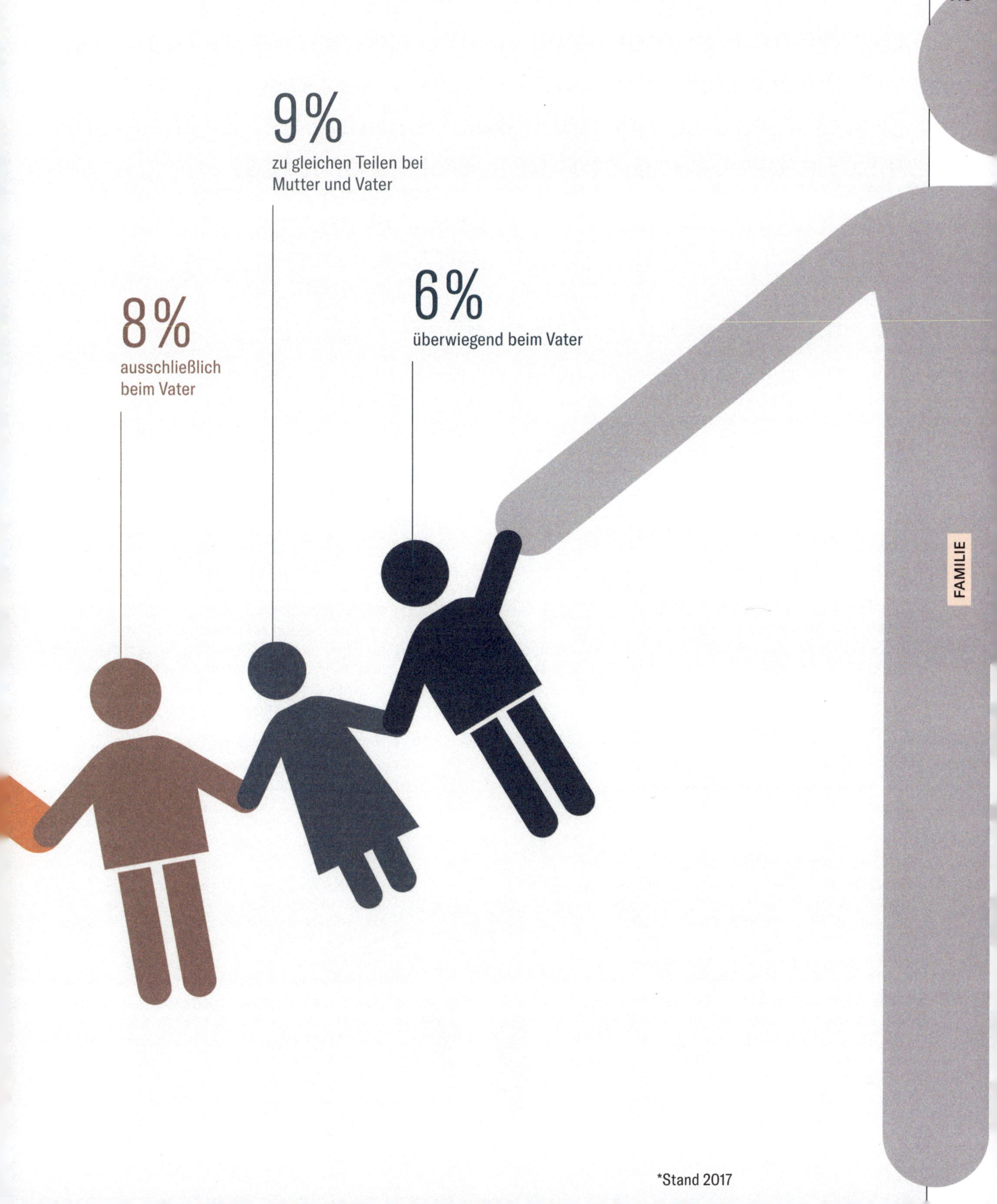
9%
zu gleichen Teilen bei Mutter und Vater
8%
ausschließlich beim Vater
6%
überwiegend beim Vater

*Stand 2017

Die Mama macht es (immer noch)

Der Mann kümmert sich ums Geldverdienen, die Frau um die Kinder? Ein Bild von vorvorgestern – das in Deutschland selbst nach der Trennung der Eltern gültig ist. Sieben Gründe für unsere Retrorealität.

1. FUNKSTILLE: Wer hat schon Lust, sich weiterhin täglich mit dem Expartner oder der Expartnerin über Erziehungsfragen abzustimmen? Unter den getrennt lebenden Eltern, die ihr Erziehungsmodell als »nicht ideal« empfinden, nennen laut einer Studie des Instituts für Demoskopie Allensbach 57 Prozent die Lebensumstände und Haltungen ihrer Expartner als Grund.[3]

2. ZU VIEL HIN UND HER: In derselben Studie gibt gut ein Drittel der Trennungseltern an, auf sein Wunschmodell verzichten zu müssen, weil es mit einem zu hohen organisatorischen Aufwand verbunden wäre. Oft glauben sie, zu weit voneinander entfernt zu wohnen, als dass sie ihren Kindern die Fahrten zumuten könnten.

3. SAGEN UNGLEICH DENKEN UNGLEICH HANDELN: Offenbar haben viele Menschen traditionelle **Rollenbilder** s. S. 194 stärker verinnerlicht, als sie nach außen zugeben – oder ihnen vielleicht selbst bewusst ist. Beispiel Elterngeld: Obwohl die staatliche Leistung von beiden Eltern beantragt werden kann, wird sie größtenteils von Müttern bezogen. Sie stillen und wechseln Windeln, während die Männer ihrem Beruf nachgehen. 2014 war in 82 Prozent der Familien mit mindestens einem Kind unter sechs Jahren der Mann der Hauptverdiener.[4] Warum sollte sich diese Aufgabenverteilung plötzlich ändern, wenn man sich trennt?

Dauer Elterngeldbezug 2019:[11]

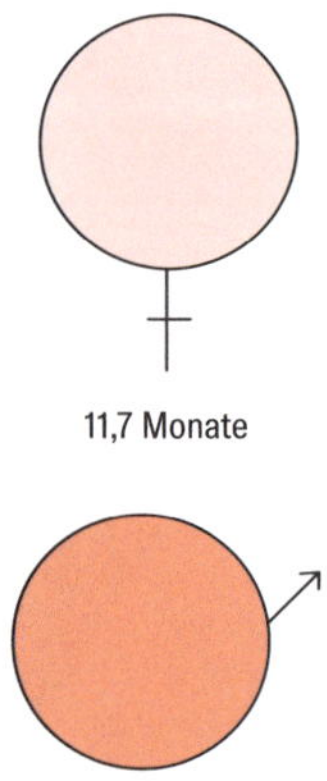

Alleinerziehende mit minderjährigen Kindern in Deutschland:

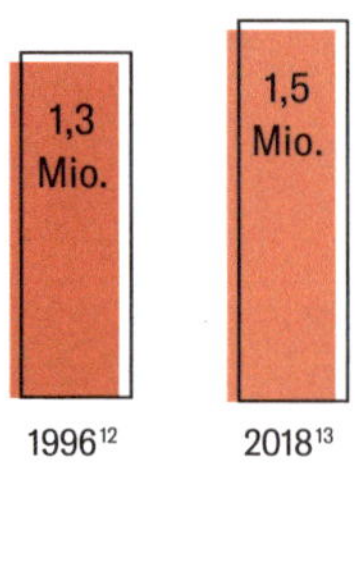

4. ALLZEIT VOLLZEIT: Das Wechselmodell, also die gleichmäßig geteilte Erziehung nach einer Trennung, setzt voraus, dass Männer weniger arbeiten. Wollen viele auch. Problem: Sowohl Männer als auch Frauen glauben, dass sie es schwer haben, auf eine Teilzeitstelle umzustellen. Gerade einmal 43 Prozent denken, dass eine minimal reduzierte Arbeitszeit für Männer in der Gesellschaft akzeptiert wird. Nur 36 Prozent denken, dass eine solche Entscheidung den Vorgesetzten und Kollegen in den Unternehmen vermittelt werden kann.[5]

5. DIE RECHTSPRECHUNG: Bei einem Sorgerechtsstreit orientieren sich Gerichte am Residenzmodell, heißt: Das Kind lebt nach einer Trennung überwiegend bei einem Elternteil.[6] Und in den meisten Fällen sprechen die Gerichte den Müttern das Sorgerecht zu.[7]

6. DER POLITISCHE WILLE FEHLT: Die FDP hat im März 2018 versucht, das Wechselmodell zum Regelfall erklären zu lassen.[8] Die Mehrheit im Rechtsausschuss des Bundestages entschied sich jedoch dagegen, nachdem mehrere Experten angehört worden waren.[9]

7. NEUE LIEBE, NEUES LEBEN: Getrennte Väter und Mütter verlieben sich neu, und nicht immer wollen die neuen Partnerinnen oder Partner, dass die Kinder aus der vorherigen Beziehung sehr präsent sind. Für zehn Prozent der Trennungseltern ein Grund, warum es mit der Erziehung nicht so klappt wie gewünscht.[10]

Risse kitten

David Schraven ist Gründer des Recherchebüros Correctiv. Hier erklärt er, wie Journalisten heute arbeiten. Welche Taktiken die Gegner wahrhafter Berichterstattung anwenden. Und wie sich Medien ändern müssen, um auch in Zukunft als relevante Informationsquelle genutzt zu werden.

VON:
DAVID SCHRAVEN

Viele Menschen vertrauen gern der Lüge. Sie ist attraktiver als die Wahrheit, allein weil sie nicht von den »etablierten Medien« kommt. Sie ist einfacher zu glauben, weil sie die eigenen Vorurteile bestätigt. Sie ist schneller zu konsumieren, weil sie mit Emotionen spielt. Die Früchte von Misstrauen, Angst und Hass ernten dann polarisierende, populistische Politiker, die Mehrheiten auf Basis von Abneigungen und Gefühlen organisieren, weil die klassischen Medien vor Ort immer seltener die Kraft haben, einen konstruktiven Dialog zu gestalten.

Diese Politiker sind bereit, Wahlerfolge mit Lügen zu erschwindeln. Und die **Populisten** s. S. 194 haben immer größere Siegchancen, weil die demokratische Aufklärung zu oft in der Medienkrise stecken bleibt. Viele Argumente, Fakten und Sichtweisen können nicht mehr das Publikum der Populisten erreichen. Die Gesellschaft verliert ihre Kraft, den **Lügenpresse** s. S. 193-Vorwürfen zu begegnen. Sie weiß noch nicht, wie sie Desinformation entkräften und Selbstheilungskräfte aktivieren kann.

Um einen Ausweg aus dieser Krise zu finden, müssen wir die Dinge ordnen. Wir müssen Probleme beschreiben und erklären, wie Lösungen aussehen können. In diesem Text werden wir über Entfremdung nachdenken, über die Kraft der Fake News, über die Mechaniken der Medienindustrie und wie sie ausgenutzt werden. Und wir werden über eine Lösungsstrategie sprechen, die am Ende der Krise eine größere Demokratisierung der Gesellschaft ermöglicht.

Aber fangen wir von vorn an.

DIE ENTFREMDUNG

Wir müssen zum Beispiel unseren Blick auf die *WAZ*-Redaktion in Essen richten. Noch immer ist die *WAZ* in dieser Revierstadt die stärkste Zeitung. Hier ist ihr wichtigster lokaler Markt. Ein großer Teil der angestammten Leserschaft kommt aus dem Essener Norden, einer ärmeren Gegend, in der die durchschnittliche Lebensqualität geringer ist als im reichen Süden. Hier gibt es weniger hippe Cafés und Restaurants als etwa im wohlhabenden Rüttenscheid. Im Norden ist der Ausländeranteil hoch, die Straßen sind oft verschmutzt. Die Menschen treffen sich auf dem Wochenmarkt und auf den Fußballplätzen. Die Siedlungen haben Renovierungsbedarf, und in etlichen Ladenlokalen kleben Zettel: »Zu vermieten«. Im Essener Norden liegen die Viertel, in denen am besten zu erkennen ist, wie sich die Gesellschaft in Deutschland verändert. Hier war die lange dominierende SPD nicht mehr in der Lage, die Community zusammenzuhalten. Hier konnte die AfD mit Guido Reil einen Betriebsrat und Bergmann aus den Reihen der Genossen herausbrechen und als eigenen Kandidaten aufbauen. Guido Reil hält im Essener Norden regelmäßig in der Kneipe »Alt Carnap« Hof. Etliche Menschen kommen, trinken ein Bier mit ihm, quatschen, vertrauen ihm.

Auch weil Reil in der Kneipe Dinge anspricht, die in der *WAZ* lange nicht auftauchten. Zum Beispiel, als es vor einigen Jahren um Neueröffnungen von Flüchtlingsheimen im Norden ging. Dort sollten mehr entstehen als im Süden. Erst als der Ärger überschwappte, stieg die *WAZ* breit und auch kritisch in die Berichterstattung ein.

Ein Grund, warum Themen aus dem Norden an der Lokalzeitung

WAZ vorübergehen können, ist einfach erklärt: Die Zeitung hat kaum noch Redakteure im Essener Norden, die mitkriegen, was die Menschen vor Ort wirklich bewegt. Die Lebenswelten sind getrennt. Etliche Mitarbeiter der *WAZ* wohnen im Süden oder im hippen Rüttenscheid, in der Essener Version des Prenzlauer Berges. Beim Abendessen sprechen sie mit ihrer Familie über andere Probleme als die Menschen im Norden. Es geht nicht um die Drogendealer an der U-Bahn-Haltestelle Altenessen. Nicht um Dreck am Kanal. Oder vermüllte Straßen, Häuser, Gärten. Die Redakteure der *WAZ* leben meist abgeschottet von den Armen, getrennt von Arbeitern und den Gossen. Sie sprechen oft nicht

Jeder Fünfte sagt, Themen, die ihm wichtig sind, werden von den Medien nicht ernst genommen.

mal die gleiche Sprache. Denn die Soziolekte im Essener Norden entwickeln sich genauso wie die Lebenswirklichkeiten anders als im Süden. »Dat« ist nicht gleich »Das«.

In der Folge finden sich in der *WAZ* im Norden wenig emotional besetzte Themen, die nah an den Menschen sind. Stattdessen wird viel über Themen berichtet, die von den lokalen Eliten kommen, von Politikern und Unternehmern. Von Menschen eben, die noch Kontakt in die Redaktionen haben. Nicht von den Arbeitern in der Nähe, die diesen Kontakt verloren haben.

Damit wir uns richtig verstehen: Diese Entfremdung ist kein *WAZ*-exklusives Problem in Essen. Sie lässt sich in vielen Redaktionen in ganz Deutschland ähnlich beschreiben. Michael Bröcker, Chefredakteur der *Rheinischen Post*, sagt dann auch: »Eine gewisse Überheblichkeit und eine Mein-Bauchgefühl-reicht-mir-Mentalität hat in der Branche dazu geführt, dass fast 40 Prozent der Leserinnen und Leser nach einer Studie der Uni Mainz das Gefühl haben, wir berichten nicht angemessen und umfassend über das, was sie im Alltag erleben.«

Dieses Misstrauen ist ein durch Studien belegter Fakt. Jeder Fünfte sagt, Themen, die ihm wichtig sind, werden von den Medien nicht ernst genommen. Redaktionen schreiben an den Menschen vorbei. Die Lokalmedien verlieren Relevanz im Leben der Bürger. Damit können sie auch kaum noch dabei helfen, lösungsorientierte Debatten vor Ort zu führen. Sie schweben im luftleeren Raum. Am Ende kündigen enttäuschte Leser Abos, die wirtschaftliche Grundlage der Medien erodiert, Redakteure werden entlassen, es wird noch weniger über das Leben im Lokalen berichtet, noch mehr Themen fallen weg, noch mehr Leute kündigen. Ein Teufelskreis.

Vor allem, weil es auch nicht stimmt, dass die Menschen mit der Aufgabe ihrer Lokalzeitung auch das Lesen einstellen würden. Stattdessen konsumieren sie Nachrichten aus alternativen Quellen. Nach einer Erhebung, die CORRECTIV zusammen mit der Landesanstalt für Medien in NRW schon 2016 durchgeführt hat, konnten über 150 Angebote im Netz allein aus Nordrhein-Westfalen nachgewiesen werden, die journalistische oder protojournalistische Lokalinhalte anbieten, sei es als Facebook-Gruppe oder als Blog. Die Nachfrage ist da – und sie findet ein lokales Angebot. Immer.

Leider ist die Qualität der Beiträge nicht immer ausreichend. Oft fehlen **Faktenchecks** s. S. 192 in der Netzöffentlichkeit, und es werden Gerüchte statt Tatsachen transportiert. Zu oft wird Meinung frei mit Informationen kombiniert. In der Mischung aus Lokalöffentlichkeit und Bürgerempörung entsteht so das größte Einfallstor für gezielte Desinformation. Vor allem viele schlecht moderierte Facebook-Gruppen werden immer wieder genutzt, um Botschaften im Sinne der Populisten zu verbreiten.

Ungezählt sind die Fälle, in denen wir im CORRECTIV-Faktencheck Falschmeldungen über angeblich von Flüchtlingen vergewaltigte Frauen in Stadtparks aufgedeckt haben, über die in den Lokalzeitungen nichts zu finden war. Die mehr oder wenig offen transportierte Botschaft der Desinformation über die sozialen Gruppen: Die Politik habe den Zeitungen verboten, über Straftaten von Flüchtlingen zu berichten. Oder die Lokalmedien verschwiegen die Vergewaltigungen, weil die Gewalttaten nicht in ihr Weltbild passten. So wird Misstrauen in die bestehenden Strukturen und Institutionen gesät. Stattdessen setzen die Verbreiter der Desinformation auf bestehende Vertrauensketten. Auf den Freund eines Freundes, der bei der Polizei sei und der genau wisse, dass sich die Vergewaltigung ereignet habe. Und die Bekannten der Freunde des Freundes teilen die Desinformation dann einfach weiter. Weil sie der Vertrauenskette mehr Glauben schenken als den Lokalmedien und den Institutionen.

Widerspruch gegen die Desinformation ist in diesen lokalen Vertrauensketten nicht einfach und dementsprechend selten. Der Empfänger kennt den Absender vom Schützenfest, vom Kindergarten, von der Schule. Und warum sollte der Feuerwehrmann oder der Schützenbruder einen seiner Nachbarn belügen, den Pastor, den Lehrer, den Polizisten? Die Infiltration der lokalen Gruppen ist das größte Ziel der Fake-News-Verbreiter. Denn wenn eine vertrauenswürdige Person eine Falschnachricht verbreitet hat, ist sie vor Ort kaum noch aus der Welt zu schaffen.

Und als großer Zusatznutzen wird auch noch die Arbeit der örtlichen Lokalmedien nachhaltig desavouiert.

AUSSCHLUSS VON BEVÖLKERUNGSGRUPPEN

Die beschriebene Entfremdung zwischen dem Publikum und den Lokalmedien ist aber natürlich nicht nur auf den Einfluss gezielter Desinformation zurückzuführen. Die Fake-News-Verbreiter nutzen nur Risse in den Beziehungen zwischen Medien und Publikum aus, die bereits da sind, und vertiefen das Misstrauen. Dabei geht es um ganze gesellschaftliche Gruppen, die gegeneinander aufgehetzt werden können. Eine der Ursachen ist die mangelhafte Diversität in den Redaktionen der Lokalmedien.

Viel zu selten bemühen sich Medien, Menschen mit Migrationshintergrund oder aus verschiedenen sozialen Schichten in ihre Redaktionen zu holen, um dort genau das zu tun, was dort auch alle anderen tun: Informationen sammeln, aufbereiten und verbreiten. Oft erscheinen Menschen mit anderer Hautfarbe oder einem gemischten sozialen Hintergrund in den Redaktionen wie Alibis. Sie sind da, damit nichts grundlegend in den Redaktionen geändert werden muss. Die Häuser lassen sich nicht auf das Neue ein, sondern assimilieren das Fremde, machen es sich zu eigen. Sprich: Der Mensch mit dem fremden Nachnamen macht das, was alle anderen auch machen. Er wird einfach angepasst.

Richtig wäre aber der andere Weg. In der Demokratie wie in einer Redaktion sollte das Wesen des Anderen akzeptiert werden. Es müsste darum gehen, die Themen der fremden Gruppen, Communitys und Schichten in den Redaktionen abzubilden und zu diskutieren. In der Redaktion also einen Diskursraum zu schaffen, in dem die Gedanken der verschiedenen Menschen besprochen werden können, solange sie auf demokratischem Boden bleiben, ohne etwas auf- oder abzuwerten. Ein Medium also für eine große Gemeinschaft. Leider haben viele Medien diesen Anspruch hinter sich gelassen. Die Ursachen dafür sind vielfältig. Im Lokalen können sich Zeitungen und Radios oft den Diskursraum aus Geldmangel nicht mehr leisten. Die Anzeigen für Autos, Immobilien und Kontakte sind genauso verschwunden wie die dicken Beilagen von MediaMarkt, Aldi oder Karstadt. Die Konsequenzen sind weniger Redakteure, Auflagenverluste und weitere Personaleinsparungen. Die Redaktionen versuchen das Zentrum zu sichern, berichten für ihre eigene Schicht, ihre eigene Peergroup. Die Geschichten für junge Familien, für Arbeitslose, für Migranten, für Alleinerziehende werden nicht geschrieben – allenfalls wird über diese Personengruppen geschrieben.

In regionalen oder nationalen Medien ersetzt oft Zielgruppendenken den breiten demokratischen Austausch. Nicht die Debatte an sich ist wichtig, sondern das passgenaue Bedienen der vorgefertigten Meinungen des eigenen Publikums. Die Interaktion mit den Lesern und Hörern über Kommentare und soziale Medien bestätigt diesen Trend. Man möchte zu oft Beifall aus der gewünschten Richtung, um die eigene Position am Markt zu stärken. Die Vielfalt der Gedanken wird schon vor der Redaktionskonferenz eingeschränkt – mit Blick auf die Wünsche des eigenen Publikums.

Diese Arbeitsweise kann wirtschaftlich viel Sinn ergeben und Medien stärken. Gleichzeitig werden aber so in etlichen Regionen ganze Bevölkerungsgruppen von der Berichterstattung ausgeschlossen – mit entsprechenden Konsequenzen für die demokratische Entwicklung.

Ein Beispiel aus Bottrop im Ruhrgebiet: Über einen Zeitraum von sechs Wochen haben wir in einer Tageszeitung vor Ort nachgesehen, wie viele Geschichten erschienen sind, die eine türkischsprachige Familie im ärmeren Bottroper Süden interessieren könnte. Ergebnis: kaum eine. Wenn überhaupt wurde ein lokaler Unternehmer mit türkischen Wurzeln porträtiert.

Was wären aber Geschichten für die türkischstämmige Community gewesen, die Relevanz gehabt hätten? Die klassischen Lokalzeitungsgeschichten vor Ort. Warum ist eine Baustelle mitten in einer türkisch dominierten Siedlung nach Monaten noch nicht fertig geworden? Wo können sich Jugendliche im Ramadan in ihrer Freizeit ohne Konsumzwang treffen? Gibt es Angebote für Frauen mit Kindern und Kopftuch? Wieso wurde der Imam in der Moschee vor Ort abgelöst? Gibt es Streit zwischen Erdoğan-Anhängern und -Kritikern um einen Musikabend im örtlichen Café? Und so weiter. Warum wurden diese Geschichten alle nicht gemacht? Vermutlich, weil die lokale Zeitung keine Redakteure oder freien Autoren mit einem familiären Hintergrund in den betroffenen Stadtteilen hat. Sprich: Die Lokalzeitung weiß einfach nicht, was vor Ort passiert. Die Integration der Leser scheitert an der fehlenden Integration von Autoren ins lokale Blatt.

Ähnlich sieht es bei Themen für junge Familien aus oder bei Themen für Jugendliche. In den Testwochen fand sich einfach kaum etwas Relevantes für diese Gruppen im Lokalblatt. Wenn aber ganze Gruppen keinen Zugang zum Lokalmedium haben, warum sollen sie ihm vertrauen? Wenn sie stattdessen Informationen über soziale Medien konsumieren, werden sie dort auf die Vertrauensketten stoßen, über die später auch Desinformationen zu ihnen strömen können.

Interessanterweise ist die Diskrepanz zwischen vielen Medien und ihrem Publikum mittlerweile so groß, dass die Redaktionen nicht einmal merken, dass Teile ihrer früheren Leserschaft lokal sehr relevante Diskussionen in den

Wie Wellen stoßen die negativen Botschaften aus dem Netz in immer kürzer werdenden Abständen auf die Schutzbarrieren der Gesellschaft – und irgendwann bricht der Damm.

sozialen Medien führen – und nicht mehr in den Räumen, die das Medium zur Verfügung stellt. Ganze Gruppen sind dort abgebildet, von denen die Redaktionen keine Ahnung haben. Sei es, weil die Redakteure nicht mit sozialen Medien vertraut sind oder weil sie im Netz genauso wie in ihrem Medium nur in ihrer eigenen sozialen Schicht verkehren. Ein Beispiel ist die Debatte um Shishabars in der Stadt. Ob sie geschlossen oder geöffnet werden – und welche angeblichen Steuerstraftaten die Barbetreiber eigentlich begangen haben sollen, wenn die Razzien anrollen. Kaum ein Wort dazu in der Lokalzeitung.

Einige Redaktionen in Deutschland gehen derzeit einen Weg der Abgrenzung. Sie grenzen ihre eigene soziale Zielgruppe gegenüber anderen Gruppen ab. Sie fördern damit die Polarisierung, indem sie Ideologie Vorrang geben vor Einfachheit und Zugänglichkeit. Der Anspruch ist nicht mehr, möglichst alle Menschen zu erreichen, sondern die Menschen, die erreicht werden, als sozial gleichgesinnte Zielgruppe zu definieren und zufriedenzustellen.

WARUM FAKE NEWS SO GUT FUNKTIONIEREN

Nicht nur in der Beziehung der Medien zum Bürger tun sich Risse auf. Die Haltung »Wir gegen die« ist im Verhältnis zu den Institutionen unserer Gesellschaft insgesamt zu finden. Sei es im Verhältnis zur Politik, in der die Makler des gesellschaftlichen Konsenses Vertrauen verlieren, oder zu einstigen Säulen unserer Gesellschaft wie Kirchen oder Gewerkschaften, deren Funktionären pauschal Korruption und Eigensinn unterstellt werden.

Die betroffenen Bürger sehen sich im Recht, wenn sie Institutionen misstrauen. Über ihre Vertrauensketten in den sozialen Medien erhalten sie eine negative Nachricht nach der anderen. Wie Wellen stoßen die negativen Botschaften in regelmäßigen und immer kürzer werdenden Abständen auf die Dämme unserer Gesellschaft. Dabei werden diese negativen Fluten von den beiden zentralen Geschäftsmodellen der sozialen Medien verstärkt und nicht abgeschwächt. Zunächst ist da der Wunsch der sozialen Medien, die Nutzer möglichst lange auf den Plattformen zu halten. Dies gelingt am besten, wenn Nachrichten emotionalisiert werden. Zorn, Empörung und Katastrophe sind wichtig, ebenso Liebe, Zuneigung und Erfolg. So tauchen Bilder von Autounfällen in Asien in Newsfeeds genauso wie Katzenbilder auf.

Und die Botschaft, auf die ein Nutzer am stärksten reagiert, wird vom **Algorithmus** s. S. 190 immer häufiger eingeblendet, bis der Nutzer nahezu nur noch von einer Botschaft umgeben ist. Wenn zum Beispiel ein Missbrauchsskandal eine große Rolle im emotionalen Leben eines Menschen spielt, wird er später fast nur noch von Missbrauchsskandalen in den sozialen Medien hören. Er wird den Eindruck gewinnen, die Welt bestehe nur noch aus sich ablösenden Missbrauchsskandalen.

Die Resonanzräume in den sozialen Medien verschieben sich mit dem emotionalen Leben der einzelnen Menschen. Den Nutzern werden keine Nachrichten präsentiert, die relevant sind für ihr Leben oder ihre Entscheidungen, sie sehen und hören, was ihre Emotionen triggert. Anders formuliert: Wer auf Flutkatastrophen reagiert, wird in den sozialen Medien eher Bilder eines Tsunamis von 2011 sehen als eine Meldung über seine bevorstehende Rentenkürzung im nächsten Monat. **Curated News** s. S. 190 nennt man den Trend, Jeanette Hofmann vom Alexander von Humboldt Institut für Internet und Gesellschaft an der Freien Universität Berlin (FU) spricht von der Entstehung »persönlicher Öffentlichkeiten«, in denen Informationen nicht nach ihrem journalistischen Nachrichtenwert sortiert werden, sondern nach ihrer errechneten Relevanz für den Einzelnen.

Diese Dynamik kann leicht missbraucht werden. Denn sie wird vom zweiten grundlegenden Mechanismus der sozialen Medien noch verstärkt: dem Geschäft mit den Emotionen.

Soziale Medien leben von ihren Nutzern. Für sie kann Werbung eingeblendet werden. Und diese Werbeplätze können verkauft werden. In den Anzeigenabteilungen der sozialen Medien kann jedermann zielgruppengenau Werbeplätze in den emotionalen Newsfeeds der Menschen buchen. Dabei kann die Gruppe nach Wunsch auf Geschlechter, Interessen, Regionen und Religionen, auf Alter und Konsumverhalten hin angepasst werden. Weiter kann jeder diese Anzeigen durch Tests in Mikrozielgruppen perfektionieren. Das klappt bei Turnschuhverkäufen so gut, dass diese Anzeigen fast die Anzeigen im klassischen Mediengeschäft verdrängt haben. Nur wer sich wirklich für neue Turnschuhe interessiert, bekommt Turnschuhanzeigen eingeblendet.

Dieser Milliardenmarkt zielgruppengenauer Adressierung von Werbung macht die sozialen Medien reich. Das ist der Kern ihres Geschäftsmodells. Es geht dort nicht mehr darum, das Verhalten von Massen durch Marketingmaßnahmen zu verändern, sondern das Verhalten eines einzelnen Menschen zu beeinflussen. Er soll den Turnschuh kaufen. Jaron Lanier schreibt in seinem Buch *Zehn Gründe, warum du deine Social Media Accounts sofort löschen musst,* die Feeds würden immer weiter perfektioniert, um das Verhalten der Nutzer leichter beeinflussen zu können. »Dein Verhalten ist zu einem Produkt gemacht worden.« Die Menschen werden nicht durch ein mediales Lagerfeuer zusammengeführt, sondern segmentiert, auseinanderdividiert und vereinzelt. Bereits vorhandene Risse in westlichen Gesellschaften werden vertieft.

Und das ist ein breites Einfallstor für jeden, der angreifen will.

WIR GEGEN DIE

Beispielsweise ist erwiesen, dass russische Geheimdienstoffiziere die Mechaniken der sozialen Medien ausgenutzt haben, um zielgruppengenau Desinformationskampagnen zu starten. Bei Ermittlungen durch Untersuchungsausschüsse in den USA und Großbritannien konnte enthüllt werden, dass russische Akteure Werbung über Facebook kauften, um Hass und Zwietracht zu säen. In einem Fall brachten die Russen im Jahr 2016 gleichzeitig eine Demo gegen ein islamisches Zentrum sowie eine Gegendemo von Antifaschisten in Houston, Texas, auf die Straße, wie die *New York Times* in ihrem Bericht »The Plot to Subvert an Election« enthüllte. Nach einem anderen Bericht der *New York Times* (»Operation Infection«) suchen täglich Tausende russische Geheimdienstagenten und ihre Helfer nach wirkungsvollen Fake News, die westlichen Gesellschaften schaden können. Sie publizieren für und gegen Feminismus. Für und gegen Migranten. Für und gegen Flüchtlinge. Das Wichtigste bei dieser Serienproduktion von inszenierten Falschnachrichten ist immer das Gleiche: Menschen sollen sich aneinander aufreiben. Sie sollen anfangen, sich zu hassen, und ein gesellschaftlicher Diskurs soll unmöglich werden.

Die beschriebenen Bemühungen der Russen werden von heimischen Kräften aufgegriffen. In Deutschland kann CORRECTIV seit Jahren beobachten, wie immer wieder gerade rechte Seiten wie »Ein Prozent« oder »Philosophia Perennis« in sozialen Medien Fake News verbreiten, mit denen sie Hass säen. Teilweise stützen sich diese Medien auf Desinformationen russischer Herkunft oder erfinden eigene. Es spielt keine große Rolle, woher die falsche Information stammt, solange sie in das eigene Nachrichtenschema passt.

Es wird ein »Wir gegen die«-Schema durch Meldungen erfüllt, die angeblich in den Mainstreammedien nicht vorkommen. Das »Wir« sind die Menschen, die mit dem Verbreiter der Fake News einer Meinung sind. Das »die« sind alle anderen, die sich für den Erhalt und den Ausbau der Demokratie einsetzen.

Interessanterweise lenken seit einiger Zeit auch andere rechtsextreme Kaderschmieden aus den USA wie das Middle East Forum Mittel nach Deutschland um, um hier Fake-News-Websites zu unterstützen. So erhält die Seite »JouWatch« aus Meißen Geld in unbekannter Höhe aus den USA. Das Middle East Forum war ursprünglich gegründet worden, um die Konflikte mit dem Iran anzuheizen. Nach einem strategischen Schwenk werden nun auch Kräfte in Europa unterstützt, die sich islamfeindlich äußern und mit Fake News Politik machen.

Aber auch andere politisch extreme Meinungsmacher nutzen die Risse aus, die sich in den sozialen Medien auftun, um polarisierende Kampagnen zu fahren, die auf dem »Wir gegen die«-Schema aufbauen. Im Skandal um Cambridge Media kam beispielsweise heraus, dass Millionen von Datensätzen missbraucht worden sind, um die Social-Media-Kampagne von Donald Trump zu befeuern. Einer der Wahlkampfhelfer von Donald Trump, Vincent Harris von der Agentur Harris Media, setzte sich im deutschen Bundestagswahlkampf 2017 für die AfD ein. Politische Werbung wurde emotionalisiert und zielgruppengenau über soziale Medien platziert. Der demokratische Austausch von Argumenten wird in diesen »Wir gegen die«-Diskursen systematisch zersetzt. Es geht nur noch um Schwarz oder Weiß, jeder Kompromiss ist in diesen Diskursen ein Verrat an der eigenen Position und Zielgruppe.

DIE EINFLÜSSE DES BEEINFLUSSUNGSAPPARATES

Neben diesen äußeren Faktoren sind Medien und Medienmacher einigen Einflüssen ausgesetzt, die ihnen selbst innewohnen – und die es Leuten unter Umständen leicht machen, »Lügenpresse«-Vorwürfe zu erheben. Weil sie auf dem fußen, was uns alle als Menschen ausmacht. Wie wir Nachrichten wahrnehmen und weitergeben. Denn grundsätzlich befriedigen Medien und Medienmacher nichts anderes als das Grundbedürfnis aller Menschen, sich auszutauschen und miteinander zu reden. Medien sind Teil der Gesellschaft und werden von Menschen gemacht. Sie stehen nicht außen vor. Sie wollen dazu auch noch Geld verdienen, Diskussionen führen und Reichweiten generieren.

Brooke Gladstone und Josh Neufeld haben die Einflüsse, unter denen die Massenmedien stehen, wunderbar in ihrem Buch *Der Beeinflussungsapparat: Wie Massenmedien funktionieren, wie sie unsere Gesellschaft manipulieren und wie wir dazu beitragen* erklärt. CORRECTIV hat das Buch in Deutschland herausgegeben. Zum Beispiel beschreiben Gladstone und Neufeld den Businesseinfluss. Medien suchen den Konflikt, weil sich Zeitungen schlicht besser verkaufen, wenn sie über Konflikte berichten. Denn Menschen werden einfach nicht zum Kauf einer Zeitung bewegt, wenn sie das Berichtete für alltäglich und friedlich und damit für langweilig erachten. Das Normale ist der Schleier, der sich über alle Dinge legt, damit wir sie einordnen und schließlich ignorieren können. Mit anderen Worten: Die erste Kneipenschlägerei in einer Innenstadt wird auf der Titelseite der Lokalzeitung erscheinen. Die zehnte Auseinandersetzung im Innenteil, die tausendste wird nicht mehr erwähnt. Die körperliche Kommunikation ist dann Normalität in dem Grauschleier um uns herum geworden. Wir haben uns an die Gewalt gewöhnt.

Oft wird der beschriebene Businesseinfluss auch vom »Bad-News-Einfluss« befeuert (siehe auch: **Dramatisierung** s. S. 191). Der Mensch schaut sofort auf alles, was ihn im entferntesten Sinne bedroht. Wir sind so, weil wir Fluchttiere sind. Brennt etwas? Müssen wir kämpfen oder abhauen? Aus diesem Grund bekommen schlechte Nachrichten mehr Aufmerksamkeit als gute. Deshalb bringen Zeitungen diese Nachrichten lieber. Sie erscheinen wichtiger. Ernsthafter. Deswegen sieht die Welt aber auch immer ein wenig gefährlicher aus, als sie tatsächlich ist, wenn man sie durch die Brille der Medien betrachtet.

Vor diesem Hintergrund erscheint der »Status-quo-Einfluss« widersprüchlich. Aber er ist genauso da. Denn als Menschen wollen wir vor allen Dingen, dass alles grundsätzlich so bleibt, wie es ist. Dass wir Arbeit haben, ein Haus und genug zu essen. Wir sind deswegen erst einmal gegen alles, was neu ist – gerade weil wir zunächst immer wissen wollen, ob uns das Neue bedroht. Wir sind erst aufgeschlossen, wenn uns der Wandel einen großen Gewinn verspricht bei möglichst geringem Risiko. Aus diesem Grund lehnen auch viele Medien erst mal alles ab, was einen radikalen Wandel erfordert. Das Publikum würde ein solches Medium nicht haben wollen und es nicht ernst nehmen. Deshalb haben es Diskussionen um die Klimakrise so schwer. Denn wir alle glauben, dass unser System, wie wir leben, bei allen Problemen vom Grundsatz her klappt.

Der »visuelle Einfluss« auf die Medien schließlich ist tatsächlich dramatisch. Auch dieser hat seinen Ursprung in uns Menschen selbst. Wir glauben, was wir sehen. Wenn wir es nur lesen, können wir es leichter ignorieren. Nachrichten mit einem optischen Anker werden deswegen größer und auffälliger in den Medien platziert und eher wahrgenommen. Das Ibiza-Video über den österreichischen Politiker Heinz-Christian Strache hatte deswegen eine so breite Wirkung, weil wir alle zusehen konnten, wie der rechte FPÖ-Politiker sein Land verkaufen wollte. Wir konnten nicht ignorieren, wie ein Minister vor aller Augen zeigt, wie korrupt er ist.

Weiter ist die Struktur einer Geschichte selbst ein Einfluss, der auf die Medien wirkt und darauf, wie sie unsere Welt zeigen. Wir wollen als Menschen, dass jede Story so ist wie ein Märchen. Dann erst hören wir zu. Sie soll einen Anfang haben, ein Ende und einen Höhepunkt. Sie soll ein Mindestmaß an Dramaturgie haben. Damit wir dem Helden folgen können und der Prinzessin. Leider wollen wir diese Struktur auch erleben, wenn die Wirklichkeit kein Ende bietet und keinen Anfang. Wenn es eine Entwicklung ist, die fortschreitet, unsicher bleibt und ohne Konsequenzen. In diesem Fall versuchen Medien oft, Geschichten in eine Struktur zu zwängen, die künstliche Zwischenpunkte setzt. So entstehen verstörende Themenkarrieren, die das Publikum am Ende ratlos zurücklassen und das Vertrauen in Medien untergraben. So macht Schokolade zuerst glücklich, dann unglücklich, dann verursacht sie Akne, dann hilft sie gegen Akne, dann ist sie gut für das Herz und kurz später schlecht. Das Problem ist: Hat das Publikum über die Medien erst mal eine Struktur für eine Geschichte angenommen, die ihm gefällt, wird es sehr böse, wenn diese Struktur wieder geändert werden muss, etwa weil neue Erkenntnisse gewonnen wurden. Das Vertrauen in die Medien sinkt weiter. Dabei ist es das Publikum selbst, das unausgesprochen eine feste Struktur für die Geschichten fordert.

DIE GRUNDLEGENDE KRITIK

Den Journalismus der Zukunft stellen diese inneren und äußeren Einflüsse vor große Herausforderungen. Die alten Wege, Recherchen zu platzieren, funktionieren immer schlechter. Durch Kritik wird nicht immer eine Besserung ausgelöst, sondern oft genug das Gegenteil. Ein Dilemma. Wenden wir uns dem Detail zu.

Früher hat der *Spiegel* einen Skandal wie bei der Neuen Heimat oder den Flick-Skandal offengelegt und beschrieben. Kritik an den Institutionen wurde geübt – um die Lösung der Probleme kümmerten sich andere. Untersuchungsausschüsse, Staatsanwaltschaften und Richter. Am Ende wurden Gesetze verschärft, und die Institutionen gingen gestärkt aus einem Skandal hervor. Ein Medium wie der *Spiegel* kümmerte sich derweil schon um den nächsten Skandal. Nur leider funktioniert dieser Mechanismus nicht mehr einwandfrei.

Viele Menschen haben heute das Gefühl, dass die Medien nur Müll in das Wohnzimmer spülen – und irgendwann haben sie keine Lust mehr, den Gestank zu ertragen. Anstatt den Bürgern durch die Offenlegung von Skandalen das Gefühl zu geben, dass sich Journalisten, Politiker und Justizbehörden um alles kümmern, was in der Gesellschaft falsch läuft, und so die Institutionen zu stärken, wird immer häufiger das Gegenteil ausgelöst. Die Bürger fühlen sich machtlos angesichts der Skandale und verlieren das Vertrauen in die Institutionen. Ihren Frust teilen sie über die sozialen Medien, wo die negativen Emotionen von den Mechaniken im Geschäftsmodell nach oben getrieben werden.

Wenn nur der Müll transportiert wird, ist scheinbar niemand mehr da, der den Boden aufwischt. Das konstruktive Element in der Enthüllung eines Missstandes geht verloren. Immer öfter dreht sich die Berichterstattung komplett ins Destruktive, auch weil das Negative leichter und schneller über die sozialen Medien teilbar und konsumierbar ist. Erfolg hat der, der die Institutionen der Demokratie angreift. Nicht der, der sich bemüht, sie zu stärken.

Diese negative Dynamik kann von den Verbreitern von Fake News und anderen Gruppen, die die Gesellschaft zersetzen wollen, gezielt ausgenutzt werden. Sie überhöhen tatsächliche Probleme, um das Vertrauen in die Institutionen bewusst zu untergraben. Dies ist der Grund, warum zum Beispiel der staatliche russische Propagandasender *Russia Today* nahezu jeden Zwischenfall in einem deutschen Freibad zu einem Politskandal hochjazzt. Ähnliche Negativberichterstattungen werden von bekannten rechten Fake-News-Verbreitern mit Lügen angereichert, um Angst zu verbreiten und den Institutionen zu schaden. So wurde beispielsweise das Video einer Schlägerei in einem israelischen Bad benutzt, um angebliche Missstände in deutschen Bädern zu untermalen. Das falsch zugewiesene Video wurde von den Populisten der AfD aufgegriffen und in der Propaganda genutzt. Die Aufklärungserfolge der Polizei bei Übergriffen in Bädern werden dagegen von den Hetzern nicht geteilt.

Immer öfter dreht sich die Berichterstattung ins Destruktive, weil das Negative leichter und schneller über die sozialen Medien teilbar und konsumierbar ist.

Um dieser Dynamik entgegenzuwirken, ist es notwendig, der Negativkritik ein konstruktives Element beizustellen. Ulrik Haagerup vom Constructive Institute im dänischen Aarhus sagt: »Ein großes Problem liegt darin, dass immer ein viel zu negatives Bild gemalt wird. Die Lösung kann aber nicht sein, deshalb einfach mehr positive Storys zu machen. Das ist nicht konstruktiv. Diese Form des Journalismus muss sich mit den großen gesellschaftlichen Fragen beschäftigen und dabei die Frage beantworten: Wenn es ein großes nationales Problem gibt, ist es irgendwo im Kleinen schon einmal gelungen, es zu lösen? Wo war das, wie haben die das gemacht, was können wir daraus lernen? Das ist konstruktiv. Nur einfach nicht negativ zu sein, das ist nicht konstruktiv.«

Es geht also nicht darum, anstelle von Kritik an Missständen nur noch rosige Welten zu malen. Es geht darum, sich der Verantwortung bewusst zu sein, was passiert, wenn man einen Skandal enthüllt, und nach einer Lösung für das Problem zu suchen. Es geht darum, eine Frage mehr zu stellen, als den Missstand hinauszuposaunen. Es geht darum, die Möglichkeiten offenzulegen, wie die Gesellschaft sich bessern kann.

DER NÖTIGE WANDEL

Der Wandel, den die Medien vollziehen müssen, um ihrer Aufgabe in einer Demokratie gerecht zu werden, scheint groß zu sein. Sie müssen neue Zielgruppen erschließen und sie in die gesellschaftlichen Debatten integrieren, angestammte Räume aufbrechen, neue Ansprechpartner finden, Belegschaften austauschen und moderne Verbreitungswege erschließen.

Als wäre das nicht schon komplex genug, erodieren ihre Erlösmodelle, die Aufmerksamkeit, die ihnen zuteil wird, schrumpft, und sie werden auch noch gezielt und professionell in ihrer Glaubwürdigkeit angegriffen, von heimischen Gruppen und ausländischen Diensten. Sie werden von den Geschäftsmodellen der sozialen Medien bedroht, von neuen Wettbewerbern erschüttert und müssen neue Strukturen in der Berichterstattung finden.

Es ist entsprechend offen, ob der Wandel überall gelingt. Viele Medien werden verschwinden, es ist unklar, ob die Lücken geschlossen werden können. Vor wenigen Jahren war es noch Anlass zur Sorge, wenn es nur noch eine Zeitung in einem Landkreis gab und nicht mehr zwei oder drei. Die lokale Medienvielfalt schien in Gefahr. Man sprach abwertend von »Ein-Zeitungs-Kreisen«. Heute drohen »Keine-Zeitungs-Kreise«.

Sollte der notwendige Wandel stecken bleiben, ist mehr als die publizistische Vielfalt in Deutschland bedroht. Es werden sich weniger Käufer finden, die bereit sind, Geld für Nachrichten auszugeben, die sie verstören. Die Finanzierung des öffentlich-rechtlichen Rundfunks wird existenziell hinterfragt, wenn es nicht gelingt, ihm eine größere Rolle zuzuweisen. Eine Negativspirale setzt ein. Mit allen Konsequenzen.

Denn wenn erst die Medien gestorben sind, geht es mit der ganzen Demokratie abwärts, wie derzeit mehrere Studien in den USA und Europa zeigen.

Ohne Medien zersplittert beispielsweise der demokratische Wettbewerb. Die Zürcher Politikwissenschaftler Daniel Kübler und Christopher Goodman konnten nachweisen, dass die Wahlbeteiligung zurückgeht, wenn keine lokalen Medien über den Wahlkampf und die verschiedenen Konzepte der Parteien und Politiker berichten.

In einer anderen Studie kommen die Autoren Danny Hayes und Jennifer L. Lawless nach einer Untersuchung der sich ausbreitenden Nachrichtenwüsten in US-Landkreisen ohne Lokalzeitungen zu dem Ergebnis, dass bürgerschaftliches Engagement einbricht, wenn lokale Medien ihren Betrieb wesentlich einschränken. Der Mangel an Aufmerksamkeit und Vorbildern hemmt Menschen, sich für andere einzusetzen. Es fehlen Kandidaten für die Feuerwehr und öffentliche Ämter.

Mehr noch: Die Menschen wissen nicht mehr, was Kandidaten wollen und fordern. Ihr politisches Wissen schwindet, obwohl gerade dieses wichtig ist, um demokratische Entscheidungen zu treffen. An die Stelle des Wissens treten Gefühle. Die Bewohner der Nachrichtenwüsten werden zu politischen Analphabeten. Leichte Opfer für Populisten und Polarisierer. Leichte Opfer für Fake-News-Kampagnen.

Beeindruckend ist eine Studie von Pengjie Gao und anderen, die untersucht haben, wie sich der Zusammenbruch der Medienlandschaft in den USA auf Kommunalfinanzen in den Gemeinden der Nachrichtenwüsten auswirkt. Sie stellten fest, dass der Mangel an öffentlicher Kontrolle durch Lokalmedien zu Misswirtschaft und Korruption führt. So stiegen die öffentlichen Ausgaben in den beobachteten Kommunen ohne Zeitungen massiv an. Ihre Schlussfolgerung: Der Verlust der Medienaufmerksamkeit verführt die Machthaber dazu, die Zügel schleifen zu lassen. Offizielle genehmigen sich höhere Gehälter, Defizite in öffentlichen Haushalten werden leichtfertiger geplant, und öffentliches Eigentum wird schneller verschleudert. Korruption grassiert.

DAS ANTIDOT

In Deutschland beschäftigen sich viele Menschen mit Ideen, wie die Medienkrise und damit auch die Krise der Demokratie überwunden werden kann. In vielen Experimenten wird eine Art Serum zusammengestellt, das als Antidot unsere Gesellschaft gegen das zersetzende Gift aus Desinformation und Desinteresse impfen soll.

KURZFRISTIGE MASSNAHMEN

Zunächst gibt es einige Ansätze, die kurzfristig wirken:

Der gezielten Desinformation kann man vor Ort in den sozialen Medien mit Fakten widersprechen. Was wie eine Sisyphosaufgabe wirkt, funktioniert. Faktenchecker im Team von CORRECTIV, der dpa oder im Verein Mimikama® machen es vor. Erreichen die Fake News eine gewisse Reichweite oder Bedeutung in den sozialen Medien, werden die behaupteten Fakten überprüft und gegebenenfalls widerlegt und eingeordnet. Im Lauf der Zeit wächst das Vertrauen in die Faktenchecker. Und gerade Menschen, die noch nicht vollständig von einer Weltverschwörung überzeugt sind, können durch die transparenten Faktenprüfungen auch davon überzeugt werden, dass es sich um eine Desinformation handelt. Der öffentliche Diskurs wird unmittelbar besser.

Diese Erfahrung wird von Studien gestützt. Hunt Allcott und andere konnten in der Stanford-Studie »Trends in the Diffusion of Misinformation on Social Media« aus dem Oktober 2018 nachweisen, dass dieses Faktenchecken in Kombination mit weiteren Maßnahmen vermutlich für die Halbierung der Reichweite der wichtigsten Fake-News-Seiten in den USA auf Facebook verantwortlich war. Eine Untersuchung der *Le Monde* aus dem Dezember 2018 kommt zu einem ähnlichen Schluss – diesmal mit dem Fokus auf Frankreich. Eine Studie der Uni Michigan unter Leitung von Andrew Guess und anderen bestätigt das Ergebnis für die Midterm-Wahlen in den USA 2018.

Auf Basis dieser Überzeugung und Erfahrungen hat sich rund um den Globus in den vergangenen Jahren ein International Fact-Checking Network etabliert, dessen Mitglieder sich auf gemeinsame Methoden und einen Verhaltenskodex verständigt haben. Um vom Netzwerk anerkannt zu werden, müssen seine Mitglieder die eigene Arbeit transparent machen, Quellen offenlegen und gegebenenfalls Fehler einräumen und korrigieren. Alles Dinge, die Organisationen, die gezielte Desinformationen betreiben, nicht machen können. Das Einhalten des Standards wird regelmäßig von unabhängigen Experten überprüft.

Zum Netzwerk gehören heute über 60 Organisationen aus vielen unterschiedlichen Ländern wie den USA, Frankreich, Südafrika, Indien, Mexiko, Brasilien, Australien oder eben auch Deutschland. Ihre Arbeit ist international anerkannt. CORRECTIV und dpa sind die einzigen Organisationen in Deutschland, die derzeit vom International Fact-Checking Network akzeptiert werden.

Die Faktenchecks der Organisationen selbst können über eine sogenannte Claim-Review als Datenformat standardisiert und so für eine Verknüpfung mit sozialen Medien optimiert werden. Auf diese Weise können Unternehmen wie Google oder Facebook, aber auch andere Betreiber von sozialen Medien die Faktenchecks in ihre Systeme einbinden und mit möglichen Falschbehauptungen verknüpfen. Beispielsweise planen derzeit YouTube und Instagram derartige Funktionen.

Die Effekte sind enorm. Die Claim-Reviews werden in der Suchmaschine Google neben mutmaßlichen Falschmeldungen angezeigt. Wer auch immer eine Desinformation sucht, findet zusätzlich deren Widerlegung. Bei Facebook geht der Faktencheck noch weiter. Wenn eine Desinformation mit einem Faktencheck auf der wichtigsten Plattform für sozialen Austausch verknüpft ist, bekommt die ursprüngliche Desinformation einen Malus. Wer auch immer die

Es geht nicht darum, was die Journalisten über einen Sachverhalt denken, sondern was die Menschen selbst als wichtig erachten.

Falschmeldung teilen will, wird zunächst von Facebook direkt darauf hingewiesen, dass er möglicherweise Unfug in seine Vertrauensketten einspeisen will. Der Nutzer muss sich bewusst dazu entscheiden, die Desinformation mit seinen Freunden, Verwandten und Bekannten zu teilen. Das machen sehr wenige Menschen. So wie wir unseren nahen Menschen vertrauen, so möchten wir nicht vor ihnen als Verteiler von Desinformation dastehen.

Im nächsten Schritt gibt Facebook der Falschinformation eine technische Abwertung, die dazu führt, dass die Meldung auf den Seiten seiner Nutzer nicht mehr primär angezeigt wird. Im Gegenteil: Die Falschmeldung verschwindet nahezu aus den sichtbaren Feldern auf Facebook. Auch der Verbreiter der Nachricht bekommt einen entsprechenden Malus. Fällt er häufiger mit Desinformation auf, wird seine Reichweite auf Facebook technisch eingeschränkt. Anstatt von Tausenden Nutzern wird seine Seite nur noch von wenigen Hundert Menschen gesehen.

Die Seite »JouWatch«, einer der größten Fake-News-Verbreiter in Deutschland, erklärte Mitte 2019 ihren Rückzug von Facebook. Die Seite »Ein Prozent« bestätigte auf einem ihrer Kanäle, dass sie keine Durchschlagskraft auf Facebook mehr habe. Ein Statement von »Ein Prozent«: »Das Problem: In Kooperation mit Facebook und der Bundesregierung können Faktenchecker die Reichweite von Posts und Blogartikeln massiv einschränken«. Die angebliche Kooperation mit der Bundesregierung ist zwar selbst wieder Teil einer Verschwörungstheorie und eine Falschmeldung. Der Einbruch der Reichweiten ist dagegen allerdings real.

David Berger, Betreiber der für Fake News bekannten Website »Philosophia Perennis«, beklagte sich schon im Frühjahr 2019 auf einem Medienkongress der AfD, dass seine Reichweite auf Facebook eingebrochen sei. Er bezeichnete hinter verschlossenen Türen Faktenchecks wie die von CORRECTIV als größte Gefahr für populistische Organe, die Desinformationen verbreiten. Die Reichweite seiner eigenen Seite sei bereits um mehr als 50 Prozent eingebrochen. Es würden fast nur noch die Leute erreicht, die sowieso schon die Weltsicht der Desinformanten teilten, wankelmütige Menschen würden die Fake News nicht mehr lesen.

Zu den Sofortmaßnahmen gehört auch eine unmittelbare Öffnung zu den Lesern hin. Redaktionen müssen mit ihren Nutzern ins Gespräch kommen. Und tatsächlich praktizieren immer mehr Medien den direkten Austausch, um zu erfahren, was die Menschen denken, mit denen sie es zu tun haben.

Für diesen Austausch eröffnen einige neue Feedbackkanäle. So haben mehrere Zeitungen ihre Geschäftsstellen zu Leserlokalen umgestaltet, um mit ihren Nutzern einfach in Kontakt treten zu können. *ZEIT Online* hat unter den Mottos »Deutschland spricht« und »Europa spricht« eine Diskursserie initiiert, um Tausende Menschen unterschiedlicher politischer Weltsicht miteinander ins Gespräch zu bringen. Das Medium wird dabei immer mehr zum Moderator und Ermöglicher vieler tausend Einzelgespräche. Die Meinung des Mediums tritt in den Hintergrund. Weil es nicht darum geht, was die Journalisten über einen Sachverhalt denken, sondern darum, was die Menschen selbst als wichtig erachten.

Stefan Ottlitz, Leiter der Produktentwicklung in der *Spiegel*-Gruppe, sagt, das Vertrauen zu den Lesern und Nutzern der Medien könne zurückgewonnen werden, »durch Nüchternheit und Nachvollziehbarkeit in der Argumentation, durch Offenheit und Transparenz bei Kritik, kurz, durch ein normales Gespräch unter rationalen Menschen, das immer hilft, wenn es Missverständnisse oder Misskommunikation geben kann«. Ottlitz ist überzeugt: »In den allermeisten Fällen löst Kommunikation die Konfliktthemen langsam auf. Wenn man es nicht mit ideologisierten Mediengegnern zu tun hat, sondern einfach mit kritischen Leserinnen und Lesern, die man sich ja wünscht, dann lernen im Dialog oft beide voneinander.«

MITTELFRISTIGE MASSNAHMEN

Mittelfristig müssen diese Sofortmaßnahmen allerdings erweitert werden, um den Journalismus zukunftsfähig zu machen. Dazu gehört auch ein tief greifender Umbau des Geschäftsmodells – vor allem bei Lokalmedien. Das Abomodell, bei dem das Medium ein Produkt erstellt, das die Kunden regelmäßig kaufen sollen, muss abgelöst werden. Genauso wie das Anzeigengeschäft. Stattdessen ist ein Communitymodell zu etablieren, in dem die Medien mit den Bürgern und den Unternehmen vor Ort zusammenarbeiten. Hier muss das Medium Debatten unter der Leserschaft ermöglichen, Wissen vermitteln und das Publikum an neue Orte führen. Dieser Wandel ist enorm – das Medium muss Lebensgefühl und Zugehörigkeit zu einer Gruppe vermitteln. Das reine Abkippen von Nachrichten reicht nicht aus. Die Autoren müssen greif- und ansprechbar werden – Widerspruch muss erwünscht sein.

Das bedeutet nicht, dass das Medium beliebig wird – im Gegenteil: Es wird intensiver Bestandteil des Selbstbildes der eigenen Community. Wie das funktioniert, zeigt beispielsweise die *taz,* die seit Jahren ihre Gesellschaftsform einer Community angepasst hat – als Genossenschaft. Aber auch die *ZEIT* geht diesen Weg, indem sie mit den Lesern eine Vielzahl von Konferenzen und Workshops organisiert, in denen sich die Nutzer in den Mediendiskurs einbringen können. Die Rede ist von »*ZEIT* Campus im Gespräch«, »*ZEIT* für neue Ärzte«, »*ZEIT* Matinee«, »*ZEIT* Vorlesetag«, »*ZEIT* für Deine Stadt« und so weiter.

Die *ZEIT* verknüpft hochwertigen Journalismus mit den Anforderungen ihrer Community. Leser werden angesprochen und eingebunden. Sie sind nicht mehr Abonnenten, sondern Teilhaber eines umfassenden medialen Diskursraumes, der auf ihre Bedürfnisse zugeschnitten ist.

Dieser Wandel ist nicht leicht zu bewältigen. Die Offenheit des Mediums muss sich in der Offenheit der Redaktionen fortsetzen. Sie muss generiert und trainiert werden. Die Belegschaften müssen lernen, auf Menschen zuzugehen, Widerspruch zu ertragen und Diskurse zu pflegen. Nicht jeder kann das. Vor allem dann nicht, wenn auch noch gefordert ist, den Nutzern und Lesern die eigenen Medien zu öffnen. Sei es über Debattenbeiträge in Foren oder direkt in Artikeln. Doch selbst wenn dieser Weg beschwerlich ist: Die Medien, die diesen Wandel hinbekommen, festigen ihre Rolle in ihrer Community. Sie stabilisieren sich wirtschaftlich und werden gebraucht. Sie werden Teil der Gruppe und werden von ihr getragen.

LANGFRISTIGE MASSNAHMEN

Aber selbst damit ist es nicht getan. Die Medien müssen ihren Bildungsauftrag annehmen. Sie müssen die Öffentlichkeit qualifizieren und journalistisches Wissen und Handwerk an interessierte Bürger vermitteln. Denn die Leser von morgen werden den Journalismus der Zukunft gestalten. Dazu ist es nötig, Initiativen wie die Reporterfabrik von CORRECTIV umzusetzen

»Am Ende besteht diese Demokratie aus mündigen Bürgern, die in der Lage sein wollen, sich in einer komplexen Welt ihr eigenes Urteil zu bilden.«
— FRANK-WALTER STEINMEIER

oder aber kommunalpolitische Workshops zu initiieren. Medienkompetenz muss an Schulen unterrichtet werden und in Weiterbildungskursenjedem Menschen digital und analog nahegebracht werden.

Nur wenn die Medien sich gemeinsam mit der Gesellschaft darum kümmern, ein Umfeld zu schaffen, in dem Bürger erkennen, dass es Medien braucht, um die Demokratie zu erhalten, können beide langfristig bestehen. Im Extremfall kann das auch bedeuten, dass Medien dabei helfen müssen, Bürgerreporter in Landstrichen auszubilden, in denen kein wirtschaftlich tragfähiger Journalismus mehr existieren kann. Diese Bürgerreporter müssen dann auf eigene Faust für Aufklärung und Öffentlichkeit in ihren Kommunen sorgen. Sie sind dann die Medienmacher vor Ort. Anders gesagt: Wir müssen uns dafür einsetzen, dass eine redaktionelle Gesellschaft zum Vorteil aller entstehen kann, in der nahezu jeder Bürger die Rolle eines Reporters übernehmen kann, wenn das nötig ist. Nicht nur in medienschwachen Gegenden ist das wichtig. Auch in Orten, in denen Medien weiter gut funktionieren, ist das ein erheblicher Vorteil: Die gebildeten Leser können ihre Zeitungen hinterfragen und anspornen, besser zu arbeiten. Die Qualität der Berichterstattung steigt mit dem Anspruch des Publikums.

Vonseiten der Gesellschaft ist diese Entwicklung zu unterstützen. Etwa durch Einführung des gemeinnützigen Journalismus als einer dritten Säule im deutschen Mediensystem. Durch den Ausbau der Medienkompetenzerziehung in der Jugend- und Erwachsenenbildung. Oder durch die Ausweitung der Bürgermedienangebote. Denn nur durch Bildung und Aufklärung und Teilhabe kann das komplexe System Demokratie gesichert werden.

Bundespräsident Frank-Walter Steinmeier sagt dazu: »Am Ende besteht diese Demokratie aus mündigen Bürgern, die in der Lage sein wollen, sich in einer komplexen Welt ihr eigenes Urteil zu bilden. Bildung und Medienkompetenz sind dafür unverzichtbare Voraussetzungen.«

David Schraven leitete das Recherche-Ressort bei der WAZ und gründete 2014 Correctiv, das erste gemeinnützige Recherchezentrum im deutschsprachigen Raum, das viele Medienpreise gewann und *unter anderem mit Facebook bei Faktenchecks kooperiert. Mehr Information unter: correctiv.org*

JUGENDKRIMINALITÄT

91 Prozent der Deutschen glaubten im Jahr 2010, dass Gewalttaten von Jugendlichen zunehmen.

50 Prozent vermuteten einen starken Anstieg.[1] Wie haben sich die Zahlen entwickelt?

The kids are ziemlich alright

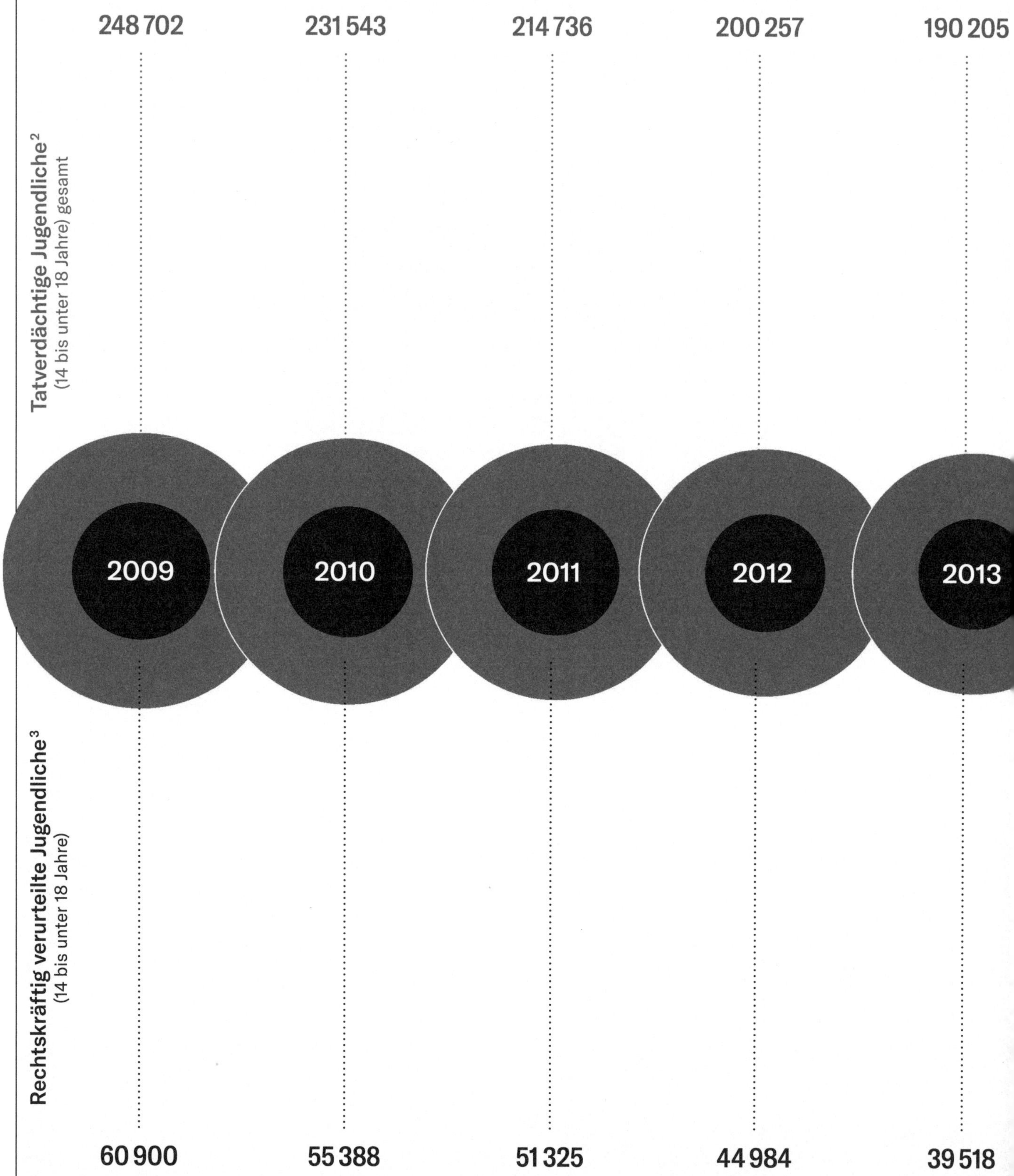

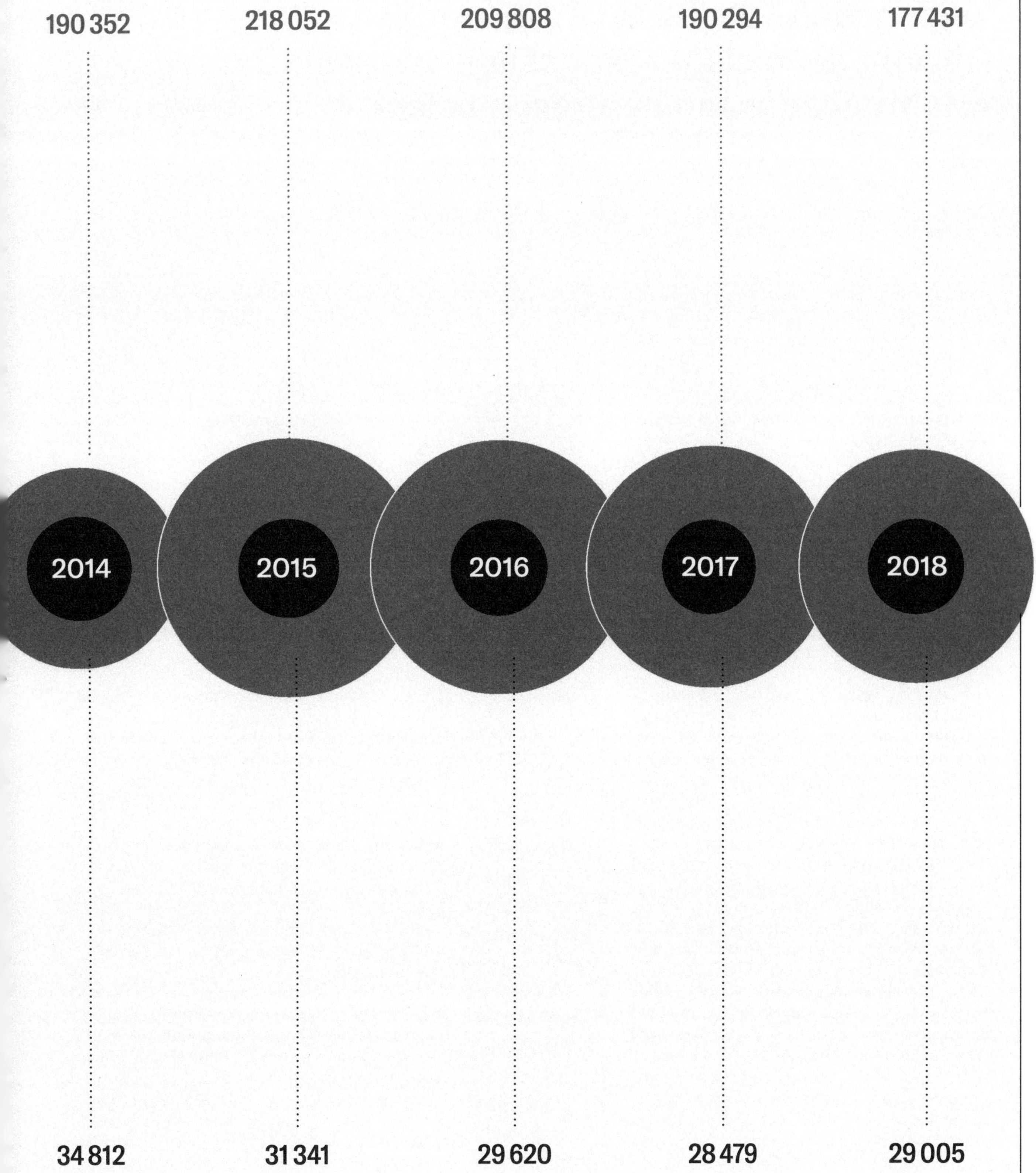
190 352
218 052
209 808
190 294
177 431
2014
2015
2016
2017
2018
34 812
31 341
29 620
28 479
29 005

BILD dir meine Meinung

»Zwölfjähriger bedroht Mitschüler mit Messer«[4], »Jugendliche verletzen Polizisten«[5]. Obwohl die meisten Menschen andere Erfahrungen machen, prägen solche Schlagzeilen die öffentliche Wahrnehmung.

Wenn wir gefragt werden, für wie häufig wir ein Phänomen wie Jugendkriminalität halten, haben die wenigsten eine Zahl im Kopf. Wir denken stattdessen darüber nach, wie oft wir von kriminellen Jugendlichen gehört haben. Aus dieser Repräsentation im Gedächtnis, aus den vielen Einzelfällen, die uns einfallen, schließen wir auf die Häufigkeit. Wer schon oft von einmal Vorfall gehört hat, geht davon aus, dass er oft eintritt. Die Medien, erklärt Thomas Bliesener, Direktor des Kriminologischen Forschungsinstituts Niedersachsen[6], der unter anderem zu jungen Straftätern forscht, sind verantwortlich für das immer weiter verbreitete Gefühl der Bedrohung durch Jugendgewalt.[7]

Breaking News: Jugendliche überfallen 77-Jährigen[8] – Jugendgang quält Siebenjährigen mit brennender Zigarette[9] – Essen: Gruppe Jugendlicher überfällt und bedroht Kind (12)[10] – 17-Jähriger überfällt Asia-Imbiss in Pasewalk[11].

Wir erfahren von Ereignissen durch die Medien. Diese gerichtete Aufmerksamkeit ist in einer demokratischen Gesellschaft wichtig. Aber die Medienberichterstattung, klar, bildet nie die komplette, objektive Realität ab – manche Ereignisse bekommen keine Aufmerksamkeit; über andere wird dafür mehr als einmal berichtet. Diese **Dramatisierung** s. S. 191 ist bekannt. Was sich in den vergangenen Jahren extrem gesteigert hat, ist die Anzahl der Kanäle. Dadurch begegnen uns zu einem einzelnen Vorfall immer mehr Meldungen – als Pushnachricht, auf Facebook, den Online-Nachrichtenseiten, abends in der *Tagesschau* und am nächsten Morgen in der Zeitung. Selbst wenn man nur einen Ausschnitt dieser Medien tatsächlich konsumiert, senden einem viel mehr Quellen die gleiche Botschaft.

3,7%

So stark stieg seit 2009 die Zahl von Straftaten, die von Über-60-Jährigen begangen wurde.[14]

In der dritten Generation gibt es keine signifikanten Unterschiede mehr zwischen männlichen Jugendlichen deutscher, türkischer und osteuropäischer Herkunft.[15]

Ein brutaler Fall von Jugendkriminalität ist immer eine Meldung wert, sagt Thomas Bliesener. Das Thema werde geklickt, gelesen, eingeschaltet – und deshalb mit **Click-Bait** s. S. 190 bedient. Hinzu komme, dass eine Gewalttat nach der ersten Nachricht meist noch viele Folgemeldungen erzeuge. Zuerst wird über das Opfer berichtet, dann wird der Täter ermittelt, überführt, vor Gericht gebracht; und schließlich kommt es zum Urteil.

»So generiert ein einziger Vorfall bestimmt fünf, wenn er besonders spektakulär ist vielleicht sogar zehn Meldungen. Multipliziert auf allen Kanälen«, sagt Bliesener.

So war es zum Beispiel auch bei dem schrecklichen Gruppenvergewaltigungsfall in Freiburg 2018[12] oder dem Mordfall in Kandel 2017[13]. Wer die vielen Meldungen dazu liest, ansieht, hört, so Bliesener, nehme nicht bewusst wahr, dass es sich immer um denselben Fall handelt, sondern eher: *schon wieder.*

Auch andere Faktoren haben einen Einfluss darauf, dass in den vergangenen Jahren das Gefühl der Bedrohung in der Bevölkerung gewachsen ist. Denn es gibt auch Gruppen, die von der Angst profitieren. In Freiburg oder Kandel handelte es sich bei den Tatverdächtigen um junge Geflüchtete, weshalb rechte Gruppierungen besonders häufig darauf aufmerksam machten.

Zur Masse an Meldungen kommt die Kraft der Bilder. Die Überwachungsarchitektur ist heute deutlich besser ausgebaut als noch vor einigen Jahren. Und Bilder und Videos zeigen einen Gewaltangriff viel eindrücklicher als ein Text. »Früher las man, dass ein junger Mann einem anderen auf den Kopf gesprungen ist. Heute sehe ich es im Video«, sagt Bliesener, »das gräbt sich tief ins Gedächtnis ein.«

PLASTIKMÜLL

der Deutschen achten nach eigener Aussage
konsequent auf Mülltrennung.[1]
Den Titel Recyclingweltmeister tragen
viele mit Stolz.[2] Zu Recht?

Verpackungsabfälle aus Kunststoff in Deutschland[3]

1995:
1,6 Mio. Tonnen
19 kg pro Person

Plastikdeckel von Kaffeebechern landeten in den 90er Jahren selten im Müll – 2016 waren es **1,3 Mrd.** allein in Deutschland.[4]

2017:
3,2 Mio. Tonnen
38,5 kg pro Person

So ein Müll!

Seit fast 30 Jahren wird in Deutschland der Abfall getrennt. Aber die Menschen verursachen mehr Plastikmüll denn je. Das liegt an der Discountkultur und einem neuen Konsumverhalten.

Gelber Sack und Grüner Punkt: Seit fast 30 Jahren trennt Deutschland seinen Müll.[5] Tatsächlich gibt es Studien, die Deutschland als Recyclingweltmeister sehen[6] oder zumindest deutlich besser dastehen lassen als etwa das Nachbarland Frankreich.[7] Doch stimmt das wirklich? »Die Deutschen wären gern Recyclingweltmeister. Das ist aber Wunschdenken«, schreiben der Bund für Umwelt und Naturschutz Deutschland (BUND) und die Grünen-nahe Heinrich-Böll-Stiftung in ihrem »Plastikatlas«.[8] Der **Fact-Check** s. S. 192: Von den im Jahr 2017 angefallenen 5,2 Millionen Tonnen an Kunststoffabfällen seien gerade einmal 15,6 Prozent wiederverwertet worden. Die offizielle Recyclingquote für Kunststoffe, die zuletzt bei 49,7 Prozent lag[9], täuscht der Studie zufolge darüber hinweg, »dass sie sich lediglich auf die Anlieferung bei einem Recyclingunternehmen, nicht aber auf den wirklich recycelten Output beziehen. Nimmt man die Gesamtmenge der anfallenden gebrauchten Kunststoffprodukte – im Fachjargon ›Post-Consumer‹ genannt – als Grundlage, werden in Deutschland nur etwa 15,6 Prozent zu Rezylat verarbeitet.« Der Rest lande in Verbrennungsöfen oder werde ins Ausland verschifft.

Hauptursache für die wachsenden Müllberge ist laut Umweltbundesamt das Wirtschaftswachstum; denn wo mehr konsumiert wird, fallen mehr Verpackungen an.[10] Hinzu kommt der Trend zu kleineren Portionierungsgrößen und Mahlzeiten »auf die Hand« und »to go«. 2015 bereiteten Menschen in Deutschland drei Milliarden Mahlzeiten weniger zu Hause zu als 2005.[11] Ein weiteres Problem ist, dass in Deutschland immer weniger Getränke in Mehrwegflaschen abgefüllt werden. Zuletzt erreichte die Mehrwegquote mit 42 Prozent einen neuen Tiefstand (im Verpackungsgesetz wurde ein Anteil von 70 Prozent festgelegt).[12] Allein beim Mineralwasser ist der Anteil an Mehrwegflaschen seit 1991 von 93 Prozent auf 39 Prozent im Jahr 2015 gesunken.[13]

Die Tatsache, dass die Deutschen deutlich weniger Plastiktüten verbrauchen als vor ein paar Jahren, macht deutlich, dass schon eine kleine Gebühr im zweistelligen Centbereich das Verhalten der Menschen tatsächlich beeinflussen kann. Trotzdem werfen die Menschen hierzulande immer noch knapp zwei Milliarden Tüten pro Jahr in den Müll. Außerdem nutzen sie mehr denn je die dünnen sogenannten »Hemdchenbeutel« aus der Obst- und Gemüseabteilung.[14] Auch sie ließen sich vermeiden, wenn man seine Einkäufe in selbst mitgebrachte Tüten und Netze legen würde. Aber wer hat dazu schon Lust? Sie etwa?

Der Mehrweganteil bei verschiedenen Getränken zwischen 2004 und 2017:[15]

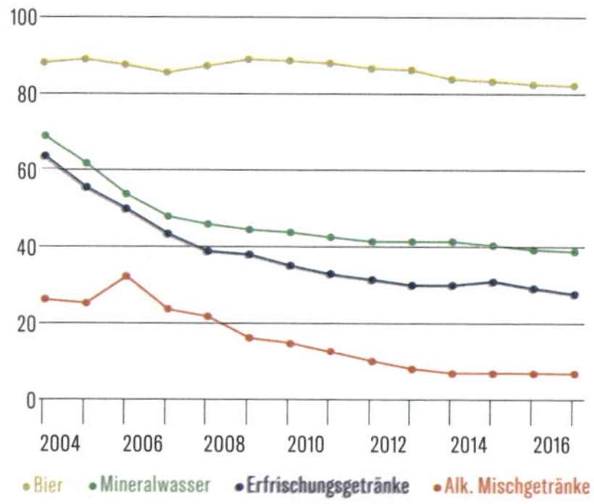

RECYCLINGQUOTE NACH MATERIALART:[16]

Stahl: 92,2 %

Papier, Karton: 87,6 %

Glas: 84,4 %

Kunststoffe: 49,7 %

Holz: 25,8 %

Zahl der Plastiktüten pro Kopf in Deutschland:[17]

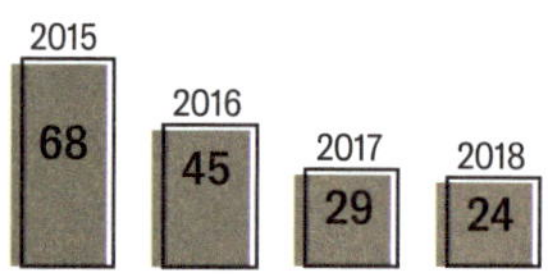

ORGANSPENDE

84 Prozent der Deutschen haben eine positive Einstellung gegenüber Organ- und Gewebespenden.

Acht Prozent zeigen sich neutral und

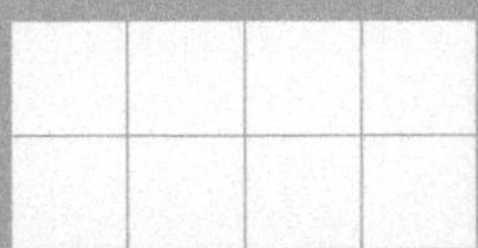

acht Prozent beantworten die Frage mit »eher negativ«.[1]

Und wie handeln die Deutschen?

Anzahl postmortaler Organspender im EU-Ländervergleich[2]

Spender pro eine Million Einwohner

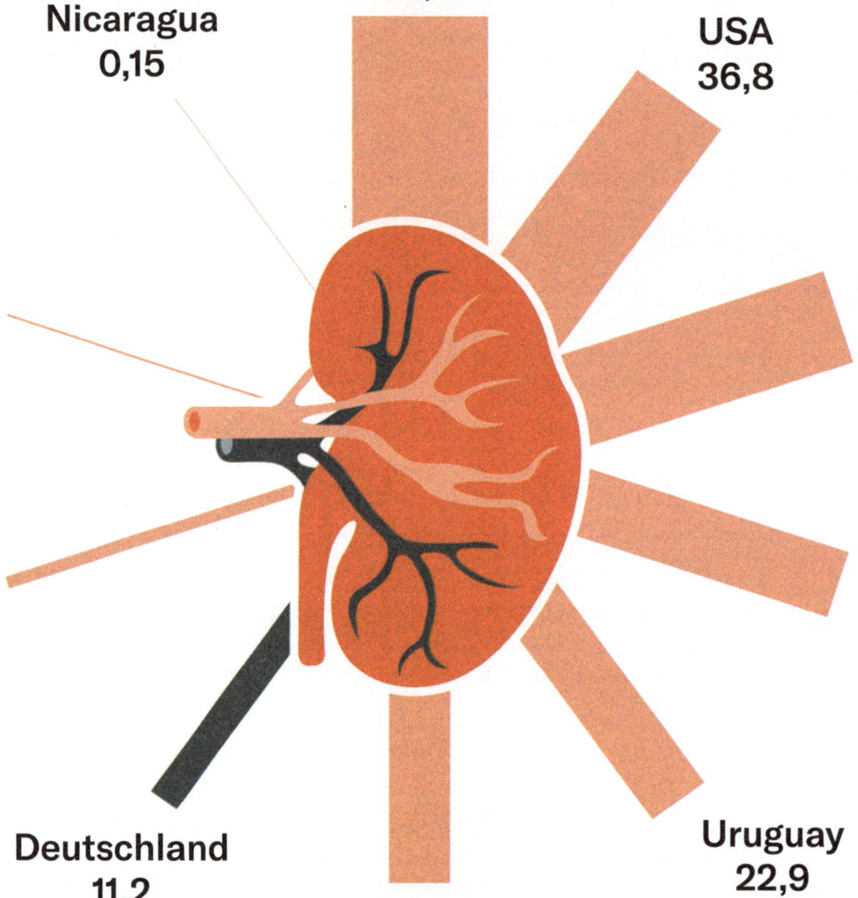

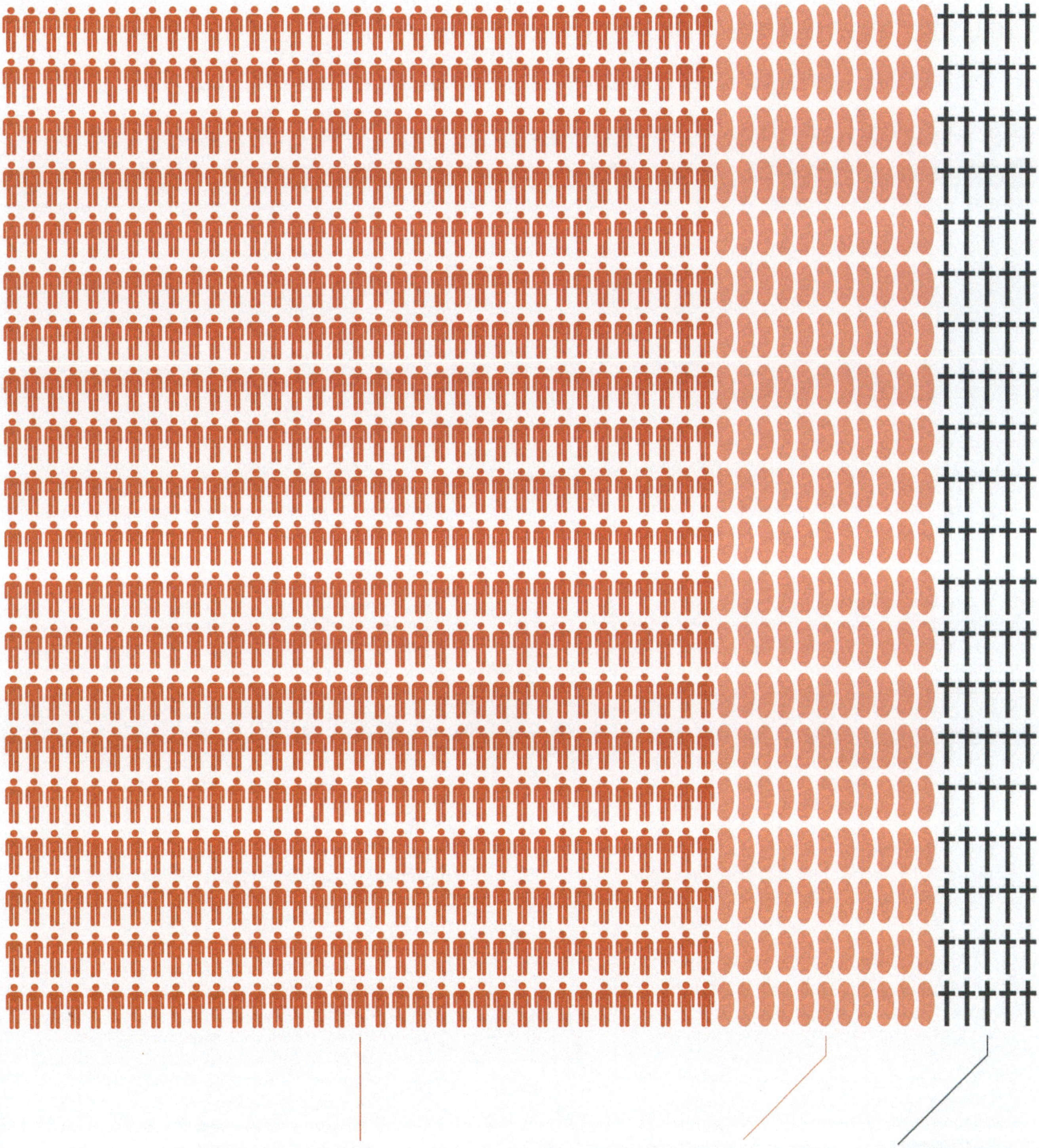

80 000 Menschen müssen in Deutschland aktuell zur Dialyse.[4]

7000 Menschen warten in Deutschland auf eine neue Niere – das ist mehr als das Dreifache der Zahl an Nieren, die jährlich transplantiert werden.[5]

1000 Menschen sterben jedes Jahr in Deutschland – mit Spenderorgan könnten sie überleben.[6]

Geben und Nehmen?

Deutschland hat mit das beste Gesundheitssystem in Europa. Warum gibt es in Spanien oder Kroatien bis zu viermal mehr Organspenden?[7] Das liegt an der Gesetzeslage[8] – und unserem Narzissmus.

Nach dem eigenen Tod noch ein Leben zu retten, ist eine Vorstellung, die den meisten Menschen gefällt. Aber wenn die Deutschen die Organspende so positiv sehen, warum beschweren sich dann Ärzte regelmäßig darüber, dass es nicht genügend Nieren für Transplantationen gibt?

Anspruch und Wirklichkeit unterscheiden sich stark. Deutschland liegt bei den Organspenden pro einer Million Einwohner weit hinter anderen europäischen Ländern – auf einem Rang mit dem Iran.[9] Immer wieder wird über eine neue Regelung zur Organspende diskutiert, so war es auch Anfang des Jahres 2020.

Wenn man sich ansieht, wie viele Organe in welchen Ländern gespendet werden, zeigt sich: Die Zahl der geretteten Leben hängt ziemlich direkt davon ab, ob die Menschen qua Gesetz der Entnahme ihrer Organe nach dem Tod explizit zustimmen müssen – oder ob es reicht, wenn sie nicht widersprechen. Letzteres ist in Kroatien und Spanien der Fall, die an der Spitze der Spendertabelle liegen. Anfang 2020 stimmte der Bundestag mal wieder gegen eine Reform des Gesetzes.[10] Fast alles bleibt beim Alten. Ein Aufschrei blieb jedoch aus.

Menschen setzen sich mit der Frage des eigenen Todes nur ungern auseinander, sagte Axel Rahmel, Medizinischer Leiter der Deutschen Stiftung Organtransplantation, unlängst dem *Deutschlandfunk*[11]; Krankheit, Sterblichkeit, das sei etwas, was man lieber verdränge. Gleichzeitig vertrauen zu wenige Menschen dem Gesundheitssystem, um eine Unterschrift auf einen Spenderausweis zu setzen. 2018 befragte die Bundeszentrale für gesundheitliche Aufklärung repräsentativ 4000 Personen. Der häufigste Grund für die Ablehnung der Organspende war die Annahme, als Spender überhaupt nicht infrage zu kommen: Das dachten 24 Prozent. Fast genauso viele der Befragten, 22 Prozent, hatten Angst vor Missbrauch oder mangelndes Vertrauen in das Organspendesystem aufgrund negativer Berichterstattung. Und jeweils knapp zehn Prozent gaben an, dass sie Angst vor der Entstellung ihres Körpers hätten oder sich Sorgen machten, zum Zeitpunkt der Entnahme nicht wirklich tot zu sein.[12]

Initiativen wie die Stiftung *Über Leben* wollen Aufklärungsarbeit leisten, damit mehr Menschen sich trauen, eine Entscheidung zu treffen – für oder gegen die Organspende – und diese zum Beispiel auf einem Spenderausweis festzuhalten.[13] Bildung ist auch in diesem Bereich eine Lösung: Wer sich mit dem Thema Organtransplantation auseinandersetzt, das zeigen auch die Zahlen der Befragung der Bundeszentrale für gesundheitliche Aufklärung von 2018, entscheidet sich meistens dafür, seine Organe im Todesfall zu spenden: 72 Prozent der Menschen, die eine Entscheidung getroffen haben, stimmen der Entnahme ihrer Organe zu. Nur 14 Prozent widersprechen einer Spende.

Doch die Befragung zeigt auch, dass sehr viele Menschen sich mit dieser Entscheidung noch gar nicht befasst haben. Nur 56 Prozent der Befragten haben eine Entscheidung zur Organ- und Gewebespende getroffen. Bei 39 Prozent wurde der Entschluss in einem Organspendeausweis oder einer Patientenverfügung dokumentiert. 17 Prozent haben zwar eine Entscheidung getroffen, aber nicht schriftlich fixiert.[14] Was im deutschen Organspendesystem bedeutet, dass die Entscheidung im Ernstfall bei den Angehörigen liegt.[15] Aber ist es nicht feige, die Verantwortung auf diese Weise weiterzugeben?

Nur gut die Hälfte der Menschen in Deutschland hat eine klare Haltung zur Organ- und Gewebespende:[16]

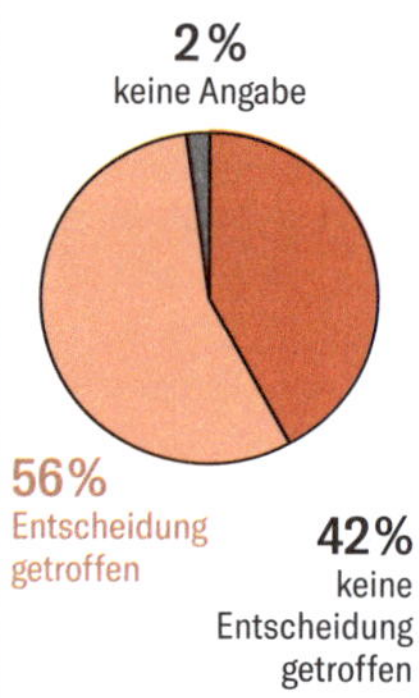

Und wie fällt die Entscheidung aus?

72 % der Menschen, die eine Entscheidung getroffen haben, stimmen der Entnahme ihrer Organe zu.

14 % widersprechen einer Spende.

ORGANSPENDE

E-MOBILITÄT

40 % der Menschen in Deutschland wünschen sich einen Mobilitätswandel weg vom Auto.[1] Aber wie klimafreundlich sind neue Verkehrsmittel wie Elektroscooter wirklich?

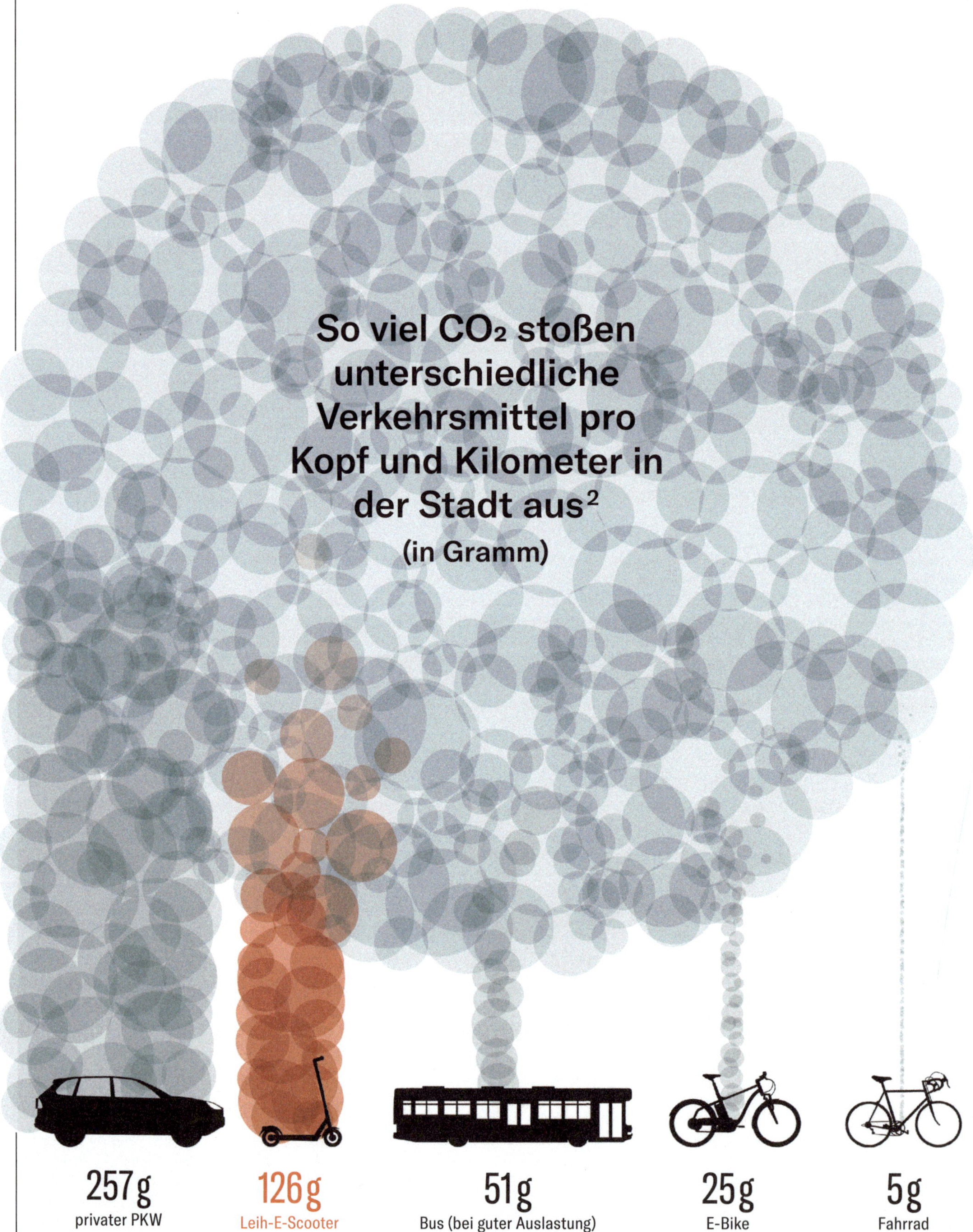
So viel CO_2 stoßen unterschiedliche Verkehrsmittel pro Kopf und Kilometer in der Stadt aus[2]
(in Gramm)
257g
privater PKW
126g
Leih-E-Scooter
51g
Bus (bei guter Auslastung)
25g
E-Bike
5g
Fahrrad

Wie sich der CO_2-Ausstoß von E-Scootern zusammensetzt[3]

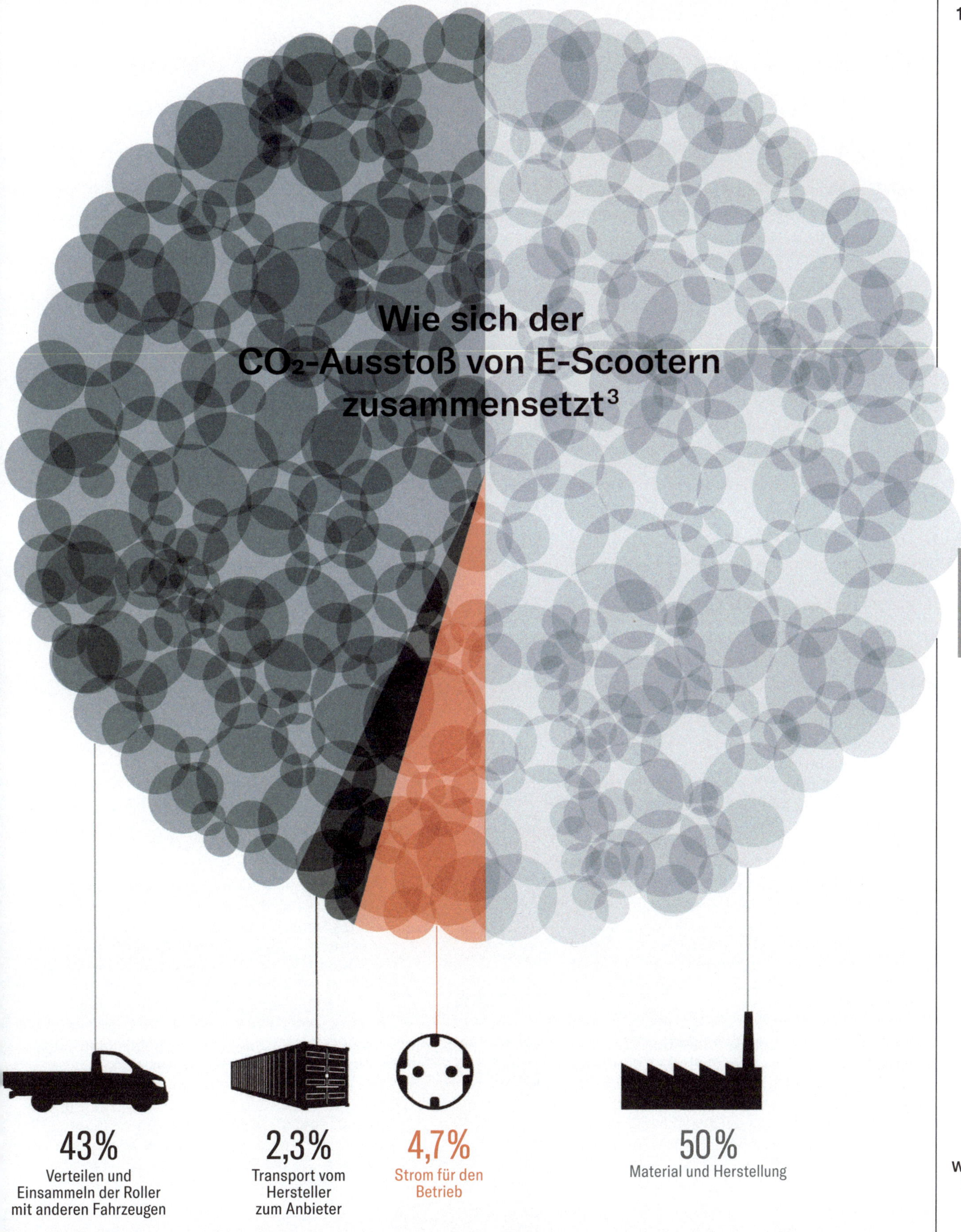

Gewohnheitstier auf Rädern

Weniger Autos, mehr geteilte Mobilität: So werden wir uns laut Start-ups und Stadtplanern in Zukunft von A nach B bewegen. Aber kann man wirklich vorankommen, wenn Bequemlichkeit über allem steht?

Der Wille zur Veränderung auf den Straßen ist da, rein theoretisch zumindest: Immer mehr Bürger haben genug von Staus, Parkplatz-Battles und Autoabgasen. Eine **Umfrage** s. S. 195 des ADAC zeigt, dass sich 40 Prozent der Menschen einen Mobilitätswandel hin zu mehr öffentlichem Nahverkehr sowie Rad- und Fußwegen wünschen.[4] Allzu nervös gibt sich der Automobil-Club, Europas größter Verein, allerdings nicht. Und das hat Gründe. Aber dazu später.

Neben Carsharing-Diensten werben auch die Anbieter von E-Scootern um Kunden, die umweltbewusst, aber trotzdem schnell und bequem ans Ziel kommen möchten.
Die Elektrotretroller, erst seit Juni 2019 in Deutschland zugelassen[5], inszenieren sich als Symbol einer neuen, sauberen Mikromobilität. Entsprechend bewerben die Start-ups auch die E-Zweiräder: Die Mobilität »zum Guten verändern« will Anbieter Tier[6], die »Luft- und Lärmverschmutzung verringern und Verkehrsinfarkte europaweit stoppen« möchte Konkurrent Voi.[7] Soweit die **gefühlte Wahrheit.** s. S. 192

Deutlich weniger euphorisch äußerte sich im September 2019 die damalige Präsidentin des Bundesumweltamts: Zwar stünden die E-Scooter in der Ökobilanz »natürlich deutlich besser als das Auto« da, sagte Maria Krautzberger. »Aber gegenüber dem bewährten Fahrrad, mit dem sich Strecken ebenso schnell bewältigen lassen und Gepäck besser transportieren lässt, sind E-Scooter die deutlich umweltschädlichere Variante.«[8]

Schon die Herstellung von Lithium-Ionen-Batterien, mit denen die Roller betrieben werden, ist energieaufwendig.[9] Die CO_2-Bilanz von E-Scootern hängt letztlich auch davon ab, wie lange sie auf den Straßen unterwegs sind. In den USA zeigten Zahlen des Anbieters Bird vor zwei Jahren, dass die E-Scooter im Schnitt gerade einmal 28,8 Tage im Einsatz waren.[10] Die Unternehmensberatung Boston Consulting Group geht in einer Studie aus dem Jahr 2019 von einer Lebensdauer von drei Monaten aus.[11] Mittlerweile, betonen viele Unternehmen, hielten die Fahrzeuge jedoch deutlich länger durch (oder die Stadtbewohner haben die Lust am Vandalismus verloren). Einige Anbieter, darunter Tier, haben ihre Flotte um E-Scooter mit austauschbaren Akkus ergänzt.[12]
Das hat den ökologischen Vorteil, dass die Gefährte nicht jeden Abend mit dieselbetriebenen Transportern eingesammelt werden müssen. Es genügt, die Akkus auszutauschen, die beispielsweise auch mit einem Lastenrad transportiert werden können.

Bleibt ein Haken: Der Mensch ist ein bequemes Wesen. Wie Zahlen aus Paris[13] zeigen und erste Zahlen aus Deutschland[14] zumindest andeuten, sind E-Scooter keine Alternative zum Auto. Tatsächlich sind auf den Rollern vor allem Nutzer unterwegs, die sich einen Fußweg sparen wollen oder andernfalls ein öffentliches Verkehrsmittel oder das Fahrrad genutzt hätten. Neue Technologien allein werden keine Mobilitätswende herbeiführen. Dafür bedarf es drastischerer Maßnahmen. Die norwegische Hauptstadt Oslo hat viele Parkplätze im Zentrum verbannt und eine City-Maut eingeführt, aber gleichzeitig Fahrradwege ausgebaut und die Ticketpreise im öffentlichen Nahverkehr gesenkt. So will die Stadt ihre CO_2-Emissionen bis 2030 im Vergleich zum Jahr 1990 um 95 Prozent senken.[15]

Die Deutschen beäugen solche Ideen misstrauisch: Der ADAC-Studie zufolge stehen 45 Prozent einer City-Maut positiv oder neutral gegenüber, 48 Prozent lehnen sie ab. Die meisten Befragten nennen Bequemlichkeit als Grund, weshalb sie in den kommenden fünf Jahren eher mehr als weniger Auto fahren werden.[16] Neue Verkehrsmittel lassen sich offenbar schneller auf den Markt bringen als alte Verhaltensweisen überdenken.

Wenn E-Scooter-Nutzer keinen Roller ausleihen, dann würden sie zu …[17]

47 % zu Fuß gehen

29 % mit dem ÖPNV fahren

9 % radeln

8 % mit dem Auto oder Taxi fahren

3 % an Ort und Stelle bleiben

65 %

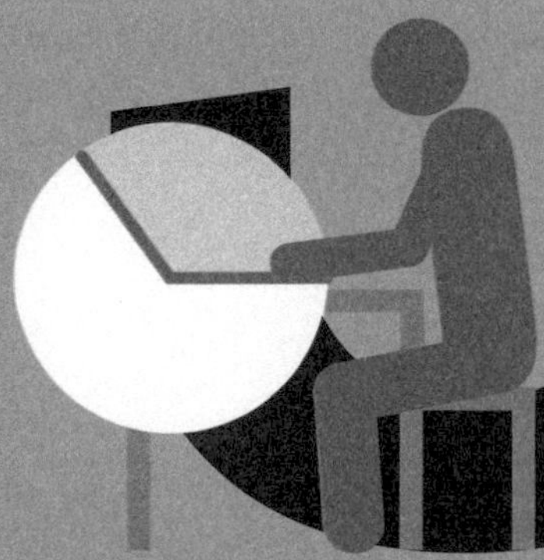

der Beschäftigten in Deutschland glaubten 2019, ihre Arbeit werde sich in den kommenden 15 Jahren nicht wesentlich verändern.[1] Nur jeder Zehnte fürchtete, dass sein Job zukünftig von einem Roboter erledigt wird.[2]

Mensch und Maschine: die nächste industrielle Revolution

37 % der Menschen in Deutschland – **gut jeder Dritte** – üben einen Beruf aus, der in den nächsten 15 Jahren von Computern oder computergesteuerten Maschinen übernommen werden könnte.[3]

Industrieroboter pro 1000 Angestellte*

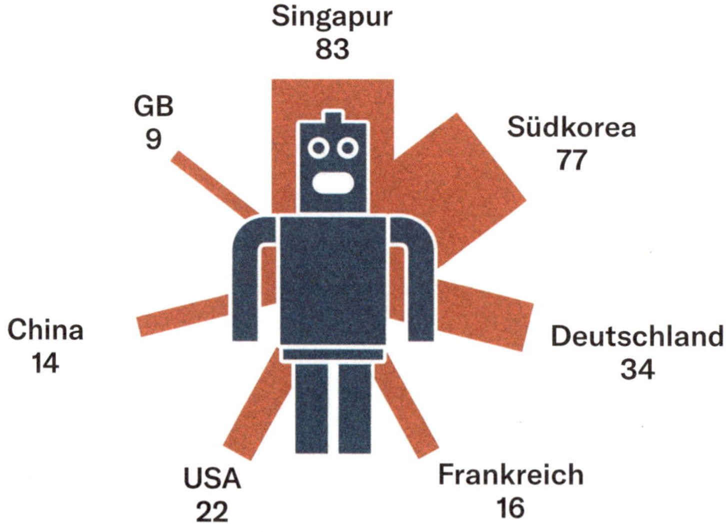

* Stand: 2019[4]

1,6 Millionen Arbeitsplätze gehen durch Automatisierung und künstliche Intelligenz in **Deutschland bis 2025 verloren,** schätzt die Bundesregierung.

Neu entstehen könnten 2,3 Millionen Arbeitsplätze.[5]

Wer ist der Boss im Büro?

Computer übernehmen immer mehr Aufgaben.

2025 könnten laut dem Weltwirtschaftsforum **erstmals mehr Tätigkeiten** von Computern und intelligenten Maschinen erledigt werden als von Menschen.[6]

Kann ich nicht, will ich nicht

Die Digitalisierung verändert die Welt: Alles wird immer schneller, effizienter, smarter. Trotzdem glauben viele von uns nicht, dass ihr Job von einer Maschine übernommen werden kann. Das liegt paradoxerweise gerade an mangelndem Selbstbewusstsein.

Schon erstaunlich: 79 Prozent der Beschäftigten in Deutschland geben in einer Umfrage des Arbeitsministeriums an, dass sich die technische Ausstattung ihres Arbeitsplatzes in den vergangenen fünf Jahren verändert hat.[7] Vielleicht freuen sie sich über neue HD-Bildschirme und ergonomische Stühle. Aber kaum einer scheint darüber nachzudenken, ob im nächsten Upgrade-Schritt nicht womöglich er selbst von einem **Algorithmus** s. S. 190 ersetzt wird: Logisch, die Digitalisierung ist ein Riesending, quasi unaufhaltbar, mich persönlich wird's aber nicht betreffen – so die vermeintlich selbstbewusste Haltung.

»Digitalisierung ist für viele Arbeitnehmer ein Schlagwort ohne konkrete Bedeutung«, sagte etwa Nale Lehmann-Willenbrock, Arbeitspsychologie-Professorin an der Universität Hamburg, kürzlich in einem Interview. »Manche merken gar nicht, dass die vielen kleinen Veränderungen, die sie jeden Tag erleben und umsetzen, genau das sind: die Digitalisierung.«

Andere wiederum, so Lehmann-Willenbrock, beobachteten zwar, wie sich ihr Arbeitsalltag wandele, seien aber nicht gewillt, über die Folgen nachzudenken.[8] Eine Trotzreaktion. Weil sie der vielen Veränderungen überdrüssig sind, klammern sie sich an ihren über die Jahre eingeübten Abläufen fest, statt sich mit Analysetools, **Bots** s. S. 190 oder Assistenzsystemen zu beschäftigen.

Nur 47 Prozent der Deutschen halten ihr Heimatland für fortschrittlich, so die Studie »The Tech Divide«[9] des Vodafone Institutes aus dem Jahr 2018, in der die Einstellungen zur Digitalisierung in Europa, Asien und den USA untersucht wurden. Nur die Italiener sehen sich selbst diesbezüglich noch kritischer (28 Prozent). Vielleicht können sich viele Deutsche auch nicht vorstellen, dass sich ihr Arbeitsplatz stark verändern wird, weil sie das ihrem ach so bürokratischen und starren Heimatland gar nicht zutrauen: Mag ja sein, dass in der industriellen Fertigung immer mehr Roboter eingesetzt werden, aber in diesem Wirtschaftszweig arbeiten gerade mal zwölf Prozent der Beschäftigten![10] Okay, und die Bundesregierung hat zwar beschlossen, bis 2025 drei Milliarden in die Erforschung und Entwicklung künstlicher Intelligenz zu investieren[11] – aber ist uns China auf diesem Feld nicht eh schon enteilt?

Eine spannende Erkenntnis aus der 2017 vorgestellten Studie »Eurobarometer 460« der Europäischen Kommission[12]: Wie aufgeschlossen man gegenüber den durch die Digitalisierung verursachten Veränderungen ist, hängt auch davon ab, ob man sich persönlich in der Lage sieht, die damit einhergehenden Risiken kompetent zu bewältigen. Dänen (88 Prozent), Schweden (89 Prozent) und Niederländer (90 Prozent) sehen sich überdurchschnittlich gut vorbereitet und blicken mit großer Mehrheit positiv in die Zukunft. Deutsche dagegen haben mit 73 Prozent deutlich weniger Vertrauen in die eigene Kompetenz und liegen auch was ihren Optimismus angeht nur im europäischen Mittelfeld.

Interessanterweise gilt das vor allem dann, wenn es um die gesellschaftlichen Folgen geht: Laut »Eurobarometer 460« sind nur 54 Prozent der Meinung, dass die Digitalisierung sich positiv auf das menschliche Miteinander auswirken wird. Dass sie uns rein wirtschaftlich betrachtet gut tut, glaubt dagegen mit 82 Prozent die große Mehrheit.

KI-KAMPF

Unternehmen, die künstliche Intelligenz aktiv nutzen in Prozent:[13]

49 Deutschland

85 China

Prognostiziertes Wirtschaftswachstum bis 2030 in Prozent:[14]

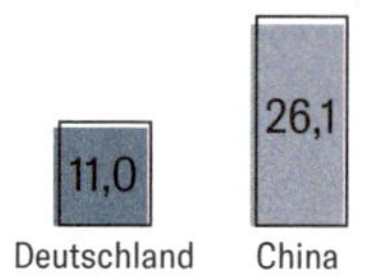

BRANCHEN MIT HÖCHSTEM DIGITALISIERUNGSGRAD[15]

Informations- und Telekommunikationstechnologie:
65 %

Banken und Versicherungen:
62 %

Medien und Unterhaltungsindustrie:
56 %

Elektroindustrie:
54 %

Automobilindustrie:
54 %

Nachrichten aus dem Kaninchenbau

Verschwörungsideologien begleiten die Menschheit schon lange. Im 21. Jahrhundert verbreiten sie sich schneller als je zuvor. Die Politikwissenschaftlerin und Netzaktivistin **Katharina Nocun** erklärt hier, unter welchen (digitalen) Rahmenbedingungen solche toxischen Geschichten besonders gut gedeihen – und was man dagegen tun kann.

VON:
KATHARINA NOCUN

»Googel das doch einfach!« – so gut wie jeder hat einen Satz wie diesen vermutlich schon einmal zu hören bekommen, wenn es um die Beantwortung komplexer Fragen ging. In Bezug auf Verschwörungserzählungen kann ein solcher Tipp allerdings fatal sein. Wer im Juli 2020 etwa die Wörterkombination »Impfungen sind« in die Google-Suche eingab, bekam vom System prompt allerhand interessante Vervollständigungen präsentiert: »Impfungen sind gefährlich«, »Impfungen sind Gift«, »Impfungen sind ja doch nur ein Komplott der Pharmaindustrie«, »Impfungen sind Körperverletzung« oder »Impfungen sind krebserregend«. Wer Google konsultiert, könnte dank derartiger Vorschläge schnell das Gefühl bekommen, hinter Impfprogrammen stecke eine groß angelegte Verschwörung. Glücklicherweise werden Nutzer bei vielen Suchanfragen vor allem zu Faktenchecks dirigiert. Bei einigen Anfragen finden sich unter den Suchergebnissen allerdings auch Webseiten, die es mit der Wahrheit nicht ganz so genau nehmen.
»Gib Gates keine Chance« prangt in dicken Lettern auf einer der Webseiten, die als Toptreffer bei einer derartigen Suchanfrage präsentiert wird. Der Slogan spielt auf eine der bekanntesten Verschwörungserzählungen zum Themenkomplex Impfungen und Corona an. Im Netz kursieren unzählige Variationen dieser Geschichte. Während einige behaupten, der Microsoft-Gründer Bill Gates sei der Urheber des Coronavirus, meinen andere, es gäbe das Virus gar nicht oder es wäre ungefährlich und die Pandemie Teil eines geheimen Plans, um weltweit Zwangsimpfungen durchzusetzen. Mit wenigen Klicks ist man, ausgehend von einer simplen Suchanfrage, plötzlich ganz tief im Kaninchenbau handfester

Verschwörungsideologien gelandet.

Eine Funktion, die als banale Tipphilfe gedacht war, um Zeit zu sparen, entwickelt dank der Popularität von Verschwörungsmythen rund um das Thema Impfen ein hässliches Eigenleben. Die Vorschläge der Google-Suche orientieren sich vor allem an den vergangenen Suchanfragen anderer Nutzer. Wenn besonders viele Menschen Statements wie »Impfungen sind ja doch nur ein Komplott der Pharmaindustrie« in die Suchmaske eingeben, dann geht der **Algorithmus** s. S. 190 davon aus, dass das auch für andere Nutzer relevant sein könnte. Wenn

Um das Phänomen Verschwörungsglaube ist ein eigener Absatzmarkt für kommerzielle Produkte entstanden.

entsprechende Statements vorgeschlagen werden, kann dies wiederum dazu führen, dass sie auch häufiger ausgewählt werden. Eine unverfänglich wirkende Funktion kann so zu einem Verstärker für die Verbreitung von Falschinformationen werden.

»VERSCHWÖRUNGSMYTHEN? DARAN IST DOCH DAS INTERNET SCHULD!«

Wer sich mit dem Thema Verschwörungsmythen befasst, wird häufig mit dem Vorurteil konfrontiert, das Internet allein trage Schuld an deren Verbreitung. Dass es sich hierbei um ein bedeutend älteres Phänomen handelt, belegen die Ergebnisse der SINUS-Studie aus dem Jahr 1981. Diese untersuchte die Verbreitung rechtsextremer Einstellungen in Deutschland, in diesem Zusammenhang wurde auch die Zustimmung zu verschiedenen Verschwörungserzählungen abgefragt. Demnach glaubten fast 40 Prozent der Befragten an das Narrativ der »Lügenpresse«, und ein Viertel der Befragten sagte, dass der »Einfluss von Juden und Freimaurern auf unser Land auch heute noch zu groß« sei. Zumindest für Deutschland lässt sich nicht belegen, dass die Zustimmung zu Verschwörungsnarrativen mit der Zahl der Internetanschlüsse eklatant zugenommen hätte. Das Phänomen ist aber noch viel älter: Das Auftreten von Epidemien und Pandemien wurde immer wieder von Verschwörungsmythen begleitet. Zur Zeit der schwarzen Pest kam es in Europa zu schrecklichen Pogromen gegen jüdische Gemeinden, weil verbreitet worden war, diese hätten angeblich Brunnen vergiftet und so die Epidemie ausgelöst. Als die Spanische Grippe zur Zeit des Ersten Weltkriegs wütete, kursierten in den USA Gerüchte, die Krankheit werde durch das von der deutschen Firma Bayer hergestellte Medikament Aspirin ausgelöst, und alles sei Teil eines großen Plans. Im Nationalsozialismus war der Glaube an eine jüdische Weltverschwörung Staatsdoktrin. Antisemitische Hetzschriften wie die *Protokolle der Weisen von Zion* wurden in Schulen gelesen. Wer behauptet, Verschwörungsmythen würden erst durch digitale Medien ein Massenpublikum erreichen, macht es sich zu einfach.

Gleichwohl nutzen Verschwörungsideologen natürlich auch das Internet, um ihre Inhalte zu verbreiten. Wer vor 50 Jahren der Meinung war, es gäbe eine große Verschwörung in der Politik, hat Derartiges vielleicht Freunden beim gemeinsamen Stammtisch in der Dorfkneipe erzählt. Wer aber heute davon überzeugt ist, bei der Coronapandemie würden einige mächtige Akteure im Hintergrund die Strippen ziehen, kann diese Meinung auf Facebook oder Instagram verbreiten und auf einen Schlag sehr viele Menschen erreichen. Im verschwörungsideologischen Milieu hat zudem die Bedeutung des Messenger-Dienstes Telegram in den letzten Jahren stark zugenommen. Potenzielle Anhänger werden auf Facebook, Instagram oder YouTube dazu animiert, Telegram-Kanäle zu abonnieren, in denen dann angeblich »Klartext« geredet werde. Gerade bei Akteuren der extremen Rechten lässt sich beobachten, dass in

»In den sozialen Medien lässt sich permanent ein Scheitern des menschlichen Diskutierens beobachten.«
— INGRID BRODNIG

solchen, öffentlich kaum sichtbaren Gruppen häufig radikal antisemitische und rassistische Verschwörungsmythen sowie konkrete Gewaltphantasien verbreitet werden. Aber auch die großen »klassischen« Plattformen spielen eine kritische Rolle. Insbesondere YouTube hat sich zu einem wichtigen Kanal zur Verbreitung von Verschwörungsnarrativen entwickelt. Bereits kurz nach dem Ausbruch der Pandemie kursierten zahllose Videos mit verschwörungsideologischen Inhalten auf YouTube.

DIE DIGITALEN VERBREITUNGSKANÄLE DER VERSCHWÖRUNGSIDEOLOGEN

Durch digitale Medien hat sich nicht nur die Geschwindigkeit der Verbreitung seriöser Nachrichten beschleunigt – Gleiches gilt natürlich auch für Verschwörungsmythen. Das verschwörungsideologische Milieu ist gut vernetzt – auch international. Reichweitenstarke Accounts verweisen regelmäßig aufeinander.

Bereits minimale Änderungen beim Suchalgorithmus haben einen gewaltigen Einfluss darauf, mit welchen Informationen Millionen von Menschen tagtäglich in Berührung kommen.

Verschwörungserzählungen, die von einzelnen Akteuren in die Welt gesetzt wurden, werden regelmäßig von anderen aufgenommen und weitergesponnen. Durch eine derartige Remixkultur können in Windeseile unzählige Versionen des ursprünglichen Narrativs entstehen. Im Zuge der COVID-19-Pandemie ließ sich etwa beobachten, dass bereits existierende Verschwörungserzählungen – von angeblicher Gedankenkontrolle durch 5G über Impfungen bis hin zu Plänen für eine Weltregierung – häufig lediglich um das Element einer Erzählung rund um das neue Coronavirus ergänzt wurden. Verschwörungsideologen, die bereits vor Ausbruch der Pandemie eine große Zahl von Anhängern um sich geschart hatten, mobilisierten öffentlichkeitswirksam Massen zu Protestkundgebungen gegen Maßnahmen zur Pandemieeindämmung. Medienbilder von Anhängern, die bei Kundgebungen mit »Gib Gates keine Chance«-T-Shirts Präsenz zeigten oder Plakate mit einschlägigen Slogans hochhielten, lösten daraufhin eine breite öffentliche Debatte aus. Das hier zu beobachtende Mobilisierungspotenzial war aber nicht neu, es propfte vielmehr auf einem Milieu auf, das nicht erst im Zuge der Pandemie entstanden war, sondern über Jahre hinweg gewachsen ist.

Bei der Popularität von Verschwörungsnarrativen ist natürlich auch das Marketing zentral – und hier spielt das Internet eine große Rolle. Rund um das Phänomen Verschwörungsglaube ist längst ein eigener Absatzmarkt für kommerzielle Produkte entstanden. Während Anhänger eines Verschwörungsideologen früher noch umständlich über Nischenverlage Bücher per Post ordern mussten, gibt es heute online eine Vielzahl einschlägiger Anbieter, die sich auf den Verkauf entsprechender Produkte spezialisiert haben. Mit wenigen Klicks können sich Interessierte nicht nur Bücher und Broschüren, sondern auch allerhand angebliche Wundermittel bequem nach Hause liefern lassen. Der US-amerikanische Verschwörungsideologe Alex Jones etwa betreibt einen eigenen Onlineshop und setzt mit Büchern sowie Zubehör für den – seiner Meinung nach – kurz bevorstehenden Bürgerkrieg jährlich Millionen um. Für seine Stammkunden hat er sogar ein eigenes Treueprogramm ins Leben gerufen, bei dem die »Fans« mit jedem Kauf Punkte sammeln können.

Das Netz hat nicht nur die Dynamiken innerhalb und zwischen einzelnen Gruppen verändert, sondern auch einen neuen Typus von Verschwörungsnarrativen geschaffen, bei dem sich die Anziehungskraft vor allem aus einem kollaborativen Element speist. Mitglieder entwickeln dabei gemeinsam Verschwörungsnarrative weiter, so dass über Monate und Jahre hinweg ein zunehmend komplexes Geflecht entsteht, das Außenstehende oft kaum noch überblicken können. Exemplarisch ist hier vor allem »QAnon« zu nennen, eine Gruppierung, die ihren Ursprung in den USA hat. Im Dezember 2016 stürmte ein mit einem Sturmgewehr bewaffneter 28-jähriger Mann eine Pizzeria in Washington D.C. Er war davon überzeugt, dass sich im Keller des Restaurants das Zentrum eines pädophilen Netzwerks befinden würde, an dem auch Hillary Clinton beteiligt sein sollte. Entstanden war diese Verschwörungserzählung in einer Onlinecommunity, deren Mitglieder ihre Zeit damit verbringen, kryptische Hinweise eines geheimnisvollen Nutzers namens Q zu interpretieren. Die von Q online verbreiteten »Hinweise« kommen oft in Form von Gedichten oder vermeintlich zusammenhanglosen Sätzen oder auch nur als Stichwörter daher. Innerhalb des Narrativs wird Donald Trump als eine Art Heldengestalt dargestellt, Politiker der Demokraten werden hingegen oft zum Teil der angeblichen Verschwörung erklärt. Die besagte Pizzeria geriet ins Fadenkreuz von QAnon, weil der Name des Inhabers in geleakten E-Mails aus dem Umfeld von Hillary Clinton aufgetaucht war. In der Gruppe wurde daraufhin verbreitet, bei dem Wort »Pizza« müsse es sich um ein Codewort für Kindesmissbrauch und Menschenhandel handeln. Aus der zunächst harmlos wirkenden Spinnerei wurde spätestens dann bitterer Ernst, als die Mitarbeiter der Pizzeria sich schließlich mit einem bewaffneten Verschwörungsgläubigen konfrontiert sahen. Zuvor war dieser stundenlang in einem Kleinwagen quer durchs Land gefahren, angetrieben von dem Glauben, gequälte Kinder aus den Fängen von Kriminellen befreien zu müssen. Am Ende wurde er jedoch nicht als Held gefeiert, vielmehr wurde der Fall zum weltweit diskutierten Beispiel für die fatalen Auswirkungen von Verschwörungserzählungen.

DIE PROBLEMATISCHE ROLLE DER ONLINEPLATTFORMEN

Die technischen Einstellungen großer Player wie Google oder Facebook können sich immens auf die Reichweite von Verschwörungsideologen auswirken. Bereits minimale Änderungen beim Suchalgorithmus haben einen gewaltigen Einfluss darauf, mit

Ein Nutzer, der denkt, dass die traditionellen Medien lügen, wird weniger Zeit auf deren Plattformen verbringen, da er denkt, dass nur Facebook und YouTube ihm »die Wahrheit« präsentieren.

welchen Informationen Millionen von Menschen tagtäglich in Berührung kommen. Ähnliches lässt sich auf soziale Netzwerke übertragen, wo Verschwörungsgläubige Anschluss an Gleichgesinnte suchen, die sie in ihrem jeweiligen Glauben bestärken. Die österreichische Autorin und Digitalexpertin Ingrid Brodnig schreibt in ihrem Buch *Hass im Netz*: »In den sozialen Medien lässt sich permanent ein Scheitern des menschlichen Diskutierens beobachten – ein Scheitern, das dadurch vereinfacht wird, dass diese Gruppen sich so leicht abspalten und radikalisieren können. Denn **Echokammern** s. S. 192 erleichtern Radikalpositionen. Je seltener ich auf Andersdenkende treffe, umso weniger muss ich meine eigenen Argumente hinterfragen.« Hinzu kommt, dass der Feed-Algorithmus von Facebook und vergleichbaren sozialen Netzwerken Einfluss darauf hat, welche Nachrichten besonders prominent angezeigt werden. Der Journalist Sebastian Herrmann bringt das Problem in seinem Buch *Gefühlte Wahrheit* sehr gut auf den Punkt, wenn er schreibt: »Dummerweise handelt es sich bei Lügen häufig um die besseren Geschichten. Sie lassen die Emotionen des Publikums stärker vibrieren, deshalb werden sie in den sozialen Netzwerken zum Beispiel mit höherer Wahrscheinlichkeit verbreitet.«

Infolge heftiger öffentlicher Debatten hat sich Facebook schließlich dazu entschlossen, bei ausgewählten Postings prominent Faktenchecks einzublenden. Nutzer, die einen als Falschmeldung markierten Beitrag teilen wollen, bekommen vorher einen Warnhinweis eingeblendet. Hierzu arbeitet der Konzern mit Institutionen zusammen, die vom International Fact Checking Network (IFCN) zertifiziert worden sind. Zusätzlich soll die Reichweite bei den als Falschmeldungen identifizierten Postings laut Facebook um bis zu 80 Prozent reduziert worden sein. Im Zuge der COVID-19-Pandemie wurden auch auf Instagram bei ausgewählten Hashtags Warnmeldungen mit Verweis auf seriöse Quellen zum Thema eingeblendet. Jedoch wäre es utopisch anzunehmen, dass derartige Maßnahmen allein geeignet wären, des Problems Herr zu werden. Das Biotop aus zahlreichen Nischenseiten von Verschwörungsfans ist zu umfangreich, als dass man die Inhalte im Rahmen der derzeitigen Strategie allesamt überprüfen könnte. Für jede Falschnachricht, die identifiziert wird, tauchen wenig später mindestens zwei neue auf. Entsprechende Warnhinweise werden in einschlägigen Gruppen zudem häufig ignoriert, schließlich könnte auch dies ja Teil einer Verschwörung zur Unterdrückung der angeblichen »Wahrheit« sein. Solche aufklärerischen Maßnahmen zeigen vor allem dann eine positive Wirkung, wenn die betreffenden Nutzer noch nicht vollends im Kaninchenbau von Verschwörungsideologen abgetaucht sind.

An dieser Stelle muss auch einmal erwähnt werden, dass das Internet nicht nur ein sehr effektiver Resonanzraum für Verschwörungserzerzählungen ist, sondern auch neue Möglichkeiten der Gegenwehr bereitstellt. Zur Wahrheit gehört auch, dass Faktenchecks und Richtigstellungen von Mythen dank sozialer Netzwerke und Videoplattformen heute ein viel größeres Publikum erreichen können. Wir vergessen gerne, wie umständlich es war, einen Faktencheck durchzuführen, als man dabei noch nicht auf digitale Hilfsmittel zurückgreifen konnte. Mit viel Glück ließen sich in der lokalen Bibliothek entsprechende Inhalte finden. Recherchen zu komplexen Themen, die etwa den Zugriff auf wissenschaftliche Studien voraussetzen, stellten Interessierte schnell vor unüberwindbar erscheinende Hindernisse. Heute kann jedes Schulkind mit wenigen Klicks auf einen Fundus von Dokumenten und Publikationen aus der ganzen Welt zugreifen.

Facebook ist allerdings nicht der einzige Schauplatz, wenn es um die digitale Verbreitung von verschwörungsideologischem Content geht. Insbesondere YouTube beherbergt eine Vielzahl von Parallelwelten, in denen es etwa heißt, hinter der Coronapandemie stecke der Plan einer geheimen Elite, Chemtrails vergifteten die Menschen und Hitler lebe auf einem geheimen Stützpunkt in der Antarktis. 2018 veröffentlichte die Techniksoziologin Zeynep Tufekci in der *New York Times* einen Artikel mit dem Titel »YouTube, der große Radikalisierer«. Darin äußerte sie die Sorge, dass ein werbebasiertes Geschäftsmodell für Plattformbetreiber den Anreiz schafft, Nutzer möglichst lange auf der Plattform zu halten. Die Beobachtungen

»Dummerweise handelt es sich bei Lügen häufig um die besseren Geschichten.«
— SEBASTIAN HERRMANN

der Techniksoziologin deuten darauf hin, dass der YouTube-Algorithmus davon ausgeht, dass Nutzer häufiger länger dranbleiben, wenn das nachfolgend empfohlene Video immer ein Stück weit extremer ist. Dieser Mechanismus spiele auch Verschwörungsideologen in die Hände. Zeynep Tufekci steht mit dieser Einschätzung keineswegs allein da. Der französische IT-Experte Guillaume Chaslot hat von 2010 bis 2013 für Google gearbeitet, zuletzt war er dort mit dem Vorschlagsalgorithmus von YouTube befasst. Er spricht sich heute öffentlich für die Notwendigkeit einer Regulierung von Konzernen aus, die auf künstlicher Intelligenz basierende Empfehlungssysteme nutzen. »Verschwörungen eignen sich ausgezeichnet dazu, die Zuschauer zum Weiterschauen zu bewegen«, so Chaslot. »Naturgemäß wird ein Algorithmus, der darauf ausgelegt ist, die Menschen zu möglichst langer Verweildauer zu animieren, Verschwörungsvideos empfehlen.« Darüber hinaus birgt ein allein auf Maximierung der Nutzungsdauer getrimmter Algorithmus laut dem Ex-YouTube-Mitarbeiter die Gefahr, dass bevorzugt Inhalte empfohlen werden, die eine ablehnende Haltung gegenüber Medien und Journalismus befördern. Ein Nutzer, der denkt, dass die traditionellen Medien lügen, wird weniger Zeit auf deren Plattformen verbringen, da er denkt, dass nur Facebook und YouTube ihm »die Wahrheit« präsentieren. »So wird ein Teufelskreis geschaffen: Wer mehr Zeit bei YouTube verbringt, wird mehr Empfehlungen bekommen – und noch mehr Zeit dort verbringen«, so Chaslot.

Anfang 2019, zwei Jahre nachdem Guillaume Chaslot mit seiner Kritik am YouTube-Empfehlungsalgorithmus an die Öffentlichkeit gegangen war, gab der Konzern bekannt, dass man nachbessern werde, um die Verbreitung von Verschwörungsmythen einzuschränken. Im Fokus standen dabei laut Chaslot vor allem Inhalte wie Flat Earth, Bürgerkriegsszenarien und Verschwörungserzählungen zum Thema Impfen. Empfehlungen in diesen Bereichen sollten laut Ankündigung des Konzerns um 50 Prozent reduziert werden. YouTube geht nun deutlich stärker gegen Videos vor, die gegen die Gemeinschaftsstandards verstoßen oder sogar illegal sind – etwa aufgrund von Aufrufen zu Gewalt. Zusätzlich soll laut YouTube die Verbreitung von sogenannten »grenzwertigen Inhalten« dank Anpassungen bei der Empfehlungsfunktion zumindest bei den US-amerikanischen Nutzern um bis zu 70 Prozent reduziert worden sein. Dass Plattformbetreiber sich zunehmend des Problems vor allem rechtsextremistischer Verschwörungsnarrative bewusst sind, zeigen Sperrungen einzelner Akteure. Alex Jones etwa, der einst auf YouTube ein Millionenpublikum erreichen konnte, wurde 2018 von der Plattform verbannt. Twitter verkündete im Juli 2020, man wolle Inhalte und Accounts mit Bezug zu QAnon gezielt von der Plattform verbannen. Seit einiger Zeit blendet YouTube außerdem bei ausgewählten Videos Links zu thematisch passenden Wikipedia-Artikeln ein. Doch ob derartige Maßnahmen ausreichen, ist mehr als fraglich. Schließlich konkurriert so ein nicht selten professionell produziertes Video eines Verschwörungsideologen mit einem trockenen Enzyklopädieeintrag. Mit einem Faktencheck, der eigens passend zur jeweiligen Verschwörungserzählung erstellt wurde und auch sprachlich gänzlich anders aufgebaut ist, ist eine derartige Maßnahme kaum vergleichbar.

WAS TUN GEGEN VERSCHWÖRUNGSMYTHEN?

Natürlich gäbe es eine Vielzahl von Maßnahmen, die große Internetplattformen zur Eindämmung von Verschwörungsmythen ergreifen könnten. Eine breite öffentliche Debatte über die Rolle von Vorschlagsalgorithmen wäre ein erster Schritt. Ingrid Brodnig schreibt in ihrem Buch *Lügen im Netz*: »Gerade bei der Debatte über Fake News fällt häufig das Argument: Facebook und Google sollen nicht entscheiden, was ›wahr‹ ist. Nur blendet diese Argumentation vollkommen aus, dass Facebook, Google und Co. schon jetzt jeden Tag für uns entscheiden, was eine vermeintlich ›relevante‹ Information ist.«

Eine alleinige Fokussierung auf das Netz wäre jedoch zu kurz gegriffen. Verschwörungsmythen sind kein reines Internetphänomen und waren es auch nie. Entsprechende Narrative werden nicht nur online, sondern auch am Stammtisch oder beim Familienessen verbreitet. Mindestens genauso entscheidend ist die Frage, wie wir als Gesellschaft mit diesem Phänomen insgesamt umgehen. Spätestens seit den rechtsextremen Anschlägen in München, Hanau und Halle muss klar sein, dass Verschwörungsideologien

Laut Sebastian Herrmann lassen die erfundenen Geschichten »die Emotionen des Publikums stärker vibrieren und werden deshalb auch in den sozialen Netzwerken mit einer höheren Wahrscheinlichkeit geteilt«.

Politiker, die rechtsextreme Verschwörungsmythen zu einer angeblichen »Umvolkung« verbreiten, haben sich von einer rationalen Debatte über Migration längst verabschiedet.

insbesondere in der rechtsextremen Szene eine wichtige Rolle als Radikalisierungsbeschleuniger spielen. Zudem zeigen Studien (nachzulesen ist das etwa in Jamie Bartletts und Carl Millers Buch *The Power of Unreason* aus dem Jahr 2010), dass Menschen, die an Verschwörungsmythen glauben, auch eine größere Bereitschaft aufweisen, Gewalt als legitimes Mittel zur Durchsetzung ihrer jeweiligen Anliegen zu betrachten und dass deshalb auch terroristische Gruppen häufig mit derartigen Narrativen arbeiten.

Es wäre nur angemessen, wenn der Thematik in Schulen ein größerer Raum gewährt werden würde. Wenn Jugendliche lernen, wie sie selbst seriöse von unseriösen Quellen unterscheiden können und ein Verständnis dafür vermittelt bekämen, nach welchen Mustern Verschwörungsideologen argumentieren, wäre viel gewonnen. Ebenso zentral ist die Frage, wie wir mit Menschen umgehen, die im Kaninchenbau der Verschwörungsideologen abgetaucht sind. Es braucht mehr Geld für Beratungsstellen, die Angehörigen von Verschwörungsgläubigen Hilfestellungen anbieten. Denn vieles spricht dafür, dass das direkte Umfeld am ehesten die Chance hat, in solchen Fällen durchzudringen – mehr als jeder Faktencheck. Wir müssen auch als Gesellschaft darüber sprechen, welcher Raum Verschwörungsideologen auch in den klassischen Medien eingeräumt wird. Politiker, die rechtsextreme Verschwörungsmythen zu einer angeblichen »Umvolkung« verbreiten, haben sich von einer rationalen Debatte über Migration verabschiedet. Nicht zuletzt sollte dem Opferschutz ein höherer Stellenwert eingeräumt werden. Im Zuge der Coronapandemie haben prominente Verschwörungsideologen wiederholt gegen Politiker, Wissenschaftler und Journalisten gehetzt – mit dramatischen Folgen für die Betroffenen. Es ist wichtig, dass Menschen den Mut haben, sich öffentlich gegen die Verbreitung von Verschwörungsideologien und Hassbotschaften auszusprechen. Diesen Personen gilt es den Rücken stärken. Wir dürfen sie mit all dem Hass nicht allein lassen. Auch das ist gelebte Zivilcourage.

Katharina Nocun ist Wirtschafts- und Politikwissenschaftlerin und arbeitet zu Digitalisierung und Demokratie. In ihrem Blog kattascha.de und dem Podcast Denkangebot beleuchtet sie die Auswirkungen neuer Technologien auf die Gesellschaft. Ihr erstes Buch Die Daten, die ich rief *erschien 2018, 2020 folgte (mit Pia Lamberty)* Fake Facts. Wie Verschwörungstheorien unser Denken bestimmen.

ALLTAGSDISKRIMINIERUNG

Anteil der Menschen in Deutschland, die der Meinung sind, an ihrem Arbeitsplatz werde genug getan, um die Vielfalt zu fördern in Bezug auf …[1]

Wie viele LGBT+-Arbeitnehmerinnen und -Arbeitnehmer haben sich gegenüber allen Kolleginnen und Kollegen in ihrer Firma geoutet? Deutschland weist im internationalen Vergleich den niedrigsten Wert auf.[2]

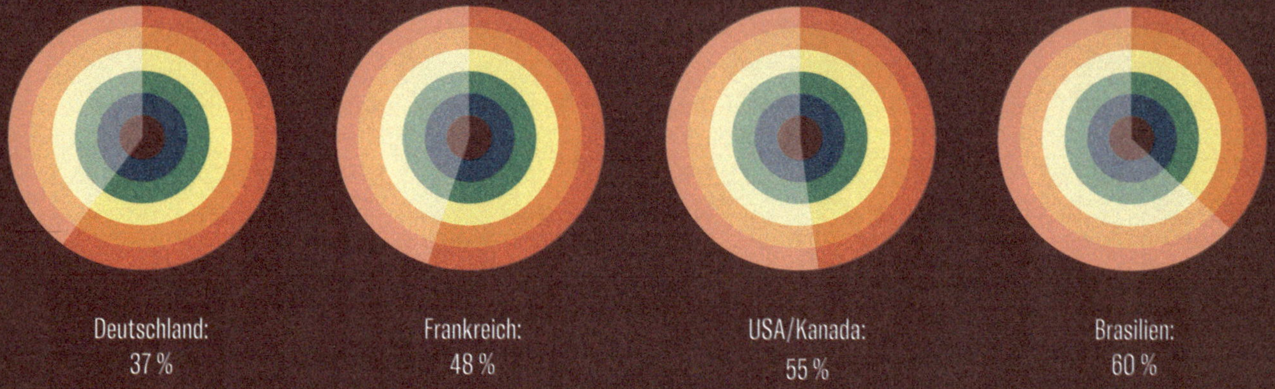

So viele Menschen haben sich in den vergangenen Jahren bei der Antidiskriminierungsstelle des Bundes beraten lassen – ein Anstieg um mehr als 35 Prozent in nur drei Jahren.[3] Die am häufigsten genannten Gründe für Diskriminierung bleiben relativ konstant.

40 Prozent der Menschen in Deutschland würden sich nur »mäßig wohl« oder »unwohl« fühlen, wenn ihr Kind eine Beziehung mit einer Transgenderperson eingehen würde.[4]

Arbeitslose Menschen mit einer Schwerbehinderung suchen 100 Tage länger nach einer Arbeitsstelle als Menschen ohne Behinderung.[5]

»Ich habe ja nichts gegen Ausländer/ Schwule/Muslime, aber ...«

Viele waren überrascht, dass auch in Deutschland Hunderttausende bei »Black Lives Matter«-Demonstrationen auf die Straße gingen. Dabei nimmt Deutschland bei der Gleichstellung von Minderheiten absolut keine Führungsposition ein.

Mitten in der Coronapandemie entlud sich zunächst in den USA und dann weltweit noch ein ganz anderes Gewitter. Nachdem der Afroamerikaner George Floyd von einem weißen Polizisten getötet wurde, gingen Millionen Menschen auf die Straßen. Unter dem Motto »Black Lives Matter« protestierten sie gegen Polizeigewalt gegenüber Schwarzen und gegen den Rassismus im System. Daraufhin stellten auch viele Menschen in Deutschland die Frage: Wie sicher lebt es sich hier, wenn man einer Minderheit angehört?

Zwar gibt es Gesetze gegen systematische Benachteiligung von Menschen, etwa wegen ihrer Herkunft, ihres Alters oder ihrer sexuellen Orientierung. 2006 wurde die Antidiskriminierungsstelle des Bundes eingerichtet, die Betroffene berät und die systemischen Benachteiligungen dokumentiert. Die Zahl der Anfragen steigt seit Jahren. Man kann das insofern positiv sehen, als dass Fälle und Betroffene damit sichtbarer werden und ihnen die Beratungsangebote bekannt sind. Aber es zeigt eben auch, dass sich gesellschaftlich noch nicht viel verbessert hat – vor allem weil sich ein neuer **Populismus** s. S. 194 etabliert hat.

»De jure ist Deutschland erst vor Kurzem ein Einwanderungsland geworden. Erst 1998 erkannte die Bundesregierung einen ›unumkehrbaren Prozess der Einwanderung‹ an. Davor ging man davon aus, dass die sogenannten Ausländer alle in ihre Heimat zurückkehren würden«, erklärt der Rassismusforscher Mark Terkessidis, der zuletzt das Buch *Wessen Erinnerung zählt?* veröffentlicht hat. Heute spreche man von Deutschen mit Migrationshintergrund statt von Ausländern, so Terkessidis: »Das Wort Rassismus geht über den Begriff ›Rasse‹ hinaus. Es ist der Begriff, den wir verwenden, um illegitime Trennungen zwischen ›uns‹ und ›den anderen‹ anzusprechen.« Aber er sieht auch Fortschritte: »An den Demos nahmen viele jüngere Menschen teil. Entweder hatten sie selbst Erfahrungen mit Diskriminierung gemacht oder von ihren Klassenkameraden davon gehört. Sie sind nicht mehr bereit, zu akzeptieren, dass Ahmed, Vassili, Songül, Leyla oder ihre Eltern von den Behörden oder der Polizei anders behandelt werden.«[6]

Einer Studie zufolge hat mehr als ein Drittel der deutschen Befragten Diskriminierung am Arbeitsplatz erlebt oder beobachtet. Ebenfalls ein Drittel arbeitet bei einem Unternehmen, das nicht divers aufgestellt ist. Dabei ist ein vielfältiges Team ein Garant für Erfolg.[7] Wie die Unternehmensberatung McKinsey bei einer internationalen Untersuchung feststellte, haben Unternehmen mit hoher Genderdiversität eine um 25 Prozent und damit signifikant größere Wahrscheinlichkeit, überdurchschnittlich profitabel zu sein. Ist dazu noch der Vorstand ethnisch divers, erhöht sich der Wert sogar auf 36 Prozent.[8] Mehr Perspektiven, bessere Ergebnisse?

Das Gute ist: Jede und jeder von uns kann lernen, das Problem besser wahrzunehmen und auf eigene, oft unbewusste Vorurteile besser zu reagieren. **Politische Korrektheit** s. S. 194 wird zwar einerseits als Schimpfwort verwendet. Andererseits gibt es in immer mehr Firmen ganz selbstverständlich Seminare für interkulturelle Kompetenz. Und im Alltag geben Webseiten wie die der Aktion »Tu was« Tipps, wie man auf Diskriminierung anderer reagieren sollte: Sag deine Meinung, sprich die ausgrenzende Person an, frage sie, wie sie ihre Äußerung meint, biete dem Opfer Hilfe an, rufe im Notfall die Polizei.[9] Und dann gibt es natürlich noch die sogenannte Goldene Regel, die es in fast jeder Religion und Philosophie als Konzept gibt: Was du nicht willst, das man dir tut, das füg auch keinem anderen zu.

75 Prozent der jungen Menschen zwischen 16 und 25 Jahren in Deutschland haben Situationen erlebt oder beobachtet, in denen Menschen diskriminiert wurden.[10]

Zwei Drittel der Befragten haben den Eindruck, dass Diskriminierung von Menschen aufgrund der Herkunft oder des Aussehens zuletzt zugenommen hat.[12]

79 % der jungen Menschen sind interessiert an anderen Kulturen und Religionen.[13]

EU-SKEPSIS

Was bringt schon die EU? Die Mehrheit der Menschen in Ostdeutschland schätzt, dass bei der EU-Mitgliedschaft rein wirtschaftlich gesehen eher die Kosten überwiegen als der Nutzen. Aber stimmt das auch?* [1]

→

* Differenz zu 100 %: keine Angabe

Verteilungsgerechtigkeit

Zwischen 2014 und 2020 erhielten die ostdeutschen Bundesländer 6,5 Milliarden Euro aus dem Europäischen Fonds für regionale Entwicklung, die westdeutschen Länder und Berlin 4,3.[2] Pro Kopf sind das …

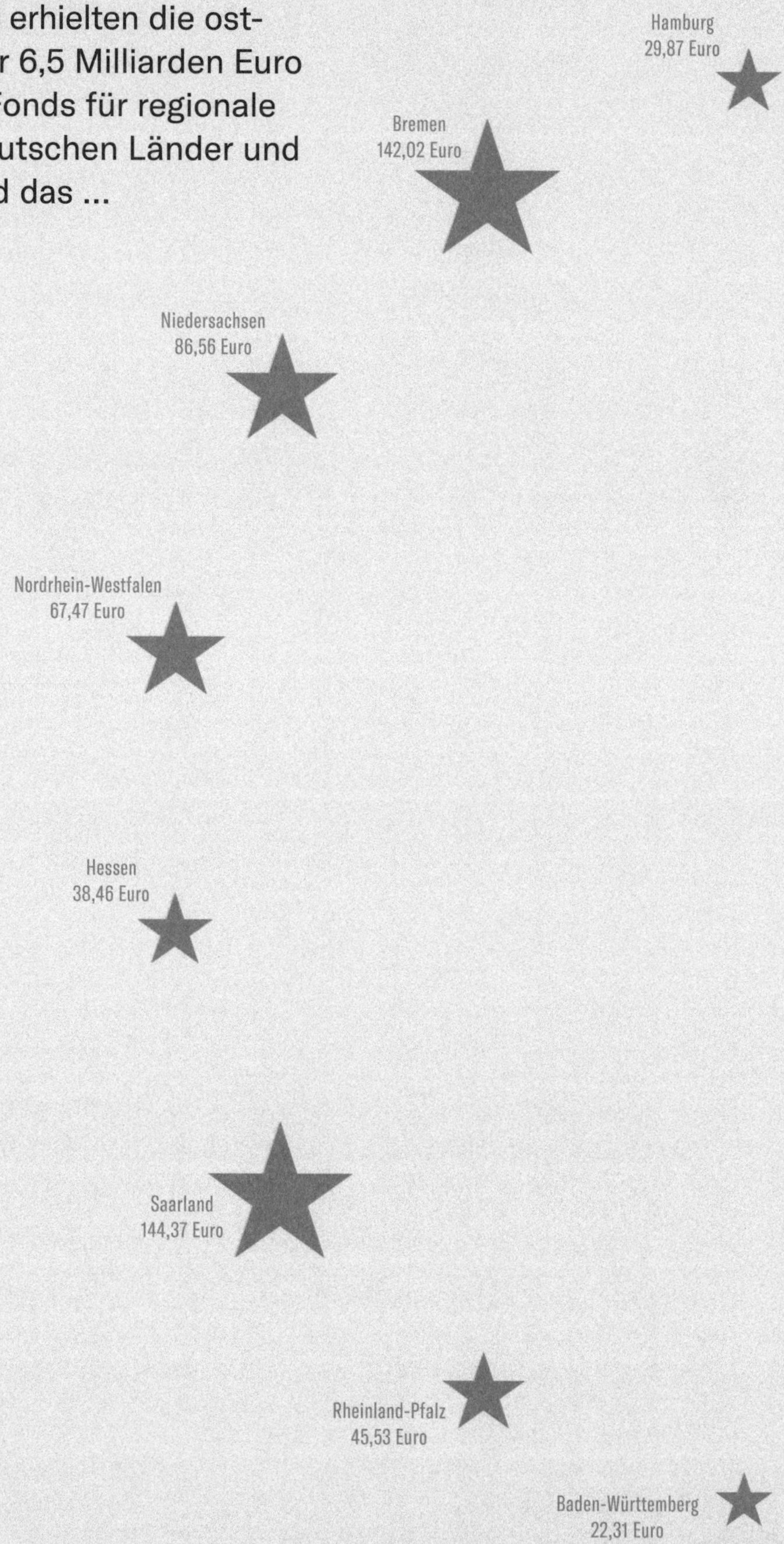

Schleswig-Holstein
93,55 Euro
Mecklenburg-Vorpommern
601,63 Euro
Brandenburg
336,79 Euro
Berlin
174,22 Euro
Sachsen-Anhalt
647,55 Euro
Thüringen
545,92 Euro
Sachsen
512,51 Euro
Bayern
37,85 Euro

Krumme Gurken und Ost-West-Mythen

EU-verliebter Westen, europakritischer Osten? Tatsächlich sprechen Umfragen und Wahlergebnisse dafür, dass die Menschen im Osten misstrauischer auf die Europäische Union blicken. Doch die Realität ist komplexer.

Die Europäische Union macht es den Bürgerinnen und Bürgern manchmal nicht ganz leicht. Das EU-Parlament pendelt zwischen zwei Städten und machte sich einst zum Gespött, als es eine Maximalkrümmung von Salatgurken festlegte.[3] Der Mythos vom Bürokratiemonster EU hält sich wacker (vgl. S. 109). Insbesondere im Osten Deutschlands blicken deshalb auch viele Menschen eher misstrauisch auf die Institution. Viele finden, dass die Mitgliedschaft in der EU mehr Kosten als Nutzen verursacht.[4] Bei der Europawahl 2019 war die EU-kritische AfD in Sachsen und Brandenburg stärkste Kraft, in den drei anderen ostdeutschen Bundesländern landete sie auf dem zweiten Platz. Zum Vergleich: Bundesweit wurde die **populistische** s. S. 194 teils rechtsextreme Partei viertstärkste Kraft.[5]

Dabei hat die EU auch ganz konkrete positive Effekte – neben so großen Zielen wie der Sicherung des Friedens auf dem europäischen Kontinent. So schützt die EU den Dresdner Stollen per Siegel vor Nachahmung[6] und unterstützt Brandenburg mit Geldern aus dem Europäischen Landwirtschaftsfonds[7]. In den vergangenen sechs Jahren erhielten die ostdeutschen Bundesländer deutlich mehr Geld aus Brüssel als die Länder im Westen der Republik.[8] Sind diese Zahlen und Fakten einfach unbekannt, oder wie ist die ausgeprägte EU-Skepsis zwischen Greifswald und Zwickau zu erklären? Schon in einem Sonderbericht der EU (damals noch EG) – der Meinungsumfrage »Eurobarometer« aus dem Jahr 1992 – hieß es, der in früheren Umfragen »in der ehemaligen DDR festgestellte Euro-Enthusiasmus ist inzwischen abgeklungen«. Die neuen EG-Bürger gehörten »mittlerweile der Gruppe der Euro-Skeptiker an«, zu denen der Bericht damals auch die Dänen zählte – und die Briten.[9] Die

Europawahlergebnisse 2019 der EU-kritischen AfD in ostdeutschen Bundesländern in Prozent[16]

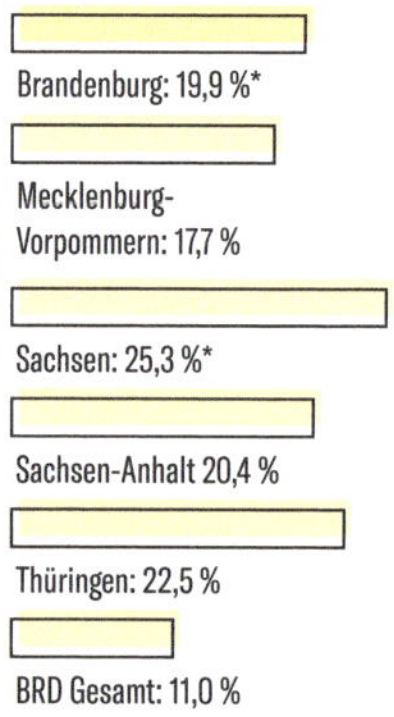

*stärkste Kraft

66 %

der Menschen in Ostdeutschland fühlen sich als Bürger der EU. Im Westen sind es acht von zehn Bürgern.[17]

In absoluten Zahlen ist Deutschland der größte Nettozahler in der EU, bei den Beitragszahlungen pro Kopf liegt man hinter Dänemark auf Rang zwei (in Euro).[18]

Gründe sind vielfältig. So steht der Osten Deutschlands, allen Fördergeldern zum Trotz, auch 30 Jahre nach der Einheit wirtschaftlich immer noch schlechter da als der Westen: Die Löhne sind niedriger, die Produktivität geringer, die Arbeitslosigkeit höher.[10] Hinzu kommt, dass die Menschen im Osten der Republik generell weniger Vertrauen in die Demokratie haben. Im Westen sind 15 Prozent mit der Demokratie unzufrieden, im Osten sind es 28 Prozent, wie eine **Umfrage** s. S. 195 der CDU-nahen Konrad-Adenauer-Stiftung zeigt.[11] Umgekehrt gilt aber auch: Der Osten ist kein homogener europaskeptischer Block. Wirklich ablehnend blicken nämlich nur 4,9 Prozent der Ostdeutschen auf die EU, hat die Friedrich-Ebert-Stiftung ermittelt.[12] Auch andere Studien legen nahe, dass es nicht die EU generell ist, die viele Menschen kritisch beäugen, sondern die Art und Weise, wie sie agiert.[13] Dass »generalisierende Ost-West-Vergleiche« zu kurz greifen, zeigt auch eine Analyse der Grünen-nahen Heinrich-Böll-Stiftung: Die Stimmenanteile der AfD steigen demnach »stetig mit abnehmender Bevölkerungsdichte«.[14] Mit anderen Worten: Wer ländlich lebt, wählt eher europaskeptisch, während ostdeutsche Städte wie Leipzig, Jena oder Rostock bei der Europawahl 2019 mehrheitlich europafreundliche Parteien gewählt haben.[15]

Um dem Stadt-Land-Gefälle etwas entgegenzusetzen, brauche es Investitionen in die Infrastruktur der benachteiligten Regionen, schreiben Christine Pütz von der Heinrich-Böll-Stiftung und der Politikberater Johannes Hillje in einem Gastbeitrag für die *Frankfurter Rundschau*. »Die Gleichwertigkeit von Lebensverhältnissen sollte (…) nicht nur als nationales, sondern auch europäisches Projekt betrachtet werden.«

66 %

der Deutschen ist es sehr wichtig, dass Tiere in der Landwirtschaft artgerecht gehalten werden.

Neun von zehn sagen, sie seien dafür auch bereit, einen höheren Preis für Fleisch zu zahlen.[1]

Lebens-Raum?

So viel Platz hatte ein Masthuhn in konventioneller Haltung im Jahr 2019 zur Verfügung.*

* Der Tierschutz gibt in Deutschland bei Masthühnern eine Besatzdichte von 39 Kilogramm pro Quadratmeter vor.[2] Das durchschnittliche Schlachtgewicht pro Tier im Jahr 2019 betrug 1,66 Kilogramm.[3] **Bis zu 23 Tiere teilten sich einen Quadratmeter.**

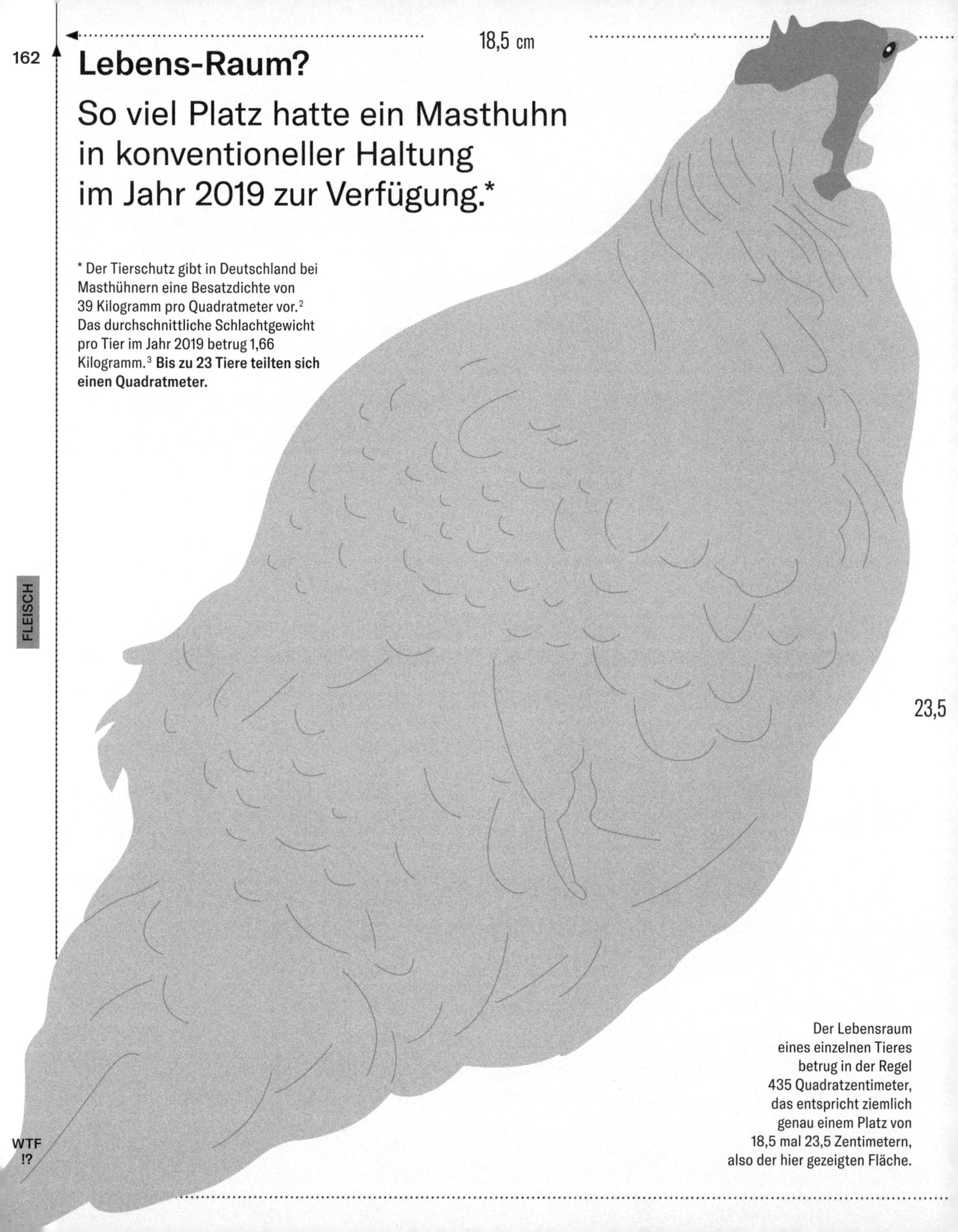

Der Lebensraum eines einzelnen Tieres betrug in der Regel 435 Quadratzentimeter, das entspricht ziemlich genau einem Platz von 18,5 mal 23,5 Zentimetern, also der hier gezeigten Fläche.

Seit April 2019 kennzeichnen Supermarktketten wie Lidl, Aldi und Rewe freiwillig, wie Tiere gehalten wurden, deren Fleisch sie unter ihren Eigenmarken verkaufen. Es gibt **vier Klassen** – von Mindeststandards bis Premiumbedingungen. Und so verteilt sich das im Kühregal:

67,8 %
Haltungsform 1
Tierschutzrechtliche Mindeststandards

20,8 %
Haltungsform 2
Tiere haben mehr Raum im geschlossenen Stall

3,9 %
Haltungsform 3
Frischluftzufuhr in offenem Laufstall

2,9 %
Haltungsform 4
Ständiger Auslauf im Freien und auf der Weide

4,6 %
Keine Angaben

Immer die anderen

Tierschutz ist vielen Menschen wichtig: Schweine, Hühner und Rinder sollen ein möglichst langes, angenehmes Leben führen. Was das konkret bedeutet? Da nehmen wir es nicht so genau.

Blickt man auf einen längeren Zeitraum, dann hat sich beim Tierschutz und Fleischkonsum in den vergangenen Jahrzehnten tatsächlich einiges getan. Legehennen etwa dürfen seit 2010 nicht mehr in engen Drahtkäfigen gehalten werden, in denen sie in ewigem Dämmerlicht vor sich hin vegetieren.[5] Die Biofleisch-Produktion in Deutschland ist von 2008 bis 2018 um nahezu 70 Prozent angestiegen.[6] Und der Pro-Kopf-Fleischkonsum ist zwar nicht stark, aber doch gesunken[7], was auch gut für die Umwelt ist. Die Wahrheit aber ist: Gemessen an der **Selbstwahrnehmung** s. S. 194 und den hohen Ansprüchen, die wir an die Tierhaltung stellen, sind das alles nur Trippelschritte.

Warum wird zum Beispiel eine gefühlte Ewigkeit darüber diskutiert, bis man sich auf ein Gesetz einigt, das es verbietet, Ferkel ohne Betäubung zu kastrieren? Wie kann es sein, dass immer noch Hühnerküken geschreddert werden, weil sie das falsche Geschlecht haben? Die Antwort hängt davon ab, wen man fragt. Niemand will der Buhmann sein, es liegt stets an den anderen.

Die Verbraucher sehen laut einer Studie des Thünen-Instituts vor allem die Landwirte in der Pflicht, sie müssten sich stärker am Tierwohl und weniger am Gewinn orientieren.[8] Die Bauern fühlen sich von der Politik im Stich gelassen, vermissen eine aufrichtige Wertschätzung ihrer Arbeit und sehen sich gefangen in einer Dumpingpreis-Spirale.[9] Ferkel sollen nur noch mit Betäubung kastriert werden? Schön und gut, aber wie sollen wir, bitte schön, das Betäubungsmittel bezahlen, wenn wir pro Mastschwein nur ein paar Euro verdienen? Der Handel dagegen verweist auf die Verbraucher: Mag ja sein, dass neuerdings alle von einer artgerechten Tierhaltung reden, nur was nützt das, wenn kaum jemand mehr Geld dafür ausgeben will? Eine Einschätzung, die nicht von der Hand zu weisen ist, wie eine breit angelegte Studie der Hochschule Osnabrück belegt. Für die Untersuchung wurden 2018 neue Schweinefleischprodukte mit Tierwohl-Label in mehreren Supermarkt Selbstbedienungstheken ausgelegt, und es wurde untersucht, wie die Kunden reagieren. Das Ergebnis: Nur 16 Prozent bevorzugten das neue Produkt gegenüber konventionell erzeugter Ware. Und es wurden lediglich Preiserhöhungen von maximal 13 Prozent akzeptiert.[10]

Die Politik versucht vor allem zu vermeiden, die Wähler (Verbraucher), den Bauernverband oder die Tierschutzorganisationen vor den Kopf zu stoßen. Am ehesten nimmt die Regierung noch die großen Lebensmittelhändler Aldi, Lidl, Edeka und Rewe in die Verantwortung, die sie Anfang 2020 ins Kanzleramt zitierte. Angela Merkel forderte die Konzerne öffentlich dazu auf, mit fairen Lebensmittelpreisen den Bauern »auskömmliche« Erträge zu ermöglichen.[11] Dass sich dadurch grundlegend etwas ändern wird – unwahrscheinlich. Dafür bräuchte es einen Mentalitätswandel.

Unseren hohen Ansprüchen werden wir erst gerecht, wenn nicht ständig alle sofort auf die anderen zeigen, sondern ihr eigenes Verhalten überprüfen. Echter Wandel entsteht durch Überzeugungstäter und nicht durch Buhmänner.

PRO-KOPF-FLEISCH-VERZEHR
in Deutschland (in kg)[12]

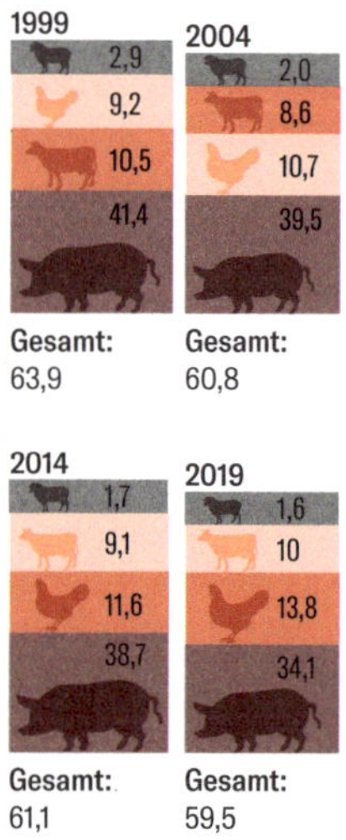

FLEISCH-PRODUKTION
in der ökologischen Landwirtschaft (in Tonnen):[13]

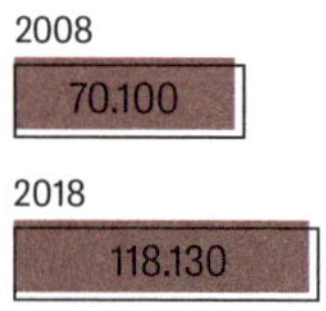

FLEISCH

Ein Drittel der Menschen in Deutschland würde am liebsten auf dem Land oder im Dorf leben. Etwa ein Viertel träumt von Vor- oder Kleinstadt. Nur 13 Prozent möchten im Stadtzentrum leben.[1]

Realer Anteil der Bevölkerung, die in Dörfern, Kleinstädten und Metropolen lebt[2]

Wie sich die Bevölkerung bis 2035 voraussichtlich verändert[3]

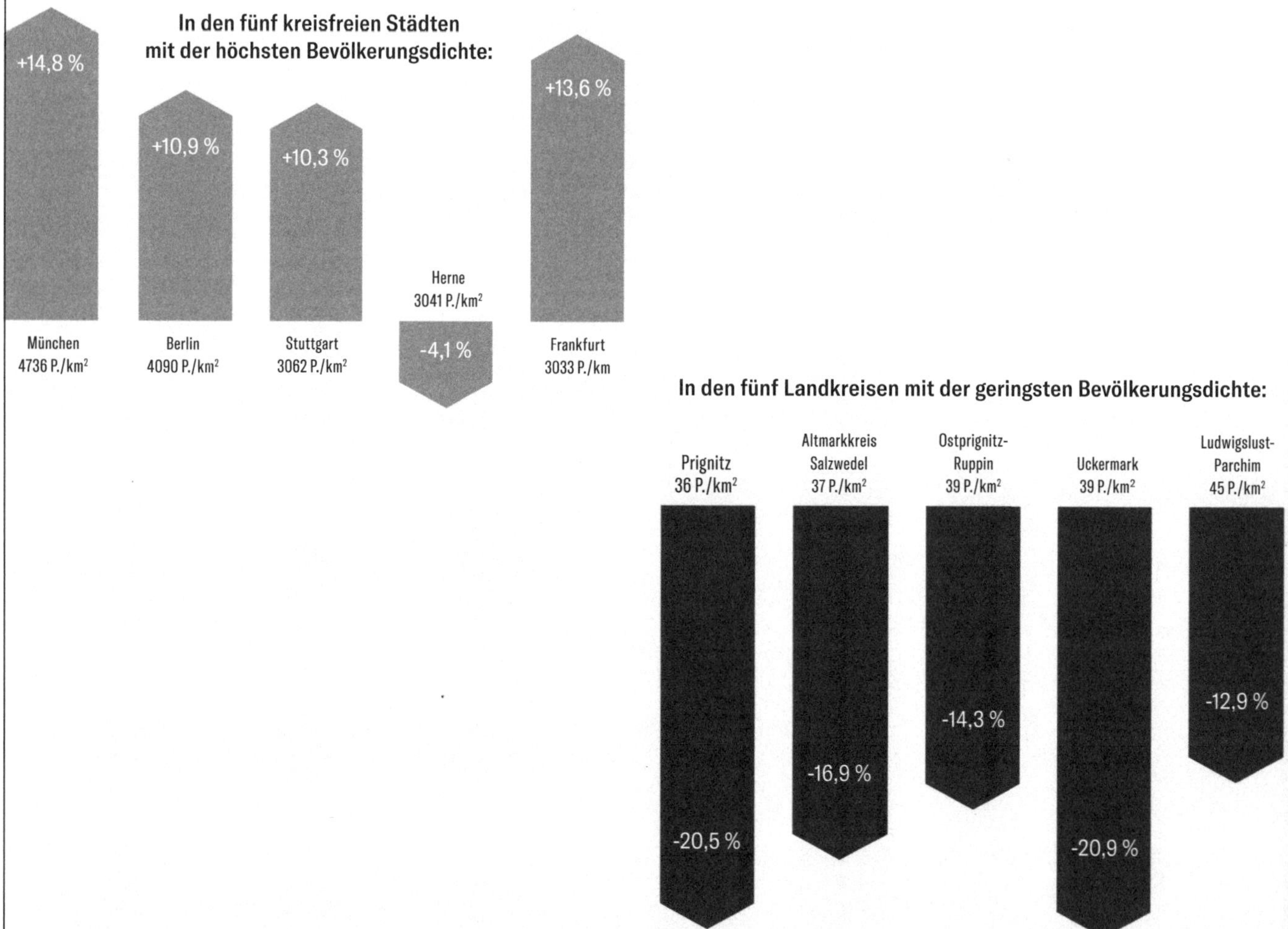

60 % in mittelgroßen und großen Städten
(> 20 000)

Stadt oder Land – wo leben die Menschen auf der Welt? Eine Analyse und Prognose der UN[4]

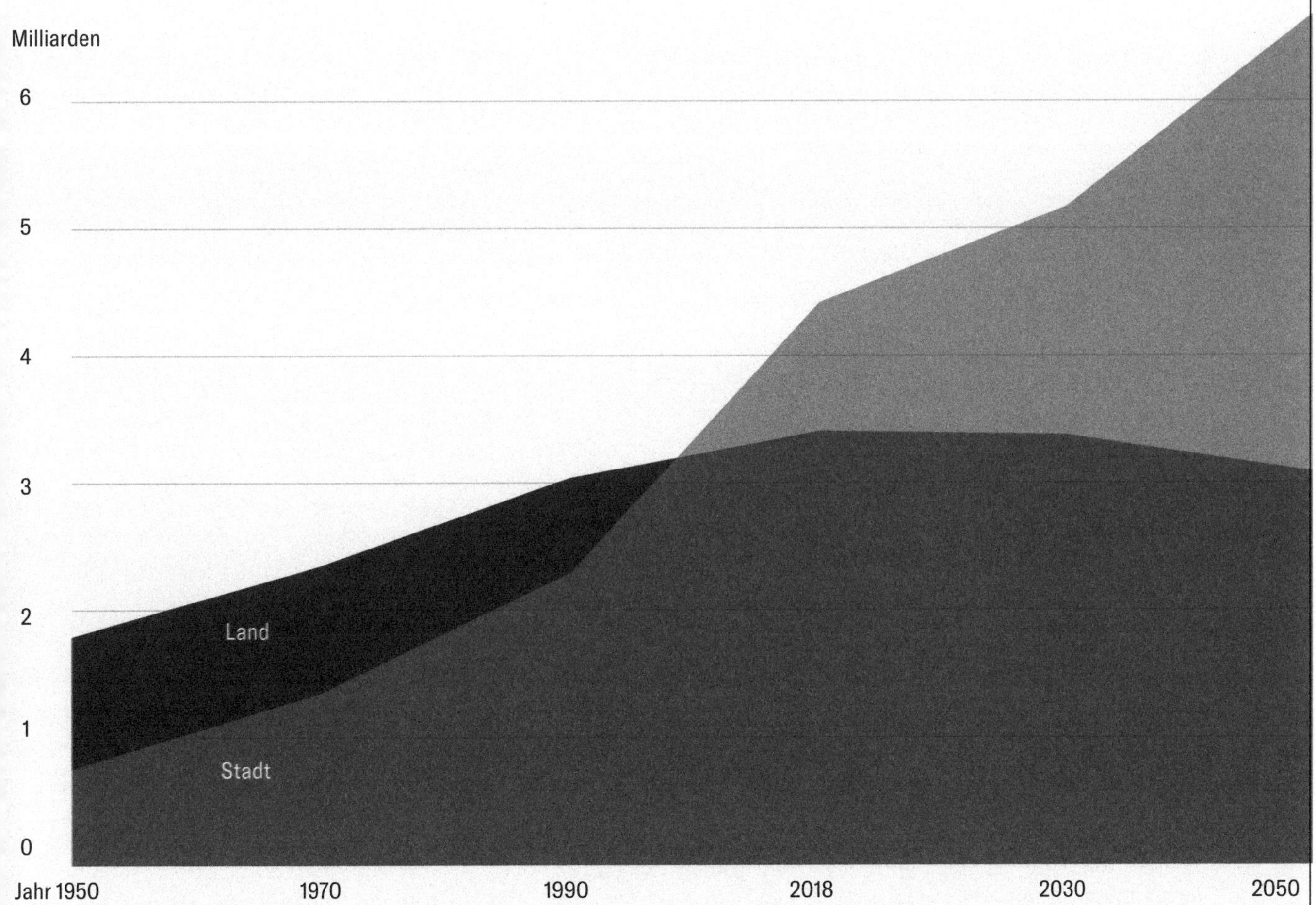

Geballte Romantik

Nahezu neun von zehn Einwohnern Deutschlands wohnen in Städten. Und das, obwohl sich viele Menschen nach dem Leben auf dem Land sehnen. Fünf Gründe, warum so viele von uns vom Grünen träumen und doch noch in der Stadt zu Hause sind.

1. Ein Idealbild ist immer zu schön, um wahr zu sein. Rosarote Schweinchen, die im Stroh toben, ständig fröhliche Nachbarschaftsfeste und Blumenwiesen voller Bienen – ja, so kann das Landleben aussehen. Muss es aber nicht! Es ist längst ins Unterbewusstsein vieler Städter vorgedrungen, dass die meisten Schweine dicht gedrängt auf Spaltenböden leben, auch auf dem Land engstirnige Muffelköpfe wohnen und Bienen mit Insektiziden und Monokulturen kämpfen. Zu genau will man das nicht wissen. Statt sein Idealbild tatsächlich mit der Realität abzugleichen, verkriecht man sich lieber mit der aktuellen *Landlust* in seiner Stadtwohnung und träumt weiter.

2. Abhängigkeit vom Auto: Wer auf dem Land lebt, muss oft weite Wege zurücklegen – egal, ob zur Arbeit, zum Einkaufen oder zur Schule. Leider gibt es dort keine S-Bahnen im Fünf-Minuten-Takt, E-Scooter oder Carsharing – selbst Busse fahren nur ein paarmal am Tag. Das Fortbewegungsmittel der Wahl: das Auto. In deutschen Metropolen kommen auf 1000 Einwohner 361 Autos, im kleinstädtischen, dörflichen Raum sind es 605.[5] Verkehrstechnisch ist die Provinz alles andere als fortschrittlich.

3. Lieber on- statt offline. Die Bundesregierung bemüht sich zwar, bislang aber muss man sich auf dem Land deutlich häufiger mit schlechtem Internetempfang herumplagen. Im Jahr 2018 verfügten auf dem Land 50,5 Prozent der Haushalte über einen Breitbandzugang ab 50 Megabit pro Sekunde, während es in der Stadt 93,5 Prozent waren.[6] Eine Deutschlandkarte der Bundesnetzagentur zur mobilen Datenübertragung offenbart besonders in abgelegenen Regionen Lücken. Während Mobilfunknutzer in den Städten und Ballungsgebieten fast überall auf 4G zurückgreifen können, müssen sie auf dem Land manchmal schon froh sein, wenn es 2G gibt.[7]

4. Vielfalt genießen. Drei Millionen Menschen in Deutschland machen jedes Jahr Urlaub auf dem Bauernhof oder auf dem Land. 69 Prozent der Deutschen schätzen ländlich geprägte Regionen für ihre »hohe Lebensqualität«.[8] Aber gilt das auch abseits des Urlaubs, im Alltag? Viele Großstadtbewohner schätzen es, dass die Supermärkte bis 22 Uhr geöffnet haben und die »Spätis« und Kioske teilweise sogar rund um die Uhr. Während man in der Großstadt spontan entscheidet, ob man Lust auf Italienisch oder Vietnamesisch, auf Ramen oder Burger hat, gibt es auf dem Dorf weit weniger Auswahl. Und während sich in Ballungsräumen 400 Menschen einen Arzt teilen, sind es in der Peripherie bis zu 700.[9]

5. Die Sehnsucht nach dem Unerreichbaren. Nach einem echten, wahrhaftigen Leben abseits der Fabrikschlote zu streben, liegt uns Deutschen seit der deutschen Romantik im Blut. Von Tau benetzten Wiesen und tirilierenden Vögeln zu schwärmen, obwohl man fest der ach so hektischen, abgehobenen Stadt verhaftet ist, ist seit Schriftstellern wie Joseph von Eichendorff und Malern wie Caspar David Friedrich eine Art Volkssport.

5400

Kilometer Schienen hat die Deutsche Bahn von 1994 bis 2018 stillgelegt – 16 Prozent ihres gesamten Netzes.[10]

Einkaufsläden mit weniger als 400 Quadratmeter Verkaufsfläche in Deutschland[11]

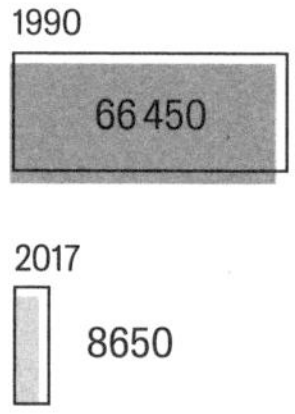

Wie viele Menschen ein Psychotherapeut versorgen soll[12]

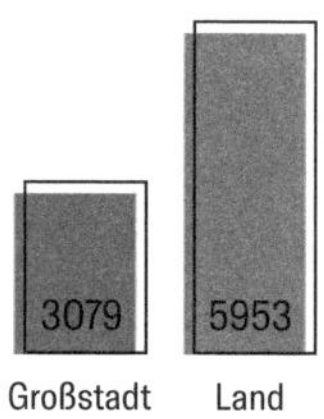

48 %

der Deutschen waren Anfang 2020 einer Umfrage der *Bild* zufolge der Meinung, dass die Bundesregierung die Flüchtlingspolitik gleich schlecht oder schlechter im Griff hat als 2015. Hat sich wirklich nichts getan?[1]

So viele Asylanträge wurden zwischen 2010 und 2019 in Deutschland gestellt, bearbeitet und bewilligt.[2]

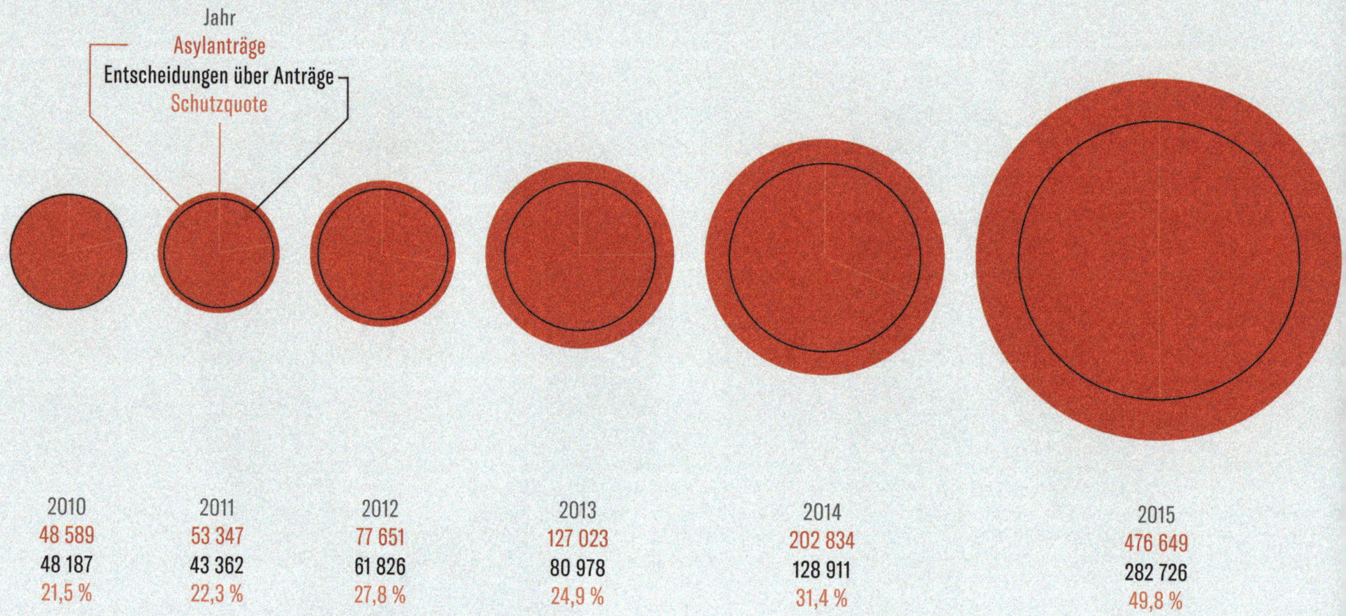

Die UNO schlägt vor, dass wohlhabende Länder 0,7 Prozent ihres Bruttoinlandsprodukts für Flüchtlings- und Entwicklungshilfe aufwenden sollen.[3] Wer erreicht die Marke?[4]

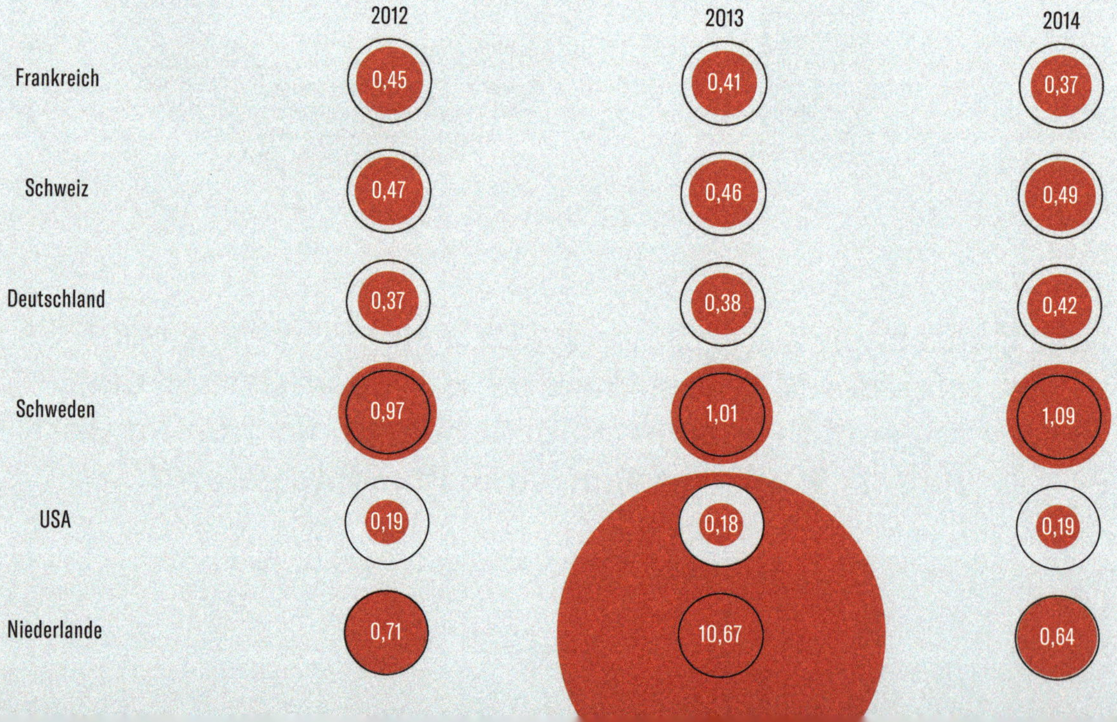

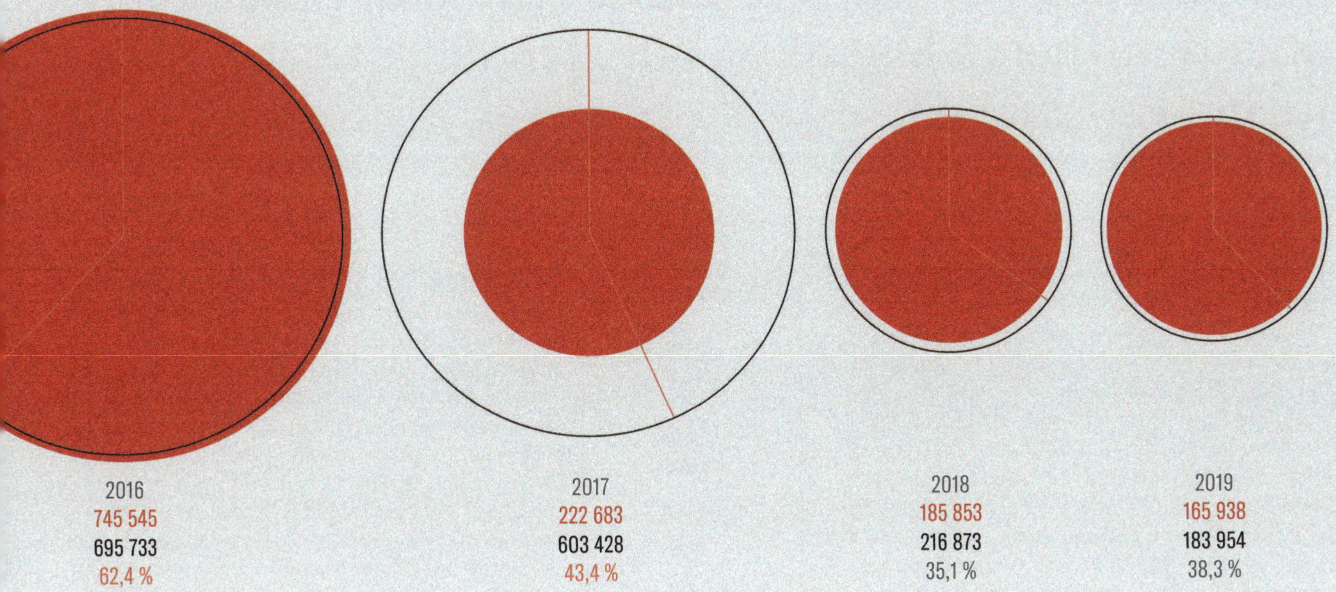
2016
745 545
695 733
62,4 %
2017
222 683
603 428
43,4 %
2018
185 853
216 873
35,1 %
2019
165 938
183 954
38,3 %

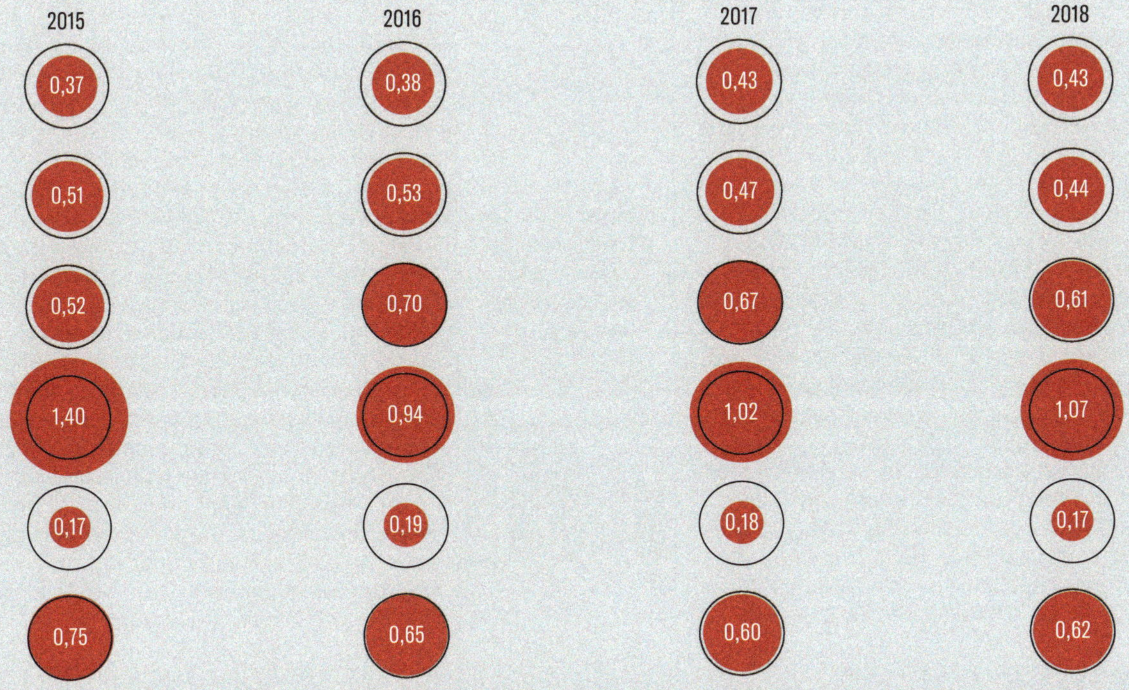
2015
0,37
0,51
0,52
1,40
0,17
0,75
2016
0,38
0,53
0,70
0,94
0,19
0,65
2017
0,43
0,47
0,67
1,02
0,18
0,60
2018
0,43
0,44
0,61
1,07
0,17
0,62

Schaffen wir es immer noch nicht?

In einigen Bereichen der Flüchtlingspolitik hat Deutschland Fortschritte erzielt. Doch der Diskurs über das Thema Migration hat sich längst nach rechts verschoben.

Unterschiedliche Haltungen zu politischen Themen – das war im Deutschland nach dem Zweiten Weltkrieg lange durchaus möglich. Selbst wenn es um fundamentale Themen wie Pershing-Raketen oder Arbeitsmarktreformen ging. Doch seit dem Jahr 2015 und der sogenannten »Flüchtlingskrise« treten die Bruchlinien zwischen unterschiedlichen Gruppen der Gesellschaft immer stärker hervor. Es gibt die einen, die Angela Merkels Kurs – »Wir schaffen das« – grundsätzlich unterstützen. Und die anderen, die darin einen Fehler sehen.

Ob die Politik seit 2015 in der Flüchtlingspolitik dazugelernt hat, ist eine der großen Streitfragen. Nachweisen lässt sich, dass sich zumindest einige formale Aspekte verbessert haben. Zum Beispiel läuft die Bearbeitung von Asylanträgen besser und schneller. Anfangs hakte es hier gewaltig, das Bundesamt für Migration und Flüchtlinge war überfordert. Inzwischen hat die Behörde ihre Belegschaft auf 8141 Mitarbeitende mehr als verdoppelt.[5] Anträge können schneller bearbeitet werden, und der Prozessstau wurde reduziert – was man zum Beispiel daran sieht, dass 2017 nur gut 223 000 neue Asylanträge gestellt wurden, aber mehr als 600 000 Entscheidungen getroffen wurden.[6] Im Zeitraum Januar bis Juni 2020 dauerte ein Asylverfahren acht Monate[7] – Angela Merkel hatte 2015 ein Ziel von drei Monaten ausgegeben[8]. Die Behörde scheint auch restriktiver vorzugehen: Wurden 2016 62,4 Prozent der Anträge stattgegeben, betrug die Schutzquote 2019 nur noch gut 38 Prozent.[9] Bei den Ausgaben für Entwicklungs- und Flüchtlingshilfe – also den Ausgaben, die dazu beitragen können, dass Menschen gar nicht hierher fliehen müssen – erfüllt Deutschland seine internationalen Verpflichtungen zunehmend und investiert mehr. Neben der Prozessoptimierung setzt die Bundesregierung aber auch verstärkt auf Abwehr und Abschreckung. Das Budget der europäischen Grenzschutzbehörde Frontex hat sich von 254 Millionen Euro im Jahr 2016 auf 460 Millionen Euro im Jahr 2020 erhöht. Das Flüchtlingsabkommen mit der Türkei, nach dem diese gegen Milliardenzahlungen verpflichtet ist, syrische Flüchtlinge aufzunehmen, bleibt das wichtigste Instrument.[10] Und die reichen EU-Länder in Mitteleuropa verlassen sich wieder zunehmend darauf, dass Mitgliedsstaaten wie Italien, Griechenland und Ungarn die Grenzen schon dicht halten werden. Die EU-Kommissionspräsidentin und frühere Bundesverteidigungsministerin Ursula von der Leyen hat bei einem Besuch an der griechisch-türkischen Grenze Griechenland dafür gedankt, der »europäische Schild« zu sein.[11]

Dass viele Menschen trotzdem ein ganz anderes Bild von der Sache haben, hat mehrere Gründe. Die Zahlen fehlen. Denn aufgrund der föderalen Struktur werden zentrale Statistiken nicht erhoben, etwa wie viel konkret Jahr für Jahr Bund und Länder gemeinsam für Flüchtlings- und Integrationspolitik ausgeben. Und gerade am Anfang hatte die Bundesregierung zwar die Latte hochgelegt – doch konkrete Hilfsmaßnahmen ließen dann lange auf sich warten. Länder, Kommunen und Ehrenamtliche mussten sich so zunächst selbst um Unterkünfte oder Integrationsangebote bemühen. Gleichzeitig hat sich der öffentliche Diskurs deutlich nach rechts verschoben, wie unter anderem die *Süddeutsche Zeitung* nachweisen konnte: So gewannen, seitdem die AfD im Bundestag sitzt, dort im Kontext von Asyl »eher verwaltungstechnische Begriffe wie Bleiberecht oder Familiennachzug an Bedeutung. Die Bürokratie, die Verwaltung von Menschen, auch mögliche Belastungen rücken in den Vordergrund«, so die *SZ*. Auch wird Migration häufig mit negativ konnotierten Begriffen gekoppelt. Das Wort »illegal« etwa wurde zuvor im Bundestag hauptsächlich für kriminelle Aktivitäten gebraucht, doch seit ein paar Jahren taucht es in Reden vorrangig mit den Worten »Einwanderer«, »Migrant« und »Grenzübertritt« auf.[12] Dabei ist es grundgesetzlich verbrieft, sich um Asyl zu bewerben. Dies alles verfälscht die Debatte und die Wahrnehmung.

HAUPTHERKUNFTSLÄNDER DER ASYLSUCHENDEN 2019[13]

27,6 %
Syrien

9,5 %
Irak

7,4 %
Türkei

6,7 %
Afghanistan

6,2 %
Nigeria

5,7 %
Iran

2,6 %
ungeklärt

Rest:
sonstige

Ausgaben des Bundesministeriums für wirtschaftliche Zusammenarbeit und Entwicklung (in Mrd. Euro)[14]

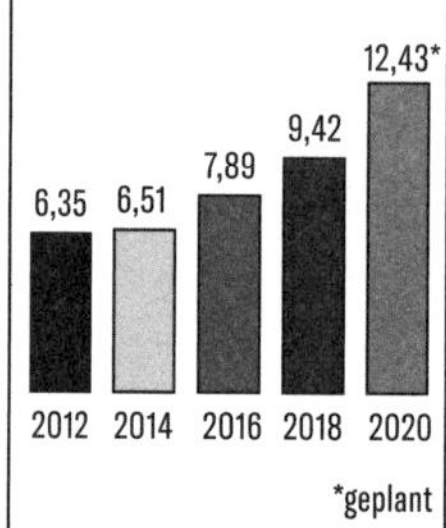

Sprache verändert das Bewusstsein

Wir diskutieren, streiten – und reden leider oft aneinander vorbei. Das liegt daran, dass es in Debatten meist ums Gewinnen geht und nicht ums Zuhören. Aber mit unseren Worten können wir nur Erfahrungen ausdrücken, die wir selbst gemacht haben.

VON:
KÜBRA GÜMÜŞAY

SCHREIB DICH NICHT zwischen die Welten, komm auf gegen der Bedeutungen Vielfalt, vertrau der Tränenspur und lerne leben.

So heißt es in einem Gedichtfragment des jüdischen Dichters Paul Celan. Er schrieb es in Frankreich, auf Deutsch – der Sprache seiner Mutter, der Sprache ihrer Mörder. Wenn ich dieses Gedicht lese, dann höre ich darin nicht nur die Warnung eines Dichters, sich selbst am Leben zu erhalten – vier Jahre bevor er 1970 sein Leben beendete. Ich höre darin auch die Sehnsucht eines Menschen nach dem Sein in der Sprache – und dem Sein trotz der Sprache.
Keine Sprache deckt die gesamte Realität, die Perspektivenvielfalt dieser Welt ab. Es ist, wie einst Ludwig Wittgenstein im »Tractatus logico-philosophicus« schrieb: »Die Grenzen meiner Sprache bedeuten die Grenzen meiner Welt.« Stattdessen werden nur die Erfahrungen derjenigen Menschen abgebildet, die den Sprach-Raum beherrschen. Sprache ist das, was sie erleben und zur Sprache bringen. Und was ist mit Ereignissen, die sie nicht erleben? Die bleiben ungesagt. Nehmen wir den Begriff »sexuelle Belästigung«: Die Philosophin Miranda Fricker erläutert in dem Band »Hermeneutical Injustice« am Beispiel der USA in den 1960er Jahren, welche Folgen es haben kann, Missstände nicht benennen zu können. Damals war der Begriff »sexual harrassment« noch nicht verbreitet, es gab kein gesamtgesellschaftliches Verständnis dessen, was er beschreibt. Ungewollte Annäherungen ließen sich sprachlich als »Flirt« oder »Kompliment« verpacken – und waren damit kein Problem. Es musste schon eine Vergewaltigung geschehen, damit ein Problembewusstsein entstand. Im Falle von sexueller Belästigung am Arbeitsplatz, so beschreibt es Fricker, war der übergriffige Chef sich also keiner Schuld bewusst – während die belästigte Angestellte das Geschehene weder verstehen, benennen, problematisieren noch Maßnahmen ergreifen konnte, um sich davor zu schützen. Damit war ihre Erfahrung gleichsam nicht existent. Erst mit der Verbreitung des Begriffes »sexuelle Belästigung« und einem Verständnis davon konnte der Missstand auch gesellschaftlich problematisiert werden.

Wie dieses Beispiel eindrücklich zeigt, ist die Ohnmacht, die diese linguistische Lücke hinterlässt, immens. Unrecht und Unterdrückung müssen in Worte gefasst werden können, damit Betroffene und Beteiligte, aber auch Unbeteiligte sie sehen können. Woran aber liegt es, dass die Erfahrungen und Perspektiven bestimmter Gruppen in unserer Gesellschaft nicht oder erst nach langen Kämpfen ihren Weg in die Sprache aller finden? Wer hat die Autorität, Erfahrungen, Situationen, Ereignisse, Personen und Personengruppen zu benennen?

Die Lücken in unserer Sprache ist auch zutiefst politisch. Sie öffnet Türen, aber baut auch Mauern und versperrt unsere Sicht. Ja, keine Unterdrückung wird allein durch eine gerechte Sprache ein Ende finden – aber ohne eine gerechte Sprache eben auch nicht.

SICHTBARKEIT

Wenn wir heute gereizt, empört, hoch erhitzt über gerechte Sprache oder die **Cancel Culture** s. S. 190 diskutieren, dann handelt es sich häufig um Stellvertreterdebatten: »Darf man x noch sagen?« »Nicht einmal y soll man noch benutzen dürfen?« Schon diesen Fragen, die eine vermeintlich allgemeine Empörung ausdrücken sollen, wohnt eine Perspektive inne: Wer ist »man«? Um wessen Vorlieben, Befinden und Perspektive geht es hier eigentlich?

Stellen Sie sich vor, ein Spanier kommt bei einer Schifffahrt nach Mexiko vom Kurs ab und legt am

Hamburger Hafen an. Er »entdeckt« für sich also tatsächlich Hamburg. Doch nun stellen Sie sich vor, dieser Moment ginge als »Entdeckung« Hamburgs nicht nur in seine persönliche Biographie, sondern in die Weltgeschichte ein. Als hätte es vor ihm dort nichts gegeben, keine Geschichte, kein Leben, keine Traditionen. Stellen Sie sich vor, die Hamburger Bevölkerung würde infolge dieser »Entdeckung« nicht nur massenhaft ermordet und ihres Besitzes beraubt, sondern fortan gegen ihren Widerstand als »Mexikaner« bezeichnet. Es wäre ein Beharren auf der Perspektive der Ignoranz, der Gewalt, der kolonialen Herrschaft – genau das tun wir, wenn wir die indigenen Völker

Ein Spanier will nach Mexiko segeln, »entdeckt« zufällig Hamburg und nennt die Menschen gegen ihren Willen »Mexikaner«.

Amerikas als »Indianer« bezeichnen oder die Verwendung des N-Worts verteidigen. Wir nehmen die Perspektive der Kolonialherren ein.

Letztlich ist es so: »Man« kann alles sagen. Doch Menschen so zu bezeichnen, wie sie bezeichnet werden wollen, ist keine Frage von Höflichkeit und kein Symbol **politischer Korrektheit** s. S. 194 – es ist einfach eine Frage des menschlichen Anstands. Dabei sind Menschen, die sich gegen »politisch korrekte« Sprache positionieren, weder konservativ noch traditionsbewusst. Sie positionieren sich schlicht und einfach gegen Gerechtigkeit. In ihrem Beharren auf ächtende Sprache bekennen sie sich zur Ächtung von Menschen.

Wenn es also um freie Sprache und freies Sprechen geht, dann ist doch die eigentliche Frage: Wer kann dies gegenwärtig überhaupt? Kann ein Mensch überhaupt sein, frei sein, frei sprechen in einer Sprache, in der er als Sprechender nicht vorgesehen war? In einer Sprache, in der er nur vorgesehen ist als einer derjenigen, über die gesprochen wird? In einer Sprache, die – wie der afroamerikanische Schriftsteller James Baldwin 1964 über das Englische schrieb – seine »Erfahrung in keiner Weise widerspiegelt«? Kann eine Frau frei sprechen, wenn die Regel gilt: »99 Sängerinnen und 1 Sänger sind zusammen 100 Sänger. Futsch sind die 99 Frauen, nicht mehr auffindbar, verschwunden in der Männerschublade.« Das schrieb einst Luise F. Pusch, die Mitbegründerin der feministischen Sprachwissenschaft in Deutschland, in den Band »Alle Menschen sind Schwestern« über das generische Maskulinum im Deutschen.

SPRACHE ALS MUSEUM

Lassen Sie uns Sprache als einen Ort denken. Wie ein unfassbar großes Museum, in dem uns die Welt da draußen erklärt wird. Wochen, Monate, Jahre, ein ganzes Leben könnten Sie in diesem Museum verbringen. Je mehr Zeit Sie dort verbringen, desto mehr Dinge werden begreifbar. Sie können eintauchen in Welten, die Sie nie selbst erlebt haben, die hier geordnet und kategorisiert aufbereitet sind, begreiflich gemacht in Namen und Definitionen. Sie finden Objekte, Lebewesen und Pflanzen aller Kontinente, aber auch Ideen und Theorien, Gedanken und Gefühle, Phantasien und Träume, Vergangenes und Hochaktuelles.

Es gibt zwei Kategorien von Menschen in diesem Museum: die Benannten und die Unbenannten. Die Unbenannten sind Menschen, deren Existenz unhinterfragt ist. Sie sind der Standard, die Norm, der Maßstab. Unbeschwert und frei laufen die Unbenannten durch das Museum der Sprache. Denn das Museum ist für Menschen wie sie gemacht. Es zeigt die Welt aus ihrer Perspektive. Das ist kein Zufall, denn es sind Unbenannte, die dieses Museum kuratieren. Sie geben den Dingen Namen und ordnen ihnen Definitionen zu. Sie sind Unbenannte, doch sie selbst machen von der Macht der Namensgebung Gebrauch. Sie sind die Benennenden.

Ja, das Museum der Sprache eröffnet uns die Welt. Aber es erfasst sie keineswegs in ihrer Vollständigkeit, in ihrem ganzen Facettenreichtum. Es erfasst lediglich das, was die Benennenden selbst erfassen – so weit, wie deren Sinne und Erfahrungen reichen. Nicht weiter. Die anderen Unbenannten bemerken diese Einschränkung nicht, sie bemerken nicht einmal, dass ihr Blick auf die Welt durch den anderer Menschen gelenkt wird, weil ihnen diese Menschen so ähnlich sind. Weil das Weltbild, das dort im Museum ausgestellt wird, so sehr ihrem eigenen ähnelt.

Wie frei und unbeschwert sie sich im Museum der Sprache bewegen können, wird deutlich, wenn wir die zweite Kategorie von Menschen in diesem Museum betrachten: die Benannten. Sie sind Menschen, die auf irgendeine Weise von der Norm der Unbenannten abweichen. Sie sind Anomalien im Weltbild der Unbenannten, nicht vorhergesehen, anders, fremd. Manchmal auch einfach nur ungewohnt, unvertraut. Sie erzeugen Irritationen. Sie sind nicht selbstverständlich. Die Unbenannten wollen die Benannten verstehen – nicht als Einzelne, sondern im Kollektiv. Sie analysieren sie, inspizieren sie, kategorisieren und katalogisieren sie. Sie versehen sie schließlich mit einem Kollektiv-

> Der Begriff »alter weißer Mann« regt die so Beschriebenen so auf, weil sie erstmals in ihrem Leben derart pauschalisiert werden

namen und einer Definition, die sie auf die Merkmale und Eigenschaften reduziert, die den Unbenannten an ihnen bemerkenswert erscheinen. Das ist der Moment, in dem aus Menschen Benannte werden, in dem Menschen entmenschlicht werden. Diese Menschen, die nun keine mehr sind – die Benannten –, leben sorgfältig katalogisiert in Glaskäfigen, beschriftet mit ihren Kollektivnamen. Wir betrachten sie durch die Augen der Unbenannten: gesichtslose Wesen, Bestandteile eines Kollektivs. Jede ihrer Äußerungen, jede ihrer Handlungen wird auf das Kollektiv zurückgeführt, Individualität wird ihnen nicht zugestanden. Den Unbenannten, die sie betrachten, erscheint das als normal, obwohl für sie selbst ihre Individualität die Grundlage ihres Seins ist.

So heißen die Benannten manchmal »der Geflüchtete«,manchmal »der Nordafrikaner«, manchmal »die Transfrau«. Dies sind enge, sehr enge Käfige. Es gibt auch etwas breitere Behälter, die mehr Spielraum lassen, aber dennoch eng sind: »Ostdeutscher« oder »Powerfrau«. Die Benannten fangen nun an, sich zu ihrem Käfig zu verhalten: bloß nicht gefährlich wirken, nicht unterdrückt, abgehängt oder zu emanzipiert. Individualität, Komplexität, Ambiguität – alles das, was uns und unser Menschsein ausmacht, wird ihnen abgesprochen. Wenn sie zum Sprechen aufgefordert werden, dann sprechen sie als Vertretende ihrer Kategorie. Sie sprechen, um sich und ihr Dasein zu erklären, zu rechtfertigen. Wir inspizieren sie, um sie zu begreifen. Mit den Augen der Unbenannten schauen wir auf die Benannten (herab).

Dieser Mechanismus greift permanent im Debattenalltag: In dem Moment, in dem ein Begriff wie »Gutmensch« zur Beleidigung wird, blicken wir auf die Engagierten und die Toleranten durch die Brille der Rechten. Wir setzen sie in einen Käfig und homogenisieren ein weites und heterogenes Spektrum von Menschen. Als sich der Gebrauch des Begriffes auf diese Weise wandelte, erlebten Menschen, die nie zuvor Benannte waren, erstmals, was es bedeutet, auf eine Kategorie reduziert zu werden.

Diese Erfahrung ist auch der Grund, weshalb der Begriff »alter weißer Mann«[6] die so Benannten derart erzürnt. Ihre Reaktion sollte ihnen einen Spiegel vorhalten, in dem sie jäh erkennen, wie erniedrigend und entmündigend es ist, wenn ein Mensch von anderen als bloße Kategorie betrachtet wird, welche Zumutung das Betrachten von Menschen in vermeintlich absoluten Kategorien ist. Denn in dem Moment, in dem wir pauschalisierend von »alten weißen Männern« sprechen, betrachten wir sie mit den Augen der anderen. Vielleicht zum ersten Mal überhaupt erleben sie, was es bedeutet, nicht nur für das eigene Verhalten verantwortlich zu sein, sondern für das eines konstruierten Kollektivs. Angesichts dieser Bezeichnung fühlt sich manch älterer weißer Herr womöglich tatsächlich dazu gedrängt, sich dazu zu verhalten – beispielsweise, um sich von der Zuschreibung abzugrenzen, um unter Beweis zu stellen, dass er nicht rassistisch, sexistisch und ignorant ist. Auf diese Weise der eigenen Freiheit beraubt, lässt es sich nicht mehr frei sprechen.

Natürlich brauchen wir Kategorien – allein schon, um uns durch die Welt zu navigieren. Was sich aber ändern muss, ist der Absolutheitsglaube, der an diese Kategorien gekoppelt ist. Der Irrglaube, man könnte einen Menschen oder eine ganze Gruppe von Menschen abschließend verstehen und begreifen, wenn man sie der (augenscheinlich) richtigen Kategorien zugeordnet hat, macht aus Kategorien Käfige. Es gibt viele Perspektiven auf diese Welt – so viele, wie es Menschen gibt. Jede einzelne ist für sich genommen beschränkt. Wenn aber bestimmte Perspektiven gegenüber anderen privilegiert werden, verlieren andere Perspektiven und Erfahrungen ihren Geltungsanspruch. Anderen die eigene Perspektive zu verordnen, schrieb Friedrich Nietzsche, sei eine »lächerliche Unbescheidenheit«.

Letztlich geht es in den Debatten um Sprache und ihren Gebrauch darum, die Architektur der Sprache zu erkennen. Im übertragenen Sinne: ihre Mauern zu sehen und offene Türen einzubauen. Letztlich geht es darum, Räume für neue Perspektiven zu schaffen. Freie Rede bedeutet, eine sprachliche Architektur zu schaffen, die es einer pluralen Gesellschaft ermöglicht, facettenreich, perspektivreich und komplex in ihr zu existieren – sodass alle frei sprechen können.

Perspektivbewusstsein: Das ist kein Garant, aber Voraussetzung für freies Sprechen – und ist exakt das, was unserer öffentlichen Debatte fehlt. Das emanzipierte Bewusstsein für die Begrenztheit unseres Horizonts. Ein Bewusstsein, das in uns respektvolle Neugier wecken kann auf alles, was sich jenseits unseres Horizonts befindet. In unserer **Diskurskultur** s. S. 191 erleben wir gegenwärtig, wie der Mangel dieses Bewusstseins sich durch sämtliche Debatten zieht. In Talkshows und auf Paneldiskussionen treten absolute

In den ersten Tagen der Pandemie gewannen wir einen kurzen Einblick in eine konstruktive, um neue Erkenntnisgewinne bemühte Diskurskultur. Aber das ging schnell vorbei.

Positionen gegeneinander an und buhlen um die Gunst des Publikums. Nicht um sich selbst zu reflektieren, einander tatsächlich zuzuhören und gemeinsam neue Erkenntnisse zu gewinnen, sondern um sich und den eigenen begrenzten Blick auf die Welt als die richtige Perspektive zur Schau zu stellen.

In den ersten Wochen der globalen Pandemie erlebten wir einen kurzen Einblick in eine Diskurskultur, wie wir sie haben könnten, wenn es in öffentlichen Diskursen um gemeinschaftlichen Erkenntnisgewinn ginge: öffentlich denkende, zögernde, zweifelnde, sich um verantwortungsbewusstes Handeln bemühte Politiker*innen; den aktuellen wissenschaftlichen Erkenntnisstand einordnende, übersetzende, aber vor vorschnellen Urteilen warnende Wissenschaftler*innen und Expert*innen; die an Fragen und Belange oft übergangener, unterrepräsentierter, marginalisierter Bevölkerungsgruppen erinnernde, mahnende Vertretende – Menschen also, die Fragen jenseits ihrer Expertise zurückweisen, die ihnen zugeschriebene Sprecher*innenrolle kritisch betrachten, sich als Korrektiv verstehen, Fragen einwerfen, neue Perspektiven und Blickwinkel. So erlebten wir in den ersten Tagen der Pandemie einen kurzen Einblick in eine konstruktive, um neue Erkenntnisgewinne bemühte Diskurskultur, in der die Suche nach den richtigen Fragen eine genauso große Rolle spielte wie die Auswahl der Teilnehmenden, die sich und die Öffentlichkeit im Perspektivbewusstsein übten.

Wie wäre es, dachte ich mir in dieser Zeit, wenn wir Rassismus, Sexismus, die Klimakrise und andere Missstände und Herausforderungen unserer Gesellschaft, die sich außerhalb einzelner Zuständigkeitsbereiche bewegen und uns alle betreffen und beeinflussen, genau so diskutieren würden? Diskussionen, in denen nicht gefragt wird, ob es Sexismus, Rassismus oder die Klimakrise gibt, sondern wie sie zu bekämpfen, zu überwinden sind? Diskussionen an deren Ende es nicht eine*n Gewinner*in mit einer These gibt, die vom Publikum gefeiert wird, sondern das Thema im Zentrum steht – und durch jeden neuen Erkenntnisgewinn alle gewinnen. Wie wäre es, wenn sich Justiz, Bildungsinstitutionen, Medien, Politik, Polizei, Wirtschaft und Kulturinstitutionen fragen würden: Was können wir tun, um dieser Herausforderung zu begegnen? Statt den Missstand wie eine heiße Kartoffel herumzureichen, nur um am Ende den »Ewignörgelnden« (junge Klimaaktivist*innen, Feminist*innen, Rassifizierte etc.) zu fragen: Existiert dieses Problem überhaupt? Oder, etwas progressiver: Und was schlagen sie bitteschön vor, was wir tun sollen? Dass diese Herausforderungen gesamtgesellschaftliche sind, wird damit immer und immer wieder umgangen. Unsere mediale Diskursverweigerung, der Absolutheitsanspruch haben Struktur und System.

Ich werde immer wieder gefragt, wie eine Kultur des öffentlichen Denkens und Sprechens funktionieren soll, wenn Menschen mit einem Absolutheitsanspruch durch die Welt laufen – und nicht mit Perspektivbewusstsein. Aber der Missstand beginnt viel früher: Welches Verhalten belohnen wir? Welches strafen wir? Wir belohnen Menschen, die vorgeben, auf alles eine Antwort zu haben, mit Aufmerksamkeit. Aufmerksamkeit wiederum verwechseln wir beständig mit Relevanz. Und Menschen, die zweifeln, zögern, Perspektivbewusstsein vorleben, strafen wir mit Nichtbeachtung.

Was wäre, wenn wir Perspektivbewusstsein mit Aufmerksamkeit belohnen und Absolutheitsansprüche mit Nichtbeachtung strafen würden? So könnte eine öffentliche Diskurskultur entstehen, in der unterschiedliche Perspektiven auf die Welt sich wie Puzzleteile zusammenfügen ließen und wir so der Wahrheit näher kommen könnten. Diese Räume des öffentlichen Denkens blieben Verschwörungstheorien, Rechtsextremismus, Islamismus und anderen abgeschlossenen, absoluten Positionen von Menschenfeindlichkeit verwehrt. Perspektivbewusstsein ist Bedingung und Voraussetzung für eine Kultur des öffentlichen Denkens. Für freies Sprechen. Für Freiheit.

Kübra Gümüşçay ist Autorin und Rednerin. Sie studierte Politikwissenschaften in Hamburg und an der Londoner School of Oriental and African Studies und befasst sich vor allem mit den Themen Internet, Politik, Feminismus & Rassismus. Ihr Buch Sprache & Sein *erschien im*

JUNGE MENSCHEN – GUTE MENSCHEN

71 Prozent der jungen Menschen zwischen 12 und 25 Jahren liegt der Schutz der Umwelt am Herzen (2002 waren es 60 Prozent).[1]

Datenverbrauch per Smartphone im Jahr nach Alter in Deutschland[2]

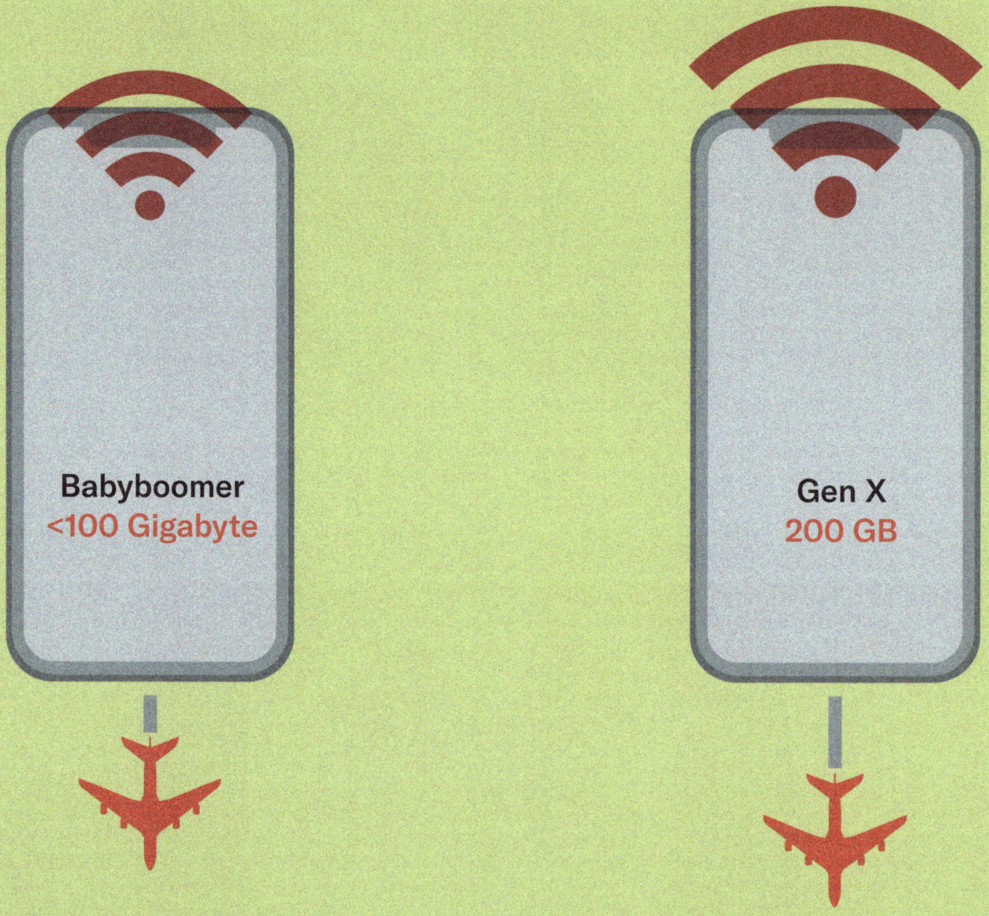

Das entspricht dem Ausstoß von CO_2-Äquivalenten pro Person bei einem Flug über …[3]

… 13 Kilometer

… 25 Kilometer

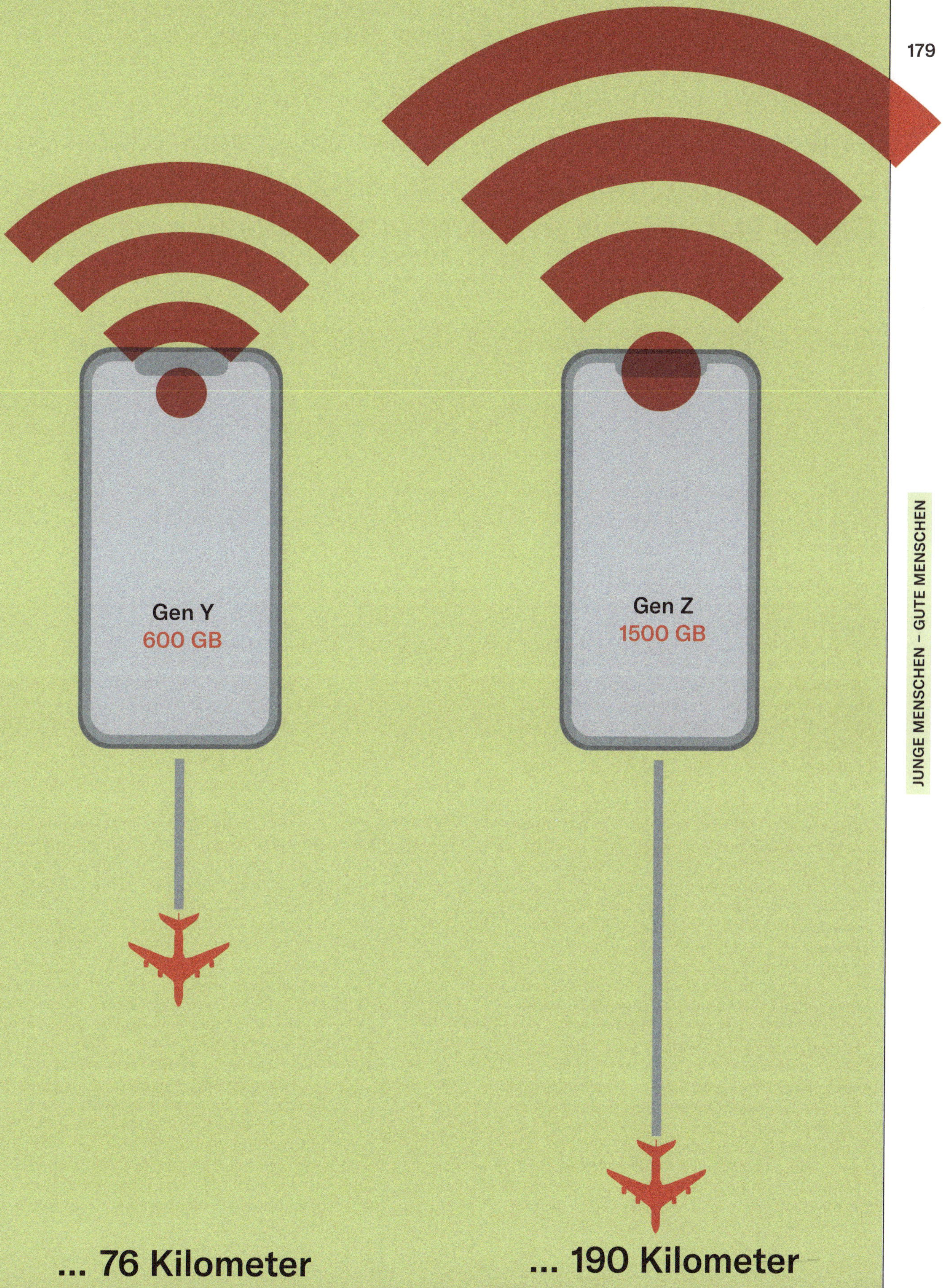
Gen Y
600 GB
Gen Z
1500 GB
... 76 Kilometer
... 190 Kilometer

»OMG, wie kannst du nur???«

Beim Thema Umweltschutz unterscheiden sich die Generationen ohne Frage – aber vor allem in der Selbstwahrnehmung, weniger im Verhalten. Denn Digital Natives blenden gern aus, dass auch der Onlinelifestyle schädliches CO_2 in die Luft bläst.

Seit viele junge Menschen im Rahmen von Fridays for Future für mehr Klimaschutz demonstrieren, hat sich ein neuer Ton zwischen ihnen und ihren Eltern etabliert: vorwurfsvoll in Bezug auf Flugreisen, Dienstreisen, spritfressende Dienstwagen, überhaupt einen zu hohen Verbrauch von allem, was schädlich ist. Ein Satirelied, das im *WDR* ausgestrahlt wurde und Oma als »Umweltsau« bezeichnete, verschärfte den vermeintlichen Generationenkonflikt noch.[4] Doch sind junge, engagierte Menschen wirklich so viel besser und sparsamer?

Wenn es um ihre Absichten geht, sind diese wohl ehrenhaft. Umfragen zeigen, dass die Generation der 1998 bis 2016 Geborenen (Generation Z) Tier- und Klimaschutz, Vielfalt und Menschenrechte für wichtig hält.[5] Sie wünschen sich einen sicheren Arbeitsplatz, aber auch eine klare Trennung von Beruf und Freizeit.[6] Nachhaltigkeit ist ein wichtiges Kaufkriterium. So weit, so gut.

Die Generation Z besteht aber zu hundert Prozent aus Digital Natives, Menschen also, die eine Welt ohne Internet und mobile Endgeräte nie kennengelernt haben. Und wer klickt, verbraucht CO_2. In Deutschland verballern wir nur durch die Internetnutzung so viel CO_2 wie der gesamte Flugverkehr.[7] Diesen digitalen Schuh müssen sich leider auch und vor allem die Jüngeren anziehen. Eine Minute Snapchat anschauen verbraucht 15 Megabyte Daten, ein 60-sekündiges YouTube-**Mem** s. S. 199[3] schlägt mit bis zu 30 Megabyte zu Buche.[8] Pro Minute Spotify-Musik geht ebenfalls ein Megabyte flöten.[9] Die Rechenzentren, die diesen Datenverkehr steuern und ermöglichen, verbrauchen Unmengen an Strom und müssen aufwendig gekühlt werden. Computer, Notebooks, Smartphones und andere IT-Anwendungen produzieren 800 Millionen Tonnen CO_2 – im Jahr und weltweit.[10]

Wer also an den Fridays for Future auf die Straße geht, sollte diese Zahlen ebenfalls kennen. Trotzdem ist Häme gegenüber den Jüngeren unangebracht. Der inzwischen verstorbene BWL-Professor und Experte für Pesonalmanagement Christian Scholz erklärte im März 2019 der *Welt*: »Ältere Generationen haben hohe Ziele beim Umweltschutz artikuliert, aber wenig auf die Beine gestellt.«[11] Er warnte davor, die falschen Schlüsse aus Umfragen zu ziehen, zum Beispiel: In einer internationalen Studie der Unternehmensberatung OC&C Strategy Consultants über die Generation Z gaben nur elf Prozent der Befragten in Deutschland an, ihren Verbrauch von Einwegplastik verringern zu wollen – bei den Babyboomern waren es 41 Prozent.[12] Laut Scholz ist aber vieles, etwa der Verzicht auf Einwegkaffeebecher, für die Generation Z bereits selbstverständlich und wird in Befragungen nicht mit einer Reduzierung des Plastikverbrauchs gleichgesetzt.

Letztlich zeigen Studien vor allem, in welchen Bereichen gelerntes Handeln verändert werden muss. Unterm Strich aber bleibt die Erkenntnis: Beim Klimaschutz müssen alle Menschen alle Bereiche ihres Lebens überprüfen.

58 %
der Jugendlichen blicken aktuell optimistisch in die eigene Zukunft,

37 %
gemischt (»mal so, mal so«) und nur

5 %
eher düster.[13]

WAS IHNEN ANGST MACHT[14]

71 %
Umweltzerstörung

66 %
Terroranschläge

65 %
Klimawandel

Wer eine Stunde ein Video im Internet schaut, verursacht etwa so viele CO_2-Emissionen, als würde er einen Kilometer Auto fahren.[15]

GUTE VORSÄTZE

56 Prozent der Deutschen nahmen sich Ende 2019 vor, im neuen Jahr mehr Sport zu treiben und sich mehr zu bewegen.[1] Und wie ging es weiter?

Selbstdisziplin und Schicksal?

Wie lange halten Menschen ihre guten Vorsätze bezüglich Sport, Ernährung und Sozialleben durch?[2]

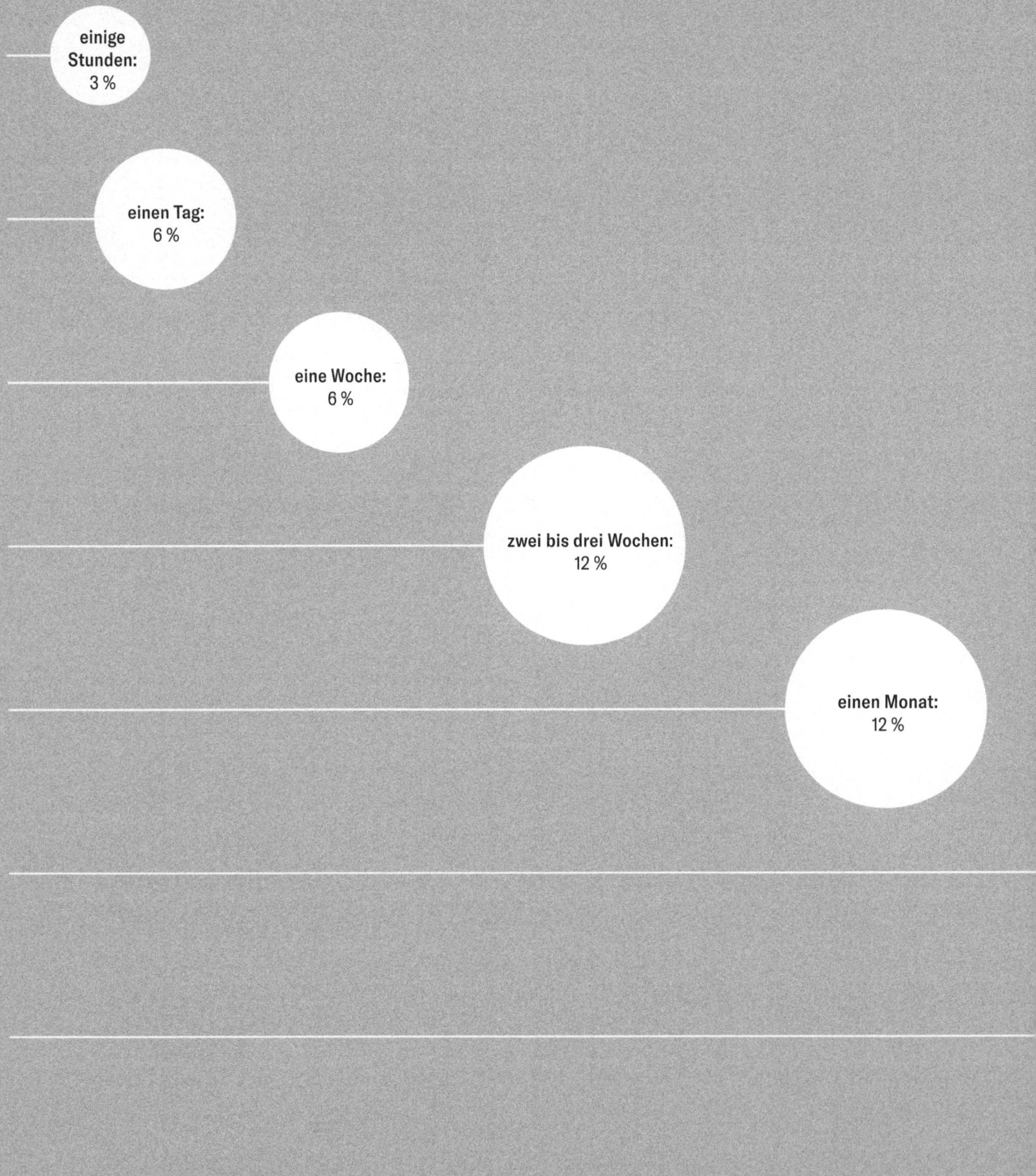

mehr als zwei Monate:
27 %

Ich breche keine guten Vorsätze:
20 %

Alles wird anders (oder?)

Weniger Fleisch und Süßigkeiten, mehr Sport und politisches Engagement: Immer wieder setzen wir uns große Ziele, doch den wenigsten Menschen gelingt es, sie dauerhaft zu verfolgen. Woran liegt das?

Die Fitnessstudios wissen, was zu tun ist: Pünktlich im Januar werben sie Jahr für Jahr mit Sonderangeboten. Die ersten drei Monate kostenlos, keine Aufnahmegebühr, Getränke-Flatrate inklusive. Die Anbieter zielen auf die guten Vorsätze der Menschen ab, die zu Silvester gefasst und bei vielen recht früh wieder gebrochen werden. In einer Umfrage unter sportaffinen Menschen gaben 42 Prozent der Befragten an, sich schon oft im Januar im Fitnessstudio angemeldet oder wieder mit dem Training begonnen zu haben – bevor ihnen spätestens im März wieder einmal die Luft ausging.[3] Warum folgt der **Selbstwahrnehmung** s. S. 194 (»Ich bin zu dick«) so selten eine Verhaltensänderung – öfter laufen gehen, mehr Gemüse essen, ein besserer Mensch werden? Der Münchner Sozialpsychologe Dieter Frey erklärt, warum wir so oft an unseren Zielen scheitern.

Was bringt Menschen überhaupt dazu, Vorsätze zu formulieren?

Die meisten Menschen haben so etwas wie einen inneren Kompass, der ihnen sagt, in welche Richtung sich ihr Leben entwickeln sollte. In Bereichen, wo man mit allem zufrieden ist, wird man im Großen und Ganzen so weiterleben, aber dort, wo man nicht zufrieden ist, wird man Vorsätze formulieren. Das Jahresende ist ein gutes Signal für die rückwirkende Reflexion: Was lief gut, was lief nicht gut, was könnte man besser machen?

Oft ist der gute Vorsatz im März dann wieder verdrängt und vergessen. Warum hintergehen wir uns dann selbst?

Ich glaube nicht, dass die Menschen denken, sie würden sich hintergehen. Die Hoffnung ist bei den meisten da, dass es diesmal klappt, mehr zu schlafen, mehr Sport zu machen oder endlich mal Italienisch oder Spanisch zu lernen.

DAS CORONAVIRUS BEFÄLLT DEN GESUNDEN LEBENSSTIL[4]

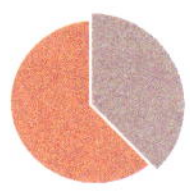

38 % der Deutschen bewegen sich weniger

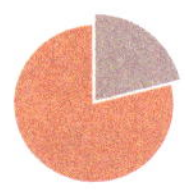

19 % haben an Körpergewicht zugenommen

31 kg

So viele Süßigkeiten verspeiste jeder Deutsche 2019.[5]

Und woran scheitert der Wunsch nach einem neuen Leben?

Das kann mehrere Gründe haben – zum Beispiel, dass man zu wenig konkret festgelegt hat, worin das Ziel tatsächlich bestehen soll. Auch die Verschieberitis kann hineinspielen: Ich mache das schon, aber erst später. Andere haben eine geringe Frustrationstoleranz und begraben ihre Vorsätze, sobald es ihnen nicht sofort gelingt, sie umzusetzen.

Ist es sinnvoll, das Gelingen guter Vorsätze von quantifizierbaren Werten abhängig zu machen, zum Beispiel von Kilos auf der Waage?

Ja, ich glaube schon, dass es sinnvoll ist. Es ist doch schwierig genug, mit Vorsätzen umzugehen. Wenn sie zu allgemein sind, hat man keine klare Messlatte. Aber wenn man klar definiert, ich will und muss innerhalb der nächsten zwei Monate drei Kilo abnehmen, ich will wöchentlich zwei Stunden Sport machen, dann wird dieses Ziel konkret und messbar.

Wie kommen wir von kurzfristigem Denken zu nachhaltigen Verhaltensänderungen?

Weniger früh scheitern Vorsätze dann, wenn man reflektiert: Was ist mir wirklich wichtig im Leben, und was ist mir wichtig im kommenden Jahr oder in der Zukunft? Man sollte versuchen zu verstehen, was dagegenspricht, dass das Ziel erreicht wird. Habe ich überhaupt die Zeit, die Disziplin? Kann ich die dem Vorsatz widersprechenden Faktoren überwinden? Je konkreter ein Vorsatz ist, umso später scheitern Vorsätze. Es hilft auch, die Ziele öffentlich zu machen, sodass man selbst und die Umgebung einen gewissen Erwartungsdruck ausüben können. Und es ist sinnvoll, den Vorsatz zu visualisieren und eine Notiz an den Schrank zu hängen oder am Telefon aufzuschreiben, was man vorhat. Und dann braucht man noch etwas: Geduld. Jeder Tag ist eine neue Chance.

Welt, Web, WTF

Seit 2017 sorgt das interaktive Wissensquiz #whatthefact für mehr Debattenqualität im Netz. Dahinter stecken die unabhängige Nemetschek Stiftung und die Redaktionsagentur Nansen & Piccard, inzwischen folgen dem Projekt Zehntausende User auf Facebook. Vom täglichen Kampf gegen Fake News, Halbwahrheiten und Hetze.

VON:
RALF NEMETSCHEK

Die Geschichte von #whatthefact beginnt eigentlich 2016. In diesem Jahr beschlossen wir bei der Nemetschek Stiftung, dass es höchste Zeit sei, der anwachsenden Flut von Falschmeldungen und Fehlinformationen etwas Kluges entgegenzusetzen. Um die Entwicklung besser zu verstehen, sollten wir aber noch ein wenig weiter zurückblicken.

2007, im Gründungsjahr unserer Stiftung, schien die Welt noch in Ordnung. Klar, der Klimawandel wurde auch schon damals von manchen geleugnet, Europa hätte man sich einiger gewünscht, und auch in Deutschland gab es so manche gesellschaftspolitische Großbaustelle. Aber immerhin trat das Kyoto-Protokoll in Kraft, bald sollte mit dem Vertrag von Lissabon ein wichtiger Schritt in Richtung europäische Einigung geschehen, und die amtierende Bundesregierung mit Angela Merkel als erster Frau an der Spitze hatte den Namen »Große Koalition« auch noch wirklich verdient.
Als mein Vater und ich in diesem Jahr eine Stiftung errichteten, die die demokratische Kultur in Deutschland

WELCHE THEMEN BEWEGEN?
WTF erreicht auf Facebook bis zu 200 000 Nutzer pro Woche. Hier zeigen wir, welche Posts im Jahr 2020 von den meisten Menschen gesehen wurden.

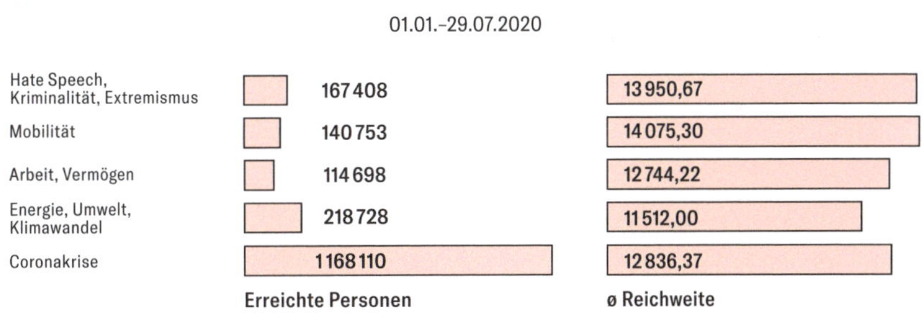

STEILE THESE, STEILE KURVE
Wie sich die Facebook-Community in den vergangenen Jahren entwickelt hat (Juli 2020)

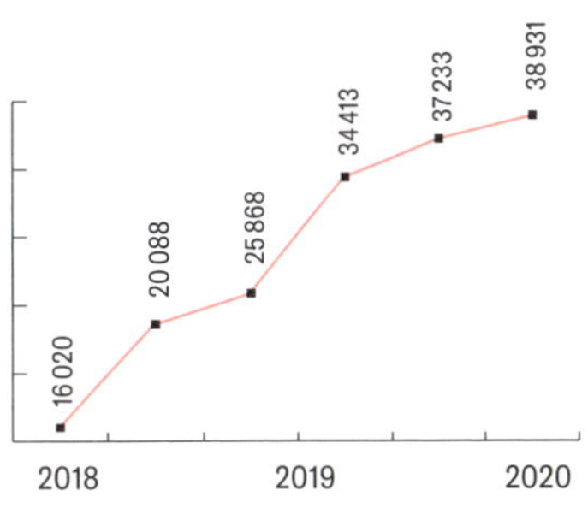

fördern sollte, konnten das einige Menschen nicht nachvollziehen: »Demokratie fördern? Wieso, die haben wir doch schon lange …« war ein typischer Kommentar.

2016, also nur neun Jahre später, wurde in Amerika ein Präsident gewählt, der von »alternativen Fakten« sprach, wenn wissenschaftliche Erkenntnisse nicht in seine politische Agenda passten, mit Großbritannien beschloss ein wichtiges Land den Austritt aus der Europäischen Union, und in Deutschland gewann eine sich immer stärker radikalisierende Rechtspartei in einigen Bundesländern mehr als ein Viertel der Sitze in den Landesparlamenten. Wie hatte das nur passieren können?

Eine einfache Antwort auf diese Frage gibt es natürlich nicht. Aber dass wir als Stiftung etwas gegen den zunehmenden Populismus und die Verbreitung falscher Informationen tun mussten, war uns klar. Wir wollten daher ein Projekt entwerfen, das den Menschen die richtigen Zahlen zu gesellschaftlich relevanten Themen nahebringt und sie gleichzeitig anregt, die eigene Einschätzung der Lage kritisch zu hinterfragen.

Dass es am Ende ein digitales Quiz wurde, hatte verschiedene Gründe. Zum einen hat ein gutes Spiel den Vorteil, dass es Spaß macht und damit von sich aus motivierend wirkt. Gleichzeitig bringt ein Quiz als Format eine gewisse natürliche Glaubwürdigkeit mit. Im Fall von #whatthefact ist diese durch den hohen Rechercheaufwand und die ausführlichen Quellenangaben auch gerechtfertigt.

Wichtig war uns neben dem spielerischen Ansatz auch die Möglichkeit der Interaktion. Die Tatsache, dass die Spielerinnen und Spieler nicht aus vorgegebenen Antworten auswählen, sondern zum Beispiel mit Hilfe von Schiebereglern Werte eingeben oder aber eine Kurve mit dem Finger zeichnen, führt zu einem viel freieren und aktiveren Umgang mit den gestellten Fragen. Schätzt man die Antwort gut ein, so ist das auch eine Bestärkung, dass das eigene Gefühl und die Wirklichkeit nicht so weit auseinanderliegen. Liegt man völlig daneben, kann man sich die Frage stellen, wie man denn zu diesem Fehlschluss kommen konnte, und merkt sich die richtigen Fakten umso besser.

Zu Beginn war #whatthefact in erster Linie als webbasiertes Spiel mit einem überschaubaren Fragenkatalog geplant. Der begleitende

DAS #WTF-PRINZIP

WIE UNSER REDAKTIONSTEAM ARBEITET – DAMIT KEINE FRAGEN OFFEN BLEIBEN

Wer steckt hinter dem Projekt?
#whatthefact wurde von der Nemetschek Stiftung initiiert und wird seit 2017 von der Redaktionsagentur Nansen & Piccard umgesetzt. Ein Team von Journalistinnen und Journalisten recherchiert die Inhalte für das Faktenquiz und die Social-Media-Accounts – und kümmert sich auch um das Community-Management der wachsenden Facebook-Seite. Für die technische Umsetzung des Quiz zeichnete STUDIO 2112 verantwortlich.

Warum werden welche Themen und Fakten präsentiert?
Wir finden alles interessant, was überrascht, neue Einblicke liefert, zu Diskussionen anregt. Dabei versuchen wir, alle Bereiche der Gesellschaft und modernen Welt zu beleuchten: Klimawandel und Flüchtlingspolitik tauchen bei uns ebenso auf wie Fragen zu Gleichberechtigung, Europa oder sozialer Gerechtigkeit. Auf unserer Facebook-Seite stellen wir täglich neue Informationen über die verwirrende Welt, in der wir leben, zur Verfügung. Posts mit hoher Reichweite dokumentieren wir auf unserem Blog.

Wer stellt sicher, dass eure Fakten auch stimmen?
Wir zitieren aus Studien, Statistiken und Artikeln von Behörden, Forschungsinstituten und (Fach-)Medien. Besonders sensible Inhalte wie die Quellen des Faktenquiz werden vor Veröffentlichung von einer externen Dokumentarin geprüft. Bei jedem Post oder Artikel liefern wir ganz transparent alle Quellen und Links mit (wie auch in diesem Buch). Uns ist wichtig, dass unsere Nutzer die Inhalte nicht nur passiv konsumieren, sondern dass unsere Fragen und Posts zum Anstoß einer Recherche werden. Wenn uns trotz aller Mühen mal ein Fehler unterläuft, fällt das meist schnell einem Nutzer auf, und wir korrigieren uns sofort. Es ist ein großer Ansporn, so aufmerksame und smarte Follower zu haben.

Wer darf mitreden? Und wer wird geblockt?
Mitreden dürfen und sollen auf Facebook alle, wir geben keine Meinung vor. Allerdings fragen wir User manchmal nach einer Quelle für ihre Behauptung – sei es, weil wir diese anzweifeln, sei es, weil wir selber gern dazulernen. Wer mit wüsten Beleidigungen um sich wirft, Fake News mit politischer Stoßrichtung postet oder extremistisches Gedankengut teilt, muss damit rechnen, von der Seite zu fliegen. Auch Parteienwerbung entfernen wir.

JOIN US!

Nachdenken, mitreden, klüger werden! Besuche uns im Netz und folge uns, um auf dem Laufenden zu bleiben.

Der Faktentest:
whatthefact.info/uebersicht

Der Blog:
whatthefact.info

Facebook:
facebook.com/whatthefact

Facebook-Kanal war dabei nur ein Weg, um die Menschen auf die Webseite des Spiels zu locken. Mit der Zeit entwickelte sich die Facebook-Seite von #whatthefact aber immer stärker zu einem eigenen Kanal, über den wir wichtige und stets gut belegte Fakten in die digitale Welt ausspielten. Im Juli 2020 hatte die Facebook-Präsenz von #whatthefact knapp 40 000 Abonnenten, die die Seite für den – zumeist zivilisierten und informierten – Meinungsaustausch nutzen.

Wie hat sich die Lage seit 2017, dem Geburtsjahr von #whatthefact, verändert? Nun, Fake News sind noch immer ein großes Problem und werden zum Teil bewusst eingesetzt, um politische Ziele zu verfolgen. 2020 ist wegen der Coronakrise aber auch das Jahr der Statistiker, denn selten zuvor wurde man mit so vielen Zahlen zum aktuellen Geschehen, in diesem Fall zur weltweiten Entwicklung der Pandemie, bombardiert. Auch wenn korrekte Fakten immer eine gute Basis für richtige Entscheidungen sind, zeigte sich aber auch, dass harte Zahlen alleine nicht reichen. Die richtige Bewertung von Fakten und gegebenenfalls die Abwägung widersprüchlicher Interessen sind, nicht nur bezogen auf die Pandemie, vielleicht die größere Aufgabe.

Dort knüpft nun auch das hier vorliegende dritte Format von #whatthefact an. Dieses Buch will natürlich unterhalten und überraschende Fakten vermitteln. Aber es will vor allem auch die nackten Zahlen in einen Kontext setzen, ein umfassenderes Bild einiger der großen gesellschaftlichen Herausforderungen zeichnen und dabei helfen, sich eine eigene Position zu diesen Fragen zu bilden. Denn Menschen, die eine eigene Haltung haben und sich für diese auch einsetzen, sind die wichtigste Voraussetzung für das Gelingen unserer Demokratie.

GUT GESAGT?

Täglich diskutieren Menschen auf unserer Seite, mal mit uns, mal mit anderen Usern – und mal konstruktiver, mal weniger. Spannend ist es allemal.

Verena E.
»Ich habe in dieser Kommentarspalte gerade echt viel gelernt. Nämlich dass man an allem sterben kann, nur nicht an Covid-19. Es gibt also praktisch keine wirksamere lebensverlängernde Maßnahme, als sich mit SARS-COV2 zu infizieren.«
80

Martina J.
»Die Verwirrung kann man irgendwie nachvollziehen. Die Aufklärung konnte (noch) nicht zu allen durchdringen.«
8

André P.
»Krass. Das hätte ich nicht erwartet.«

Alex R.
»Schon geloggen 91% der deutschen... Meinst vllt 91% von 11 leuten .. Assi«
4

whatthefact
»Hast du eine Quelle für diese Information?«

Philipp R.
»Wow, du bist ja ziemlich geduldig. Danke, dass du im Gespräch geblieben bist. Ich will. mehr solche facebook Diskussionen lesen.«

Astrid S.
»...wer's glaubt.«
2

Das #whatthefact-Team

Dieses Buch steckt voller Fakten, Statistiken, Studien, Einordnungen, Analysen. Das ist viel Arbeit. Zu viel für einen Menschen allein, aber nicht für dieses Team.

TOBIAS MOORSTEDT, 42 Jahre,

ist Mitgründer der Redaktionsagentur Nansen & Piccard und leitet deren Büro in Hamburg. Davor hat er als Journalist vor allem über Technologie und Kultur berichtet – u. a. für die *Süddeutsche Zeitung*, den Wiener *Standard* und *Spiegel Online* –, als Redaktionsleiter bei *Wired* und *NEON* gearbeitet und Bücher geschrieben und herausgegeben. Zuletzt erschien *Big Data – Das neue Versprechen der Allwissenheit*. Bei der Arbeit am vorliegenden Band war er überrascht, wie schlecht er selbst über vieles Bescheid weiß. Außerdem schämt er sich dafür, Bundesligaspiele auf dem Handy zu streamen (s. S. 177).

OLE HÄNTZSCHEL, 41 Jahre,

ist Grafikdesigner und Illustrator und auf die Gestaltung illustrativer Karten und Infografiken spezialisiert. Er arbeitet unter anderem für das *ZEIT Magazin, Geo, NZZ Folio, Monopol*, Greenpeace und lehrte illustrative Infografik an der Fachhochschule Potsdam. Er hat zahlreiche Infografikbücher herausgebracht und für seine Arbeit u. a. den dpa-Infografik-Award und den Malofiej-Award in Gold, den weltweit bedeutendsten Infografikpreis, gewonnen. Nach Abschluss dieses Buches ist er absolut urlaubsreif, weiß aber jetzt, dass die Reiseplanung aktuell ja leider nicht so einfach ist (s. S. 53, 62 und 69).

JOHAN DEHOUST, 35 Jahre,
arbeitet als freier Redakteur für Nansen & Piccard. Davor war er unter anderem beim Hamburg-Teil der Wochenzeitung *Die ZEIT* angestellt. Er hat ein gutes Gefühl dafür, wie die Menschen hier ticken, seit er für das Buch *Abenteuer Deutschland* mit dem Pferd von der Zugspitze bis nach Sylt geritten ist. Durch die Arbeit an diesem Buch hat er nun auch viele Fakten im Kopf. Er ist gerade aufs Land gezogen und überlegt, Hühner zu halten. Sie sollen definitiv mehr Lebensraum haben als die gesetzlich vorgeschriebenen 435 Quadratzentimeter **(s. S. 161).**

TANYA FALENCZYK, 27 Jahre,
arbeitet als Autorin für Nansen & Piccard in Hamburg. Sie schreibt außerdem frei, unter anderem für *Die ZEIT* und *ZEIT Campus*, am liebsten über junge Menschen und Veränderung. Während der Recherche für dieses Buch stellte sie fest, dass sie bisher in den 1960er Jahren gelebt hat. Damals wohnte eine Person auf durchschnittlich 19,4 Quadratmetern – größer waren auch ihre WG-Zimmer nie, sogar in ihrer aktuellen Wohnung in Hamburg hat sie nur wenig mehr Platz **(s. S. 89).**

MAXIMILIAN GERL, 32 Jahre,
ist Münchner Kindl und Journalist. Für den Bayernteil der *Süddeutschen Zeitung* beobachtet er Wirtschaft und Verkehr im speziellsten aller Bundesländer. Daneben arbeitet er für andere Medien und die Redaktionsagentur Nansen & Piccard. Bei #whatthefact erstellt er Inhalte für Facebook und arbeitet im Community-Management. Während der Recherche über Fluchtrouten wurde ihm bewusst, wie sehr man sich hierzulande an Nachrichten von kenternden Schlauchbooten und ertrinkenden Flüchtlingen gewöhnt hat **(s. S. 23).**

KATHARINA KUTSCHE, 43 Jahre,
ist freie Journalistin und schreibt in der *SZ*-Wirtschaftsredaktion über Digitales und Wirtschaftskriminalität. Bei #whatthefact ist sie seit rund drei Jahren an Bord. In ihrer Heimat Hannover schreibt sie regelmäßig für die Lokalzeitung. Früher ermittelte sie dort lang als Polizeibeamtin – und war daher bei den Recherchen für dieses Buch überrascht, dass in Deutschland nur eine Frau in Sicherungsverwahrung sitzt. Also las sie erst mal nach, wer das sein könnte **(s. S. 39).**

MICHAEL MOORSTEDT, 40 Jahre,
ist freier Journalist und seit vielen Jahren Technikkolumnist für das Feuilleton der *Süddeutschen Zeitung*. Schreibt über Netz, Technik und Zukunft. Veröffentlichungen dazu in zahlreichen internationalen Medien. Zuvor arbeitete er als Textchef der deutschen Ausgabe von *Wired*, war Redakteur bei *Focus*, und zuletzt leitender Redakteur bei der Redaktionsagentur Territory. Für diesen Band erarbeitete er das Glossar **(ab S. 188).** Wann immer er allzu gute Laune empfindet, öffnet er Twitter. Er lebt mit seiner Tochter in München.

SILKE PROBST, 41 Jahre,
arbeitet als Schlussredakteurin und Dokumentarin für Redaktionen und Agenturen und ist seit Beginn Teil des WTF-Teams. Für dieses Buch hat sie jeden Fakt und jede Zahl geprüft und dabei viel Neues gelernt, von dem sie einiges leider auch schon wieder vergessen hat. In Erinnerung bleiben wird ihr, wie ungleich das Vermögen in Deutschland verteilt ist **(s. S. 73).** Die Zahlen dazu mussten kurz vor Redaktionsschluss aktualisiert werden, da neue Daten veröffentlicht wurden – die eine noch ungleichere Verteilung zeigen als bisher angenommen.

BENEDIKT SARREITER, 44 Jahre,
ist Mitgründer und Partner der Redaktionsagentur Nansen & Piccard. Außerdem arbeitet er als Textchef für das Schweizer Magazin *Du*, war Editor-at-Large beim Magazin *Interview* und hat mit Paul-Philipp Hanske das Buch *Neues von der anderen Seite. Die Wiederentdeckung des Psychedelischen* bei Suhrkamp veröffentlicht. Bislang dachte er, einen einigermaßen rationalen Blick auf die Wirklichkeit zu besitzen. Nach der Arbeit als Texchef an diesem Buch weiß er, dass er sie so verzerrt wahrnimmt wie alle anderen **(s. S. 85).**

FELICITAS WILKE , 30 Jahre,
ist freie Journalistin in München. Sie hat im Norden und Süden Bayerns sowie mitten in Dänemark studiert und die Deutsche Journalistenschule besucht. Seitdem schreibt sie für Print- und Onlinemedien, unter anderem für das Wirtschaftsressort der *Süddeutschen Zeitung*, für *ZEIT Online* und die *Wirtschaftswoche*. Seit 2017 gehört sie zum Social-Media-Team von #whatthefact. Während der Recherche für dieses Buch hat sie sich vorgenommen, auf gute Vorsätze künftig lieber gleich zu verzichten **(s. S. 181)** – ob sie das schafft?

Glossar: Neue Wörter für eine neue Zeit

ERSTELLT VON
MICHAEL MOORSTEDT

A

→ Algorithmen

Für den Internetnutzer schwer durchschaubare Steuerungsprozesse, durch die entschieden wird, wer in sozialen Medien welche Inhalte zu sehen bekommt. Das Hauptaugenmerk liegt dabei in der Frage, wie man die Nutzer dazu bekommt, so viel Zeit wie möglich auf den Plattformen zu verbringen, um ihnen so viel Werbung wie möglich zeigen zu können. Also werden bevorzugt ähnliche Inhalte gezeigt wie jene, die bereits angeklickt wurden. Durch die Personalisierung von Inhalten kann es zur Entstehung von Echokammern (→) kommen.[1]

→ Angst

Der Volksmund sagt: Angst ist ein schlechter Ratgeber. Die Psychologie sieht es ähnlich. Angst beeinflusst unsere Fähigkeit, rationale Entscheidungen zu treffen[2], und aktiviert Areale in unserem Gehirn, die für Fluchtreflexe zuständig sind.[3] Wer Angst hat, etwa vor wirtschaftlichem Abstieg, neigt dazu, die Realität verzerrt wahrzunehmen und eher zu einer pessimistischen Sicht.

B

→ Bots

Automatisierte Benutzerkonten, die hauptsächlich auf sozialen Netzwerken ihr Unwesen treiben und auch Fake News verbreiten. Laut Studien haben Bots das Potenzial, das Vertrauen in die Demokratie zu untergraben.[4] Zu kontroversen Themen wie etwa dem UN-Migrationspakt stammen bis zu einem Viertel aller Social-Media-Posts von Bot-Accounts.[5] Am Verhalten eines Accounts lässt sich erkennen, ob die Nachrichten von einem Menschen oder Programm abschickt werden. Wenige Follower und ein absurd hoher Output sind Indizien. Es gibt auch Programme wie etwa den Botometer[6], die analysieren, mit welcher Wahrscheinlichkeit eine Maschine hinter einem Account steckt.

C

→ Cancel Culture

Methode, um gezielte Tabubrüche zu sanktionieren. Der Hintergedanke: Wenn sich Social-Media-Plattformen ihrer Verantwortung entziehen, liegt es an den Nutzern, für die Einhaltung moralischer Konventionen zu sorgen und gegen diskursive Verrohung vorzugehen.[7] Üblicherweise werden Prominente oder Politiker Ziel des »Cancelling«. Durch Aufmerksamkeitsverweigerung und Boykotte soll ihnen die gesellschaftliche Sichtbarkeit entzogen werden. Auftritte werden abgesagt, Buchverträge und Engagements annulliert. Kritiker der Cancel Culture warnen wie üblich vor der Willkür einer politisch korrekten Sittenpolizei.

→ Clickbait

Ein Köder in Form einer Überschrift, die den Internetnutzer zum Klicken eines Artikels oder Postings bewegen soll. Statt den Sachverhalt sachlich zusammenzufassen, werden oftmals emotionalisierende und polarisierende Formulierungen verwendet. Der Wahrheitsgehalt der betreffenden Meldung ist bei der Komposition von Clickbait-Schlagzeilen nur von geringer Relevanz.[8]

→ Curated News

Nachrichten werden im 21. Jahrhundert oft nicht mehr nach klassischen journalistischen Kriterien ausgewählt, sondern hauptsächlich anhand der Frage, ob sie von den Nutzern auch angeklickt werden und eine maximale Reichweite erzielen. Zuständig für die Auswahl sind hauptsächlich (→) Algorithmen, aber in den letzten Jahren immer öfter auch menschliche Kuratoren. Social-Media-Plattformen versprechen sich durch die handverlesene Auswahl eine wirksame Bekämpfung von Fake News.[9] Wenn man so will, haben sie also das Prinzip Nachrichtenredaktion neu erfunden, nachdem sie diese zuvor abschaffen wollten.

D

→ **Deep Fakes**

Die neueste Entwicklung im Arsenal der Fake-News-Produzenten. Mittels KI-Software werden Dokumente, Bilder, Videos oder Audioaufnahmen automatisch und mit täuschend echten Resultaten gefälscht. Politikern und anderen Weltlenkern kann man so leicht falsche Botschaften in den Mund legen. Am Beispiel der Deep Fakes zeigt sich die perfide Gefahr der Fake News sehr deutlich: Selbst wenn es sich um eine wahrhaftige Meldung handelt, ist da stets der Verdacht, sie könnte fake sein. Man kann es beinahe als Glücksfall bezeichnen, dass Deep Fakes momentan hauptsächlich für pornografische Zwecke genutzt werden.[10]

→ **Diskurskultur**

Eigentlich ist das Internet der Ort für einen idealen Diskurs – klassische Hierarchien zwischen den Akteuren fallen weg oder werden nivelliert, jeder kann teilnehmen. In der Realität scheint das Gegenteil der Fall zu sein: Algorithmen (→) verstärken ohnehin schon populäre Positionen, Hate Speech und Fake News sorgen dafür, dass der sogenannte Common Ground zwischen den Teilnehmern immer weiter erodiert. Der Soziologe Jürgen Habermas warnte deshalb bereits kurz nach dem Auftauchen der sozialen Medien vor »desorganisierten Teilöffentlichkeiten«[11]. Durch psychologische Phänomene wie den sogenannten Online-Enthemmungseffekt[12] kommt es durch die Anonymität im Netz zu Empathiemangel und einem Verfall des guten Tons. Die Trolle (→) treten hervor.

[1] Der Tagesspiegel
»Algorithmen, Bots und Trolle«
30.10.2019
wtf21.info/Glossar1

[2] Europäische Kommission
26.07.2012
wtf21.info/Glossar2

[3] ZEIT Online
»Die Kunst der Entscheidung«
11.10.2011
wtf21.info/Glossar3

[4] Berliner Morgenpost
»›Social Bots‹ –eine Gefahr für die Demokratie«
21.01.2017
wtf21.info/Glossar4

[5] Tagesschau.de
»Mit Social Bots gegen den Migrationspakt?«
22.04.2020
wtf21.info/Glossar5

[6] Twitter
03.08.2020
wtf21.info/Glossar6

[7] Merriam Webster
03.08.2020
wtf21.info/Glossar7

[8] Center for Media Engagement
03.08.2020
wtf21.info/Glossar8

[9] Wired
»Flipboard's Answer to Fake News: More Human Curation«
24.04.2018
wtf21.info/Glossar9

[10] Sensity
07.10.2019
wtf21.info/Glossar10

[11] Perlentaucher
04.06.2008
wtf21.info/Glossar11

[12] American Journal of Pharmaceutical Education
»The Emerging Issue of Digital Empathy«
25.05.2016
wtf21.info/Glossar12

Glossar

D

→ Dramatisierung

Der Mensch ist aus biologischen Gründen anfällig für Fake News. Auf jeden Fall neigen wir dazu, die Dinge negativer zu betrachten, als sie es in Wahrheit sind.[13] Der schwedische Mediziner und Datenexperte Hans Rosling verordnete gegen Pessimismus und Angst (→) eine Faktenkur. Die Menschen müssten lernen, nach den relevanten Zahlen zu fragen und sie einzuordnen. Und auch das Ziel von Medien müsse es sein, beim Publikum die Neugier auf Fakten zu wecken und zum Selbstdenken anzuregen.

E

→ Echokammer

Auch Filterblase genannt. Bezeichnung für das Phänomen, das hauptsächlich in sozialen Netzwerken entsteht, wenn Algorithmen (→) personalisierte Inhalte bereitstellen. Die Echokammer, so die Theorie, schränkt die Sicht auf die Welt ein. Ein Austausch mit andersdenken Personen findet nur noch selten statt, es besteht die Gefahr, dass die Nutzer sich untereinander radikalisieren. In medienwissenschaftlichen Untersuchungen sind die Auswirkungen oder gar die Existenz der hermetisch abgeriegelten Echokammer bislang noch nicht einwandfrei nachgewiesen worden.[14]

F

→ Fact-Checking

Journalistisches Werkzeug, um zu prüfen, ob zitierte Quellen und Fakten in einer Nachricht der Wahrheit entsprechen. In der beschleunigten Medienwelt des Internet wird dem Fact-Checking nicht mehr der Stellenwert beigemessen, den es einst besaß. Lange Zeit beriefen sich Social-Media-Unternehmen neben dem Hinweis auf das Recht auf freie Meinungsäußerung darauf, keine klassischen Medien, sondern nur Plattformen zu sein, und entzogen sich so der journalistischen Sorgfaltspflicht. Mittlerweile haben einige der Unternehmen ihren Kurs etwas korrigiert und setzen neben klassischen Redaktionen auch automatisiertes Fact-Checking ein.[15] Untersuchungen von Medienwissenschaftlern zufolge ist es jedoch möglich, dass sich Teile des Publikums trotz einer nachträglichen Korrektur die ursprüngliche Falschinformation merken.[16]

G

→ Gefühlte Wahrheit

In der Kognitionspsychologie gilt als gesichert, dass es seine Gefühle sind, die darüber entscheiden, was ein Mensch für gut oder schlecht, richtig oder falsch befindet. Das bedeutet: Was wir als wahr betrachten, muss nicht zwangsläufig wahr sein – sondern sich vor allem wahr anfühlen. Fakten spielen dabei eine untergeordnete Rolle, sie überzeugen die wenigsten, solange sie nicht auch an Emotionen wie Angst (→) rühren.[17] Erst dadurch entwickeln Fake News und populistische (→) Botschaften eine so große Strahlkraft.

K

→ kognitive Dissonanz

Der Mensch ist ein widersprüchliches Wesen. Obwohl er an eine Sache glaubt, verhält er sich oftmals genau entgegengesetzt – und ist trotzdem der Überzeugung, das Richtige zu tun. Man nennt dieses Phänomen kognitive Dissonanz. Beispiele dafür gibt es in der Gegenwart zuhauf: sich auf christliche Werte berufen und gleichzeitig Minderheiten diskriminieren. Im Alltag den Umweltschutz hochhalten und gleichzeitig Fernreisejunkie sein.[18] Um diese als unangenehm empfundenen Widersprüche aufzulösen, beginnt der Mensch damit, sein Verhalten vor sich selbst zu rechtfertigen – denn das ist oftmals einfacher, als es zu verändern.

L

→ Lügenpresse

Abwertender Begriff für den klassischen Medienbetrieb wie etwa Tageszeitungen, Nachrichtenmagazine oder auch den öffentlich-rechtlichen Rundfunk.[19] Der pauschale Verdacht, dass die Medien mit »denen da oben« zusammenarbeiten, hat eine lange Tradition und kursierte schon im 19. Jahrhundert. Der Widerspruch, herkömmliche Berichterstattung anzuzweifeln und gleichzeitig Fakten aus fragwürdigen Quellen zu übernehmen, wird ausgeblendet. In letzter Konsequenz richtet sich der Vorwurf der Lüge gegen jegliche Meinung, die nicht dem eigenen Weltbild entspricht.

M

→ Mem

Als Mem bezeichnet die Wissenschaft einen Informationsinhalt, der sich selbstständig fortpflanzt[20] – ganz wie in der Biologie die Gene. Meme zeichnen sich dadurch aus, dass sie leicht teilbar sind und dadurch eine hohe Viralität besitzen. Im Laufe der Zeit verändern die Meme sich. Im Internetalltag begegnet der Nutzer Memen hauptsächlich in Form sogenannter Sharepics [21]: kleinen prägnanten Bildern, auf denen ein kurzer Spruch geschrieben steht, der nicht zwingend der Wahrheit entspricht.

N

→ Native Advertising

Zeitgemäße Schleichwerbung. Anzeigen im Native-Advertising-Format werden in ein redaktionelles Umfeld eingebettet und sind nur schwer als Werbung erkennbar, etwa indem sie wie herkömmliche Artikel erscheinen.[22] In Studien erkennt nur etwa ein Drittel der Testpersonen, dass es sich bei Native Advertising tatsächlich um Werbung handelt.[23] Die Grenzen zwischen journalistischen und gesponserten Inhalten verschwimmen und machen die Identifikation der objektiven Wahrheit wieder einmal schwieriger.

[13] Hans Rosling, Ola Rosling, Anna Rosling Rönnlund,
»Factfulness«
2018
wtf21.info/Glossar13

[14] Scinexx
»Echokammer: Doch nicht so polarisierend?«
14.05.2019
wtf21.info/Glossar14

[15] Mashable
»Automated fact-checking won't stop the social media infodemic«
12.06.2020
wtf21.info/Glossar15

[16] Norbert Schwarz, Lawrence J. Sanna, Ian Skurnik, Carolyn Yoon
»Metacognitive Experiences and the Intricacies of Setting People straight«
2007
wtf21.info/Glossar16

[17] Deutschlandfunk Kultur
»Die Dummheit schlauer Menschen«
11.05.2019
wtf21.info/Glossar17

[18] Geo
»Warum wir uns so leicht selbst betrügen«
10.01.2018
wtf21.info/Glossar18

[19] Bundeszentrale für politische Bildung
06.06.2018
wtf21.info/Glossar19

[20] Richard Dawkins
»The Selfish Gene«
wtf21.info/Glossar20

[21] Politik & Kommunikation
03.08.2020
wtf21.info/Glossar21

[22] Harvard Business Review
»We Need a Better Definition of ›Native Advertising‹«
13.02.2013
wtf21.info/Glossar22

[23] European Journalism Observation
»Native Advertising – eine Mogelpackung «
17.01.2018
wtf21.info/Glossar23

Glossar

P

→ Politische Korrektheit

Laut Definition des Duden bedeutet politische Korrektheit schlicht die Ablehnung aller Begriffe und Handlungen »durch die jemand aufgrund seiner ethnischen Herkunft, seines Geschlechts, seiner Zugehörigkeit zu einer bestimmten sozialen Schicht, seiner körperlichen oder geistigen Behinderung oder sexuellen Neigung diskriminiert wird«[24]. Die Einhaltung dieses Gebots könnte also zu einer besseren Diskurskultur führen. In den sozialen Medien hat sich Political Correctness jedoch zum Kampfbegriff der »Man wird doch wohl noch sagen dürfen«-Fraktion gewandelt, die sprachlichen Anstand und respektvollen Umgang gleich für einen Deckmantel für vermeintliche Denk- oder Redeverbote hält und gerne auch über Cancel Culture (→) schimpft. Dass die Grenzen des Sagbaren so weit gezogen sind wie wohl selten, wird dabei gekonnt ausgeblendet.

→ Populismus

Politikstil, der auf klare »Wir gegen die«-Kommunikation setzt. Politologen nennen den Populismus auch eine »dünne Ideologie«[25]. Das bedeutet, dass die vielen populistischen Bewegungen neben der Unterscheidung von Volkswillen und Elite kaum eine weltanschauliche Basis eint. Die Werkzeuge, die dabei benutzt werden, ähneln sich aber durchaus: einfache Lösungen für komplexe gesellschaftliche Probleme, eine emotionalisierende Ansprache sowie gezielte Provokationen gegen das gefühlte Establishment oder »das System«.[26]

R

→ Rollenbilder

Wir alle laufen mit einer ganzen Menge von Stereotypen durch unseren Alltag: Die einen sind so und die anderen so. Bestimmten sozialen Gruppen werden also bestimmte Eigenschaften zugeschrieben. Oft geschieht das unbewusst, die Sozialforschung spricht deshalb auch von »unbewusster Voreingenommenheit«.[27] Natürlich ist kein Mensch gänzlich vorurteilsfrei oder objektiv, jeder wird durch Umwelt, Erziehung und Erfahrungswerte geprägt. Um diese blinden Flecken zu erkennen, gilt es gezielt die eigene Wahrnehmung zu hinterfragen.

S

→ Selbstwahrnehmung

Ein altes Gebot der Philosophie lautet: Erkenne dich selbst! Psychologischen Studien zufolge sind die meisten Menschen von diesem Ziel jedoch noch ziemlich weit entfernt. Der Mensch hat eher Schwierigkeiten, sich und seine Fähigkeiten korrekt einzuschätzen.[28] Die falsche Wahrnehmung kann dabei entweder dazu führen, sich zu über- oder unterschätzen. Der Grad an Selbstüberschätzung scheint jedoch mit der eigenen Inkompetenz zu steigen – man nennt das auch den Dunning-Kruger-Effekt.[29] Anders ausgedrückt: Unwissenheit führt zu mehr Selbstsicherheit.

→ Selektive Wahrnehmung

Selektive Wahrnehmung ist zunächst einmal ein nötiges Mittel, um nicht von der Wucht der auf uns einprasselnden Informationen überwältigt zu werden. Der Mensch ist aber nicht nur in der Lage, bestimmte Reize auszublenden, die ihn eventuell überfordern könnten, sondern auch bestimmte Themen. Politiker wissen das seit jeher zu bedienen.[30] Problematisch ist es jedoch, wenn diese Themen überproportional groß werden und auch objektive und unter Umständen unliebsame Argumente ausgefiltert werden.

T

→ Troll

Internetnutzer, der nicht an einer konstruktiven Diskussion interessiert ist, sondern nur daran, entweder seine eigene Agenda zu propagieren oder Zwietracht oder Unsicherheit zu säen. Ziel sind dabei entweder einzelne Nutzer oder auch kontroverse Themen wie etwa die Flüchtlingspolitik. Dabei sind Trolle längst nicht mehr nur Einzelpersonen, sondern werden gerade vor größeren Wahlen und anderen gesellschaftlich relevanten Ereignissen inzwischen auch staatlich organisiert und gesteuert[31], um die öffentliche Meinung gezielt zu beeinflussen. Gegen diese Kampagnen ist der alte Leitspruch »Don't feed the troll« – also nicht auf die Provokationen zu reagieren – nur noch bedingt wirksam.

U

→ Umfrage

Die US-Wahl 2016 hat nicht nur die weltpolitische Landschaft erschüttert, sondern auch den Glauben von Wahlforschern und Demoskopen an ihre Umfragen. Wie konnte man sich im Vorfeld nur so irren? Immerhin waren die Siegchancen von Hillary Clinton mit bis zu 70 Prozent angegeben worden.[32] Eine gewisse Unsicherheit und Fehlertoleranz ist in den Ergebnissen bereits mit eingerechnet. Doch nicht nur die Politik erreicht gewisse gesellschaftliche Kreise nicht mehr, sondern auch die Umfrageinstitute. Die Daten, die erhoben werden, entsprechen also trotz des Bemühens um respräsentative Umfragen nicht mehr der Gesamtbevölkerung.[33] Ein weiteres Problem ist, dass Menschen selbst in anonymen Umfragen nicht unbedingt ehrliche Angaben machen, sondern solche, von denen sie glauben, dass sie eher auf Billigung der Mehrheitsgesellschaft stoßen. Man nennt dieses Phänomen auch soziale Erwünschtheit.

[24] Duden
03.08.2020
wtf21.info/Glossar24

[25] Oxford Handbooks Online
03.08.2020
wtf21.info/Glossar25

[26] Bundeszentrale für politische Bildung
25.09.2014
wtf21.info/Glossar26

[27] Anti-Bias.eu
28.12.2014
wtf21.info/Glossar27

[28] Perspective on Psychological Science
»Do People Have Insight Into Their Abilities? A Metasynthesis«
04.03.2014
wtf21.info/Glossar28

[29] Journal of Personality and Social Psychology
»Unskilled and unaware of it: How difficulties in recognizing one's own incompetence lead to inflated self-assessments«
1999
wtf21.info/Glossar29

[30] Der Standard
»Die selektive Wahrnehmung der Wählerinnen und Wähler«
18.09.2019
wtf21.info/Glossar30

[31] BBC
»Ukraine conflict: Inside Russia's ›Kremlin troll army‹«
19.03.2015
wtf21.info/Glossar31

[32] ZEIT Online
»Richtig falsch«
09.11.2016
wtf21.info/Glossar32

[33] Deutschlandfunk
»Wie Wahlumfragen politische Kultur beeinflussen«
05.07.2017
wtf21.info/Glossar33

Quellenverzeichnis

ARMUT (SEITE 11–14)

[1] Weltbank
April 2020
wtf21.info/Armut1

[2] Weltbank
»Year in Review: 2019 in 14 Charts«
20.12.2019
wtf21.info/Armut18

[3] Our World in Data
11.06.2020
wtf21.info/Armut2

[4] Weltbank
»Year in Review: 2019 in 14 Charts«
20.12.2019
wtf21.info/Armut18

[5] Weltbank
19.09.2018
wtf21.info/Armut4

[6] Our World in Data
11.06.2020
wtf21.info/Armut6

[7] Weltbank
19.09.2018
wtf21.info/Armut4

[8] Deutscher Bundestag
05.12.2016
wtf21.info/Armut7

[9] Bundeszentrale für politische Bildung
14.11.2018
wtf21.info/Armut9
+
Bundesministerium für Familie, Senioren, Frauen und Jugend
»Armutsrisiken von Kindern und Jugendlichen in Deutschland«
2008
wtf21.info/Armut10

[10] Bundesministerium für Arbeit und Soziales
»Armuts- und Reichtumsbericht«
April 2020
wtf21.info/Armut19

[11] Statistisches Bundesamt
27.02.2020
wtf21.info/Armut11

[12] Bundeskanzleramt Österreich
11.06.2020
wtf21.info/Armut12

[13] Our World in Data
September 2018
wtf21.info/Armut13

[14] Weltbank
23.04.2020
wtf21.info/Armut14

[15] Statistisches Bundesamt
30.10.2019
wtf21.info/Armut15

[16] Our World in Data
11.06.2020
wtf21.info/Armut16

CORONA & CO_2 (Seite 15–18)

[1] Statista
»Corona-Krise: Nicht alles ist schlecht«
20.05.2020
wtf21.info/CO2Corona1

[2] OCOS – Integrated Carbon Observation System
»Supplementary data: Temporary reduction in daily global CO_2 emissions during the COVID-19 forced confinement«
20.07.2020
wtf21.info/CO2Corona2

[3] ZDF.de
»Wildtiere erobern die Städte«
12.04.2020
wtf21.info/CO2Corona3

[4] Mother Jones
»Plague Comforts: ›Nature Is Healing, We Are the Virus‹ Memes«
19.05.2020
wtf21.info/CO2Corona4

[5] National Geographic
»Fake animal news abounds on social media as coronavirus upends life«
20.03.2020
wtf21.info/CO2Corona5

[6] National Geographic
»Fake animal news abounds on social media as coronavirus upends life«
20.03.2020
wtf21.info/CO2Corona5

[7] Wired
»The Anthropause: How the Pandemic Gives Scientists a New Way to Study Wildlife«
29.06.2020
wtf21.info/CO2Corona6

[8] Grist
»What lockdown? Traffic returns, and so do carbon emissions«
15.06.2020
wtf21.info/CO2Corona7

[9] Weltwirtschaftsforum
»China's air pollution has overshot prepandemic levels as life begins to return to normal«
07.07.2020
wtf21.info/CO2Corona8

[10] New York Times
»Don't Thank the Virus for Saving the Climate Yet«
04.06.2020
wtf21.info/CO2Corona9

[11] Frankfurter Rundschau
»Corona-Krise: ›Aufgeklärte Bürger akzeptieren auch unangenehme Einschränkungen‹«
07.05.2020
wtf21.info/CO2Corona10

[12] Medientage München
»So hoch fällt der Zuwachs beim Streaming aus«
13.05.2020
wtf21.info/CO2Corona11

[13] Deutschlandfunk
»Die Pandemic hilft dem Klima nur vorübergehend«
26.03.2020
wtf21.info/CO2Corona12

FUSSBALL (Seite 19–22)

[1] FC PlayFair! – Verein für Integrität im Profifußball e. V.
»Situationsanalyse Profifußball 2017«
Mai 2017
wtf21.info/Fußball1

[2] Statista
07.07.2020
wtf21.info/Fußball2

[3] Deutscher Bundestag
Januar 2020
wtf21.info/Fußball3

[4] Academics
»Gehalt Professor – Was verdient ein Professor?«
Januar 2020
wtf21.info/Fußball4

[5] Stepstone
17.07.2020
wtf21.info/Fußball5

[6] Karl Marx
»Das Kapital«
wtf21.info/Fußball6

[7] Kicker
»Hopp nach Schmähungen: ›Ich will das gerne alles vergessen, wenn ...‹«
04.04.2020
wtf21.info/Fußball7

[8] nein-zu-rb.de
17.07.2020
wtf21.info/Fußball8

[9] tz.de
»Astronomisches Gehalt? Neuer sorgt für Unverständnis bei Bayern-Fans – ›Wer den Hals nicht voll kriegt ...‹«
19.04.20
wtf21.info/Fußball9

[10] FC Bayern München
17.07.2020
wtf21.info/Fußball10

[11] Borussia Dortmund GmbH & Co. KGaA
17.07.2020
wtf21.info/Fußball11

[12] PR Marketing
»Fankosten-Index für die deutschen Fußball-Ligen«
2019
wtf21.info/Fussball17

[13] Statistisches Bundesamt
Juni 2020
wtf21.info/Fußball12

[14] Westdeutscher Rundfunk
07.05.2020
wtf21.info/Fußball13

[15] DWDL.de
»Bundesliga treibt Sky-Marktanteil auf fast 40 Prozent«
17.05.2020
wtf21.info/Fußball14

[16] RP Online
»Das kosten die TV-Rechte der Bundesliga seit 1965«
17.07.2020
wtf21.info/Fußball15

[17] Deutscher Fußball-Bund
24.09.2018
wtf21.info/Fußball16

[18] PR Marketing
»Fankosten-Index für die deutschen Fußball-Ligen« 2019
wtf21.info/Fussball17

MAUERBAU (Seite 23–26)

[1] Frankfurter Allgemeine Zeitung
»Mehrheit der Deutschen hält Grenzsicherung Europas für unzureichend«
29.12.2017
wtf21.info/Flucht1

[2] IAB-Kurzbericht
15.11.2016
wtf21.info/Flucht2
+
Opodo
10.06.2020
wtf21.info/Flucht3

[3] Berliner Institut für empirische Integrations- und Migrationsforschung
07.07.2020
wtf21.info/Flucht5

[4] Flüchtlingskommissariat der Vereinten Nationen (UNHCR)
07.07.2020
wtf21.info/Flucht6
+
Büro des Hochkommissars für Menschenrechte (OHCHR)
07.07.2020
wtf21.info/Flucht7

GLEICHBERECHTIGUNG (Seite 27–30)

[1] Süddeutsche Zeitung
»Umfrage: Mehrheit sieht keine Geschlechter-Gleichberechtigung«
03.04.2018
wtf21.info/Gleichberechtigung1

[2] Bundesministerium für Familie, Senioren, Frauen und Jugend
»Gender Care Gap – ein Indikator für die Gleichstellung«
27.08.2019
wtf21.info/Gleichberechtigung5

[3] OECD
»Pensions at a Glance 2019«
2019
wtf21.info/Gleichberechtigung6

[4] PNAS
»Patient-physician gender concordance and increased mortality among female heart attack patients«
21.08.2018
wtf21.info/Gleichberechtigung2

[5] Archives of Sexual Behavior
»Differences in Orgasm Frequency Among Gay, Lesbian, Bisexual, and Heterosexual Men and Women in a U.S. National Sample«
Februar 2017
wtf21.info/Gleichberechtigung3

[6] Deutschlandfunk Kultur
»Die unangenehme Wahrheit sozialer Ungerechtigkeit«
27.06.2019
wtf21.info/Gleichberechtigung7

[7] OECD
2017
wtf21.info/Gleichberechtigung8

[8] Bundesagentur für Arbeit
»Die Arbeitsmarktsituation von Frauen und Männern 2018«
Juli 2019
wtf21.info/Gleichberechtigung9

BITS & KIDS (Seite 31–34)

[1] Techniker Krankenkasse
»Jugend 3.0 – abgetaucht nach Digitalien?«
2014
wtf21.info/Digikids1

[2] Media Perspektiven
»ARD/ZDF-Onlinestudie 2018: Zuwachs bei medialer Internetnutzung und Kommunikation«
29.01.2019
wtf21.info/Digikids2

[3] Mitteldeutscher Rundfunk
»Woher kommt die Angst vor neuer Technologie?«
30.01.2020
wtf21.info/Digikids3

[4] Medienpädagogischer Forschungsverbund Südwest
»JIM-Studie 2019«
März 2020
wtf21.info/Digikids4

[5] Spiegel.de
»Smartphone + Zombie = Smombie«
13.11.2015
wtf21.info/Digikids5

[6] Psychology Today
»Does Screen Time Actually Hurt Kids' Social Skills?«
16.04.2020
wtf21.info/Digikids6

[7] Medienpädagogischer Forschungsverbund Südwest
»JIM-Studie 2019«
März 2020
wtf21.info/Digikids4

[8] B2X Care Solutions
18.05.2017
wtf21.info/Digikids8

HASS UND HETZE (Seite 35–38)

[1] Institut für Demokratie und Zivilgesellschaft (IDZ)
»#Hass im Netz: Der schleichende Angriff auf unsere Demokratie«
Juni 2019
wtf21.info/Hass1

[2] The Economist
»In Germany, online hate speech has real-world consequences«
12.01.2028
wtf21.info/Hass2
+
Karsten Müller und Carlo Schwarz:
»Fanning the Flames of Hate: Social Media and Hate Crime«
05.06.2020
wtf21.info/Hass3

[3] Der Tagesspiegel
»Merkels ›Neuland‹ wird zur Lachnummer im Netz«
19.06.2013
wtf21.info/Hass4

[4] Bundeskriminalamt
06.06.2019
wtf21.info/Hass5

[5] Neue Deutsche Medienmacher e. V.
11.07.2020
wtf21.info/Hass6

[6] Neue Deutsche Medienmacher e. V.
11.07.2020
wtf21.info/Hass6

[7] Zeit Online
»Bundesregierung beschließt strengere Regeln für soziale Netzwerke«
01.04.2020
wtf21.info/Hass7

[8] Spiegel.de
»Twitter versteckt Trumps Gewaltandrohung hinter einem Warnhinweis«
24.06.2020
wtf21.info/Hass9

[9] The Guardian
»Google says AI better than humans at scrubbing extremist YouTube content«
01.08.2017
wtf21.info/Hass10

[10] Bundeskriminalamt
06.06.2019
wtf21.info/Hass5

[11] Süddeutsche Zeitung
»Razzien wegen Hass-Postings gegen Lübcke«
04.06.2020
wtf21.info/Hass12

[12] Facebook
11.07.2020
wtf21.info/Hass13

[13] Stern.de
»Nach Werbeboykott großer Unternehmen: Mark Zuckerberg verliert sieben Milliarden US-Dollar«
29.06.2020
wtf21.info/Hass14

[14] Statista
»Facebook geht verstärkt gegen Hate Speech vor«
13.05.2020
wtf21.info/Hass15

[15] Institut für Demokratie und Zivilgesellschaft (IDZ)
»#Hass im Netz: Der schleichende Angriff auf unsere Demokratie«
Juni 2019
wtf21.info/Hass1

FRAUENKRIMI (Seite 39–42)

[1] Statistisches Bundesamt
15.01.2020
wtf21.info/Frauenkrimi1

[2] Bundeskriminalamt
»Polizeiliche Kriminalstatistik« Bundesrepublik Deutschland, Jahrbuch 2019, Band 3, Tatverdächtige
Juni 2020
wtf21.info/Frauenkrimi2

[3] Statistisches Bundesamt
15.01.2020
wtf21.info/Frauenkrimi1

[4] Bundeskriminalamt
»Polizeiliche Kriminalstatistik« Bundesrepublik Deutschland, Jahrbuch 2019, Band 3, Tatverdächtige
Juni 2020
wtf21.info/Frauenkrimi2

[5] Bundeskriminalamt
»Polizeiliche Kriminalstatistik« Bundesrepublik Deutschland, Jahrbuch 2019, Band 3, Tatverdächtige
Juni 2020
wtf21.info/Frauenkrimi2

[6] Statistisches Bundesamt
15.01.2020
wtf21.info/Frauenkrimi1

[7] Statistisches Bundesamt
15.01.2020
wtf21.info/Frauenkrimi1

[8] Bundeskriminalamt
»Polizeiliche Kriminalstatistik« Bundesrepublik Deutschland, Jahrbuch 2019, Band 3, Tatverdächtige
Juni 2020
wtf21.info/Frauenkrimi2

[9] Bundeskriminalamt
»Polizeiliche Kriminalstatistik«
Bundesrepublik Deutschland, Jahrbuch 2019, Band 3, Tatverdächtige
Juni 2020
wtf21.info/Frauenkrimi2

[10] Deutschlandfunk Kultur
»Warum Frauen weniger kriminell werden«
23.10.2017
wtf21.info/Frauenkrimi3

[11] Welt
»Fast jeder zweite Straftäter wird rückfällig«
14.08.2014
wtf21.info/Frauenkrimi4

[12] Deutsches Ärzteblatt
»Häusliche Gewalt gegen Männer: Unbeachtet und tabuisiert«
März 2017
wtf21.info/Frauenkrimi5

[13] Bundeskriminalamt
»Partnerschaftsgewalt: Kriminalstatistische Auswertung«
Berichtsjahr 2018
wtf21.info/Frauenkrimi6

[14] Orange by Handelsblatt
»Sind Männer krimineller als Frauen?«
05.01.2018
wtf21.info/Frauenkrimi7

[15] Bundeskriminalamt
»Polizeiliche Kriminalstatistik«
Tabelle 20, Tatverdächtige nach Alter und Geschlecht
Berichtsjahr 2019
wtf21.info/Frauenkrimi8

[16] Statistisches Bundesamt
15.01.2020
wtf21.info/Frauenkrimi1

[17] Statistisches Bundesamt
15.01.2020
wtf21.info/Frauenkrimi1

[18] Südkurier
»Brillant und Spitzbübisch: Hans-Joachim Heist bringt das Publikum in Bad Säckingen zum Lachen«
21.03.2018
wtf21.info/Frauenkrimi9

AUTOLAND (Seite 49–52)

[1] RP Online
»Immer weniger Menschen machen den Führerschein«
03.05.2019
wtf21.info/Auto1

[2] Kraftfahrt-Bundesamt
12.06.2020
wtf21.info/Auto2

[3] Statistisches Bundesamt
12.06.2020
wtf21.info/Auto3

[4] ZDF.de
»Die Geschichte des Automobils«
21.06.2017
wtf21.info/Auto4

[5] ADAC
»Corona-Krise: Die Autokinos sind zurück«
09.06.2020
wtf21.info/Auto5

[6] RP Online
»Immer weniger Menschen machen den Führerschein«
03.05.2019
wtf21.info/Auto1

[7] ZDF Aspekte
»Das Ende des Autos?«
19.07.2019
wtf21.info/Auto6

[8] BR24
»Führerschein: Jugendliche lassen sich mehr Zeit«
21.08.2019
wtf21.info/Auto7

[9] Spiegel.de
»Deutschland im Autorausch«
17.09.2019
wtf21.info/Auto8

[10] Statistisches Bundesamt
12.06.2020
wtf21.info/Auto3

[11] Frankfurter Allgemeine Zeitung
»Die Deutschen lieben ihre Autos immer noch«
23.01.2020
wtf21.info/Auto9

[12] Kraftfahrt-Bundesamt
12.06.2020
wtf21.info/Auto10

[13] Bundesministerium für Wirtschaft und Energie
12.06.2020
wtf21.info/Auto11

[14] Süddeutsche Zeitung
»410.000 Arbeitsplätze in Gefahr«
03.01.2020
wtf21.info/Auto12

[15] ZDF.de
»Elektroauto-Boom in Norwegen«
03.01.2020
wtf21.info/Auto20

[16] Kraftfahrt-Bundesamt
18.06.2020
wtf21.info/Auto10

[17] ZDF.de
»Keine Kaufprämie für Verbrenner«
04.06.2020
wtf21.info/Auto15

[18] Kraftfahrt-Bundesamt
18.06.2020
wtf21.info/Auto10

[19] Statista
28.01.2020
wtf21.info/Auto21

FLUGSCHAM (Seite 53–56)

[1] YouGov
27.02.2020
wtf21.info/Reise1

[2] Flightradar24
07.04.2020
wtf21.info/Reise2

[3] Reise-Preise.de
»Urlauber dürfen sich über günstige Flüge freuen«
09.01.2019
wtf21.info/Reise3

[4] YouGov
27.02.2020
wtf21.info/Reise1

[5] Die Zeit
»›Wertewandel‹: Die Ära Reisescham?«
05.02.2020
wtf21.info/Reise4

[6] Tagesschau.de
»Weniger Passagiere auf Inlandsflügen«
25.01.2020
wtf21.info/Reise5

[7] ORF.at
»IATA rechnet mit Preiskampf bei Flugtickets«
03.06.2020
wtf21.info/Reise6

[8] Deutscher Reiseverband
»Der deutsche Reisemarkt«
2019
wtf21.info/Reise7

[9] YouGov
27.02.2020
wtf21.info/Reise1

GENDERGERECHTIGKEIT (Seite 57–60)

[1] Statistisches Bundesamt
»Bildung und Kultur«
29.10.2019
wtf21.info/gendergerecht1

[2] Statistisches Bundesamt
»Frauen in Führungspositionen«
wtf21.info/gendergerecht2

[3] Finanzen.net
20.07.2020
wtf21.info/gendergerecht3

[4] Michelin Guide
»Guide MICHELIN Deutschland 2020 – die neuen Sterne«
03.03.2020
wtf21.info/gendergerecht4
+
Restaurant-Ranglisten.de
20.07.2020
wtf21.info/gendergerecht5

[5] Welt
»Führungsfrauen in der deutschen Wirtschaft«
23.09.2019
wtf21.info/gendergerecht6

[6] Die Zeit
»Ich habe mich gerächt«
06.02.2020
wtf21.info/gendergerecht7

[7] Handelsblatt
»Mehr Frauen sind bei der Bundespolizei in Führungspositionen«
30.05.2019
wtf21.info/gendergerecht8

[8] Bliq
»Wie divers sind deutsche Talkshows?«
27.12.2019
wtf21.info/gendergerecht9

[9] Deutscher Bundestag
Juli 2019
wtf21.info/gendergerecht10

[10] Statistisches Bundesamt
»Bildung und Kultur«
29.10.2019
wtf21.info/gendergerecht1

[11] Initiative Chefsache
»Noch nie war die Lust auf Führungsaufgaben so gering«
08.03.2020
wtf21.info/gendergerecht11

[12] Handelsblatt
»Warum immer noch so wenige Frauen Chefinnen werden«
08.03.2019
wtf21.info/gendergerecht12

[13] Statistisches Bundesamt
»Personen in Elternzeit«
20.07.2020
wtf21.info/gendergerecht13

[14] Boston Consultin Group
»(Em)Power Women«
März 2019
wtf21.info/gendergerecht14

[15] Zeit Campus
»So viele Frauen wie noch nie«
21.10.2019
wtf21.info/gendergerecht15

[16] Deutscher Ärztinnenbund
»Medical Women on Top«
Januar 2019
wtf21.info/gendergerecht16

[17] Deutscher Bundestag
Juli 2019
wtf21.info/gendergerecht10

[18] Süddeutsche Zeitung
»CDU-Kompromiss zur Frauenquote in Parteivorständen«
08.07.2020
wtf21.info/2gendergerecht17

[19] Weltwirtschaftsforum
»Global Gender Gap Report 2020«
16.12.2019
wtf21.info/gendergerecht18

[20] Welt
»Mehrheit der Männer lehnt Frauenquote für Bundestag ab«
22.10.2019
wtf21.info/gendergerecht19

[21] Welt
»Mehrheit der Männer lehnt Frauenquote für Bundestag ab«
22.10.2019
wtf21.info/gendergerecht19

KREUZFAHRT (Seite 61–64)

[1] Schiffsjournal
07.04.2018
wtf21.info/Kreuzfahrt1

[2] Statista
14.06.2019
wtf21.info/Kreuzfahrt2

[3] Deutscher Reiseverband
»Der deutsche Reisemarkt«
2019
wtf21.info/Kreuzfahrt3

[4] Süddeutsche Zeitung
»Das war Gretas Amerika-Reise«
16.11.2019
wtf21.info/Kreuzfahrt4

[5] Stern
»Ärger über Abschlussfahrt mit Kreuzfahrtschiff: Ausgerechnet Schüler lösen Klima-Debatte aus«
18.09.2019
wtf21.info/Kreuzfahrt5

[6] Deutsche Welle
»Klimakiller Kreuzfahrt?«
22.06.2019
wtf21.info/Kreuzfahrt6

[7] Bayerischer Rundfunk
»Die Kreuzfahrt boomt, die Umwelt leidet«
16.11.2016
wtf21.info/Kreuzfahrt7

[8] Hannoversche Allgemeine Zeitung
»Bessere Luft bei Kreuzfahrtschiffen in Sicht«
06.09.2017
wtf21.info/Kreuzfahrt8

[9] Statista
18.06.2020
wtf21.info/Kreuzfahrt9

[10] New Scientist
»Tourism is four times worse for the climate than we thought«
07.05.2018
wtf21.info/Kreuzfahrt10

[11] David Foster Wallace
»Shipping Out«
1996
wtf21.info/Kreuzfahrt14

[12] Nature
26.03.2020
wtf21.info/Kreuzfahrt11

[13] New Scientist
»Tourism is four times worse for the climate than we thought«
07.05.2018
wtf21.info/Kreuzfahrt10

[14] Statista
18.06.2020
wtf21.info/Kreuzfahrt9

BILDUNGSGERECHTIGKEIT (Seite 65–68)

[1] Bundeszentrale für politische Bildung
»Chancengleichheit zwischen Anspruch und Wirklichkeit«
12.9.2018
wtf21.info/Chancen1

[2] Deutsches Zentrum für Hochschul- und Wissenschaftsforschung
»Bildungstrichter: Die Aufnahme eines Hochschulstudiums hängt stark von der Bildung der Eltern ab«
09.05.2018
wtf21.info/Chancen2

[3] Zeit Online
»Zweitklässler in der Onlinekonferenz«
04.05.2020
wtf21.info/Chancen3

[4] Planet Wissen
»PISA, was ist das?«
12.11.2019
wtf21.info/Chancen4

[5] Deutsches Zentrum für Hochschul- und Wissenschaftsforschung
»Bildungstrichter: Die Aufnahme eines Hochschulstudiums hängt stark von der Bildung der Eltern ab«
09.05.2018
wtf21.info/Chancen2

[6] ifo Schnelldienst
»Was die Deutschen über Bildungsungleichheit denken«
12.09.2019
wtf21.info/Chancen5

[7] Süddeutsche Zeitung
»Fünf schädliche Bildungsmythen«
03.08.2019
wtf21.info/Chancen6

[8] Spiegel.de
»Das leere Versprechen vom Aufstieg durch Bildung«
22.10.2018
wtf21.info/Chancen7

[9] OECD
10.09.2019
wtf21.info/Chancen8

[10] Spiegel.de
»Das leere Versprechen vom Aufstieg durch Bildung«
22.10.2018
wtf21.info/Chancen7

[11] OECD + Vodafone Stiftung Deutschland
»Erfolgsfaktor Resilienz«
Januar 2018
wtf21.info/Chancen9

[12] ifo Schnelldienst
»Was die Deutschen über Bildungsungleichheit denken«
12.09.2019
wtf21.info/Chancen5

[13] Bundesministerium für Bildung und Forschung
30.03.2020
wtf21.info/Chancen10

REISEFREIHEIT (Seite 69–72)

[1] Zeit Online
»Fast jeder Zweite lehnt Grenzöffnungen für Sommerurlaub ab«
29.04.2020
wtf21.info/Grenzen2

[2] Zeit Online
»Dänemark baut Wildschweinzaun an der deutschen Grenze«
28.01.2019
wtf21.info/Grenzen4
+
Tagesschau.de
»Gegen Wildschweine abgeschottet«
02.12.2019
wtf21.info/Grenzen5
+
The Guardian
»Sweden and Denmark crack down on refugees at borders«
04.01.2016
wtf21.info/Grenzen6
+
BBC
»Denmark responds to Swedish border checks with own controls«
04.01.2016
wtf21.info/Grenzen7
+
Kieler Nachrichten
»Rund 5500 Personen abgewiesen«
14.03.2018
wtf21.info/Grenzen8
+
Tagesschau.de
»Wie wird kontrolliert? Wer kommt durch?«
14.09.2015
wtf21.info/Grenzen9
+
Süddeutsche Zeitung
»Seehofer verlängert Grenzkontrollen zu Österreich«
25.09.2019
wtf21.info/Grenzen10
+
Bayerischer Rundfunk
»Was bringt die Grenzpolizei wirklich? Eine Bilanz«
09.01.2020
wtf21.info/Grenzen11
+
Spiegel.de
»Dieser Zaun stoppt niemanden – weil keiner kommt«
03.12.2018
wtf21.info/Grenzen12
+
Die Politische Meinung
»Reaktionen auf den islamistischen Terror«
03.02.2017
wtf21.info/Grenzen13
+
RP Online
»Grenzkontrollen nach Terror in Brüssel«
23.03.2016
wtf21.info/Grenzen14
+
Zeit Online
»Bundesheer soll österreichische Grenze kontrollieren«
16.08.2017
wtf21.info/Grenzen15
+
Bundesministerium für Verkehr und digitale Infrastruktur
»Lkw-Blockabfertigung in Tirol

verstößt gegen EU-Grundsatz
des freien Warenverkehrs«
06.07.2020
wtf21.info/Grenzen16
+
Bayerischer Rundfunk
»Tirol läutet neue Woche mit
Lkw-Blockabfertigung ein«
28.10.2019
wtf21.info/Grenzen17
+
Handelsblatt
»Tschechien probt für die
nächste Flüchtlingskrise«
04.11.2019
wtf21.info/Grenzen18
+
Spiegel.de
»So fasste die Polizei
Hunderte Kriminelle«
10.07.2017
wtf21.info/Grenzen19
+
Bundesministerium des Innern, für Bau und Heimat
»Sicherheit beim G 7-Gipfel in Elmau«
25.05.2015
wtf21.info/Grenzen20
+
Tiroler Tageszeitung
»Coronavirus-Verdacht legte Bahn
am Brenner vier Stunden lahm«
24.02.2020
wtf21.info/Grenzen21

[3] Bundeszentrale für politische Bildung
»Vor 25 Jahren: Der Schengen-Raum wird Realität«
25.03.2020
wtf21.info/Grenzen3

[4] Tagesschau.de
»Wann sind Kontrollen möglich?«
13.09.2015
wtf21.info/Grenzen23

[5] Süddeutsche Zeitung
»Wie sinnvoll sind Grenzschließungen?«
13.03.2020
wtf21.info/Grenzen24

[6] Süddeutsche Zeitung
»Reiseverbote helfen
nicht gegen Corona«
07.05.2020
wtf21.info/Grenzen25

[7] Welt
»Polen schließt Grenze für
Pendler – Deutschland bangt
um Medizin-Personal«
25.03.2020
wtf21.info/Grenzen26
+
Süddeutsche Zeitung
»Bauen mit Hindernissen«
11.05.2020
wtf21.info/Grenzen27

[8] BBC
»Trump wall – all you need to know
about US border in seven charts«
27.09.2019
wtf21.info/Grenzen28

[9] The New Yorker
»What are Borders for?«
27.11.2019
wtf21.info/Grenzen29

[10] Spiegel.de
»Ungarn macht Grenze
zu Kroatien dicht«
17.10.2015
wtf21.info/Grenzen30

[11] Süddeutsche Zeitung
»Ein zurückgewiesener
Migrant alle 24 Tage«
28.06.2019
wtf21.info/Grenzen31

[12] The New Yorker
»What are Borders for?«
27.11.2019
wtf21.info/Grenzen29

[13] ADAC
»Staubilanz 2019 – So lange
standen die Deutschen im Stau«
07.02.2020
wtf21.info/Grenzen32

[14] Statistisches Bundesamt
12.09.2017
wtf21.info/Grenzen33

[15] Gemeinde Büsingen
06.07.2020
wtf21.info/Grenzen34

[16] Tagesschau.de
»Gefangen auf der Autobahn«
19.03.2020
wtf21.info/Grenze35

GERECHTIGKEIT (Seite 73–76)

[1] Spiegel.de
»Bürger empfinden Deutschland als extrem ungerecht«
05.03.2020
wtf21.info/Gerechtigkeit1

[2] Deutsches Institut für Wirtschaftsforschung e. V.
»DIW Wochenbericht«
02.10.2019
wtf21.info/Gerechtigkeit2
+
Statistisches Bundesamt
31.12.2017
wtf21.info/Gerechtigkeit4

[3] Institut der Deutschen Wirtschaft
12.08.2019
wtf21.info/Gerechtigkeit5

[4] Institut der deutschen Wirtschaft
11.05.2018
wtf21.info/Gerechtigkeit6

[5] Brand eins
»Was vom Ideologen blieb«
2015
wtf21.info/Gerechtigkeit7

[6] Weltwirtschaftsforum
»The Inclusive Development Index 2018«
wtf21.info/Gerechtigkeit8

[7] Institut der Deutschen Wirtschaft
12.08.2019
wtf21.info/Gerechtigkeit5

[8] Deutsches Institut für
Wirtschaftsforschung e. V.
»DIW Wochenbericht«
07.05.2019
wtf21.info/Gerechtigkeit9

[9] Süddeutsche Zeitung
»Die Ärmsten verdienen
weniger, die Reichen mehr«
07.05.2019
wtf21.info/Gerechtigkeit10

[10] Spiegel.de
»Bürger empfinden Deutschland als extrem ungerecht«
05.03.2020
wtf21.info/Gerechtigkeit1

[11] Society for the Study of
Economic Inequality
»What do Germans think and
know about income inequality? A survey experiment«
Januar 2016
wtf21.info/Gerechtigkeit12

[12] Spiegel.de
»So hoch ist Ihr Einkommen
im Vergleich zu anderen«
12.08.2019
wtf21.info/Gerechtigkeit13

[13] Süddeutsche Zeitung
»Geheimsache Gehalt«
04.03.2020
wtf21.info/Gerechtigkeit14

[14] Prof. Dr. Joachim Schwalbach
»Vergütungsstudie 2010«
2010
wtf21.info/Gerechtigkeit15

[15] Institut für Mitbestimmung
und Unternehmensführung der
Hans-Böckler-Stiftung
»Mitbestimmungsreport«, Nr. 44, 07.2018
wtf21.info/Gerechtigkeit16

[16] Weltwirtschaftsforum
»The Inclusive Development Index 2018«
wtf21.info/Gerechtigkeit8

CORONAVIRUS (Seite 77–80)

[1] Der Tagespiegel
»Deutsche haben wenig Vertrauen
in die Gesundheitsbehörden«
04.03.2020
wtf21.info/Corona1

[2] OECD
»Health at a Glance«
2019
wtf21.info/Corona2

[3] Johns Hopkins University
07.07.2020
wtf21.info/Corona18
+
Johns Hopkins University
07.07.2020
wtf21.info/Corona19

[4] Spiegel.de
»Schönreden, Verdrängen, Leugnen«
29.06.2020
wtf21.info/Corona3

[5] Spiegel.de
»Schönreden, Verdrängen, Leugnen«
29.06.2020
wtf21.info/Corona3

[6] Zeit Online
»Wahlkampf: Trumps Irrlichtern in Zeiten von Corona«
03.05.2020
wtf21.info/Corona4

[7] The Washington Post
»From ›It's going to disappear‹
to ›We will win this war‹«
31.03.2020
wtf21.info/Corona6

[8] Independent
»Coronavirus: All the times
Trump has baselessly claimed
Covid-19 would disappear«
02.07.2020
wtf21.info/Corona7

[9] Harvard Business Review
»Lessons from Italy's Response to Coronavirus«
27.03.2020
wtf21.info/Corona8

[10] Spiegel.de
»Brasilianische Journalisten
müssen nach Ansprache mit
Bolsonaro in Quarantäne«

08.07.2020
wtf21.info/Corona9

[11] CNBC
»Trump says some Americans wear coronavirus masks ›to signal disapproval of him‹«
18.06.2020
wtf21.info/Corona12

[12] Tagesschau.de
»Bolsonaro lässt sich nicht beirren«
09.07.2020
wtf21.info/3Corona10
+
Aerzteblatt.de
»US-Präsident Trump nimmt Hydroxychloroquin als Prophylaxe ein«
19.05.2020
wtf21.info/Corona11

[13] BBC
»Coronavirus: Boris Johnson moved to intensive care as symptoms worsen«
07.04.2020
wtf21.info/Corona13

[14] Zeit Online
»FDP liegt in Umfrage unter Fünfprozenthürde«
19.06.2020
wtf21.info/Corona14

[15] GatesNotes
»The first modern pandemic«
24.04.2020
wtf21.info/Corona18

[16] Deutsche Krankenhausgesellschaft e. V.
14.07.2020
wtf21.info/Corona16

[17] Süddeutsche Zeitung
»Die Impfbereitschaft gegen das Coronavirus sinkt«
12.07.2020
wtf21.info/Corona20

[18] Deutsche Apotheker Zeitung
»Masken: Chaotischer Markt mit schwankenden Preisen«
04.05.2020
wtf21.info/Corona17

DROGEN (Seite 81–84)

[1] Bundesministerium für Gesundheit
Kim Otto, Andreas Köhler, Kristin Baars
»Die Darstellung von Sucht und Drogen im deutschen Fernsehen«
2017
wtf21.info/Drogen1

[2] IFT Institut für Therapieforschung
»Kurzbericht Epidemiologischer Suchtsurvey 2015/Alkoholkonsum«
Oktober 2016
wtf21.info/Drogen2

[3] IFT Institut für Therapieforschung
»Kurzbericht Epidemiologischer Suchtsurvey 2015/Tabakkonsum«
Oktober 2016
wtf21.info/Drogen3

[4] IFT Institut für Therapieforschung
»Kurzbericht Epidemiologischer Suchtsurvey 2015/Konsum illegaler Drogen«
Oktober 2016
wtf21.info/Drogen4

[5] IFT Institut für Therapieforschung
»Kurzbericht Epidemiologischer Suchtsurvey 2015/Medikamenteneinnahme«
Oktober 2016
wtf21.info/Drogen6

[6] IFT Institut für Therapieforschung
»Kurzbericht Epidemiologischer Suchtsurvey 2015/Konsum illegaler Drogen«
Oktober 2016
wtf21.info/Drogen4

[7] IFT Institut für Therapieforschung
»Kurzbericht Epidemiologischer Suchtsurvey 2015/Konsum illegaler Drogen«
Oktober 2016
wtf21.info/Drogen4

[8] IFT Institut für Therapieforschung
»Kurzbericht Epidemiologischer Suchtsurvey 2015/Konsum illegaler Drogen«
Oktober 2016
wtf21.info/Drogen4

[9] taz Blogs
»2019 wieder mehr Drogentote«
27.03.2020
wtf21.info/Drogen7

[10] NDR.de
»Unterschätzte Gefahr: Legale und illegale Drogen«
27.06.2018
wtf21.info/Drogen8

[11] Aerzteblatt.de
»Konsum starker Schmerzmittel steigt in Deutschland«
10.05.2017
wtf21.info/Drogen9

[12] Techniker Krankenkasse
»Medikamentenabhängigkeit – die diskrete Sucht«
24.01.2020
wtf21.info/Drogen10

[13] NDR.de
»Unterschätzte Gefahr: Legale und illegale Drogen«
27.06.2018
wtf21.info/Drogen8

[14] Bundeskriminalamt
»Polizeiliche Kriminalstatistik« Bundesrepublik Deutschland, Jahrbuch 2019, Band 4
wtf21.info/Drogen11

[15] Zeit Online
»Abhängige sind Patienten, keine Kriminellen«
11.06.2019
wtf21.info/Drogen12

[16] Tagesschau.de
»Null-Toleranz, Tolerierung oder Legalisierung?«
05.11.2019
wtf21.info/Drogen14

[17] Global Commission on Drug Policy
2018
wtf21.info/Drogen15

[18] NZ Drug Foundation
»Global leaders call to regulate drugs«
14.07.2020
wtf21.info/Drogen16

[19] American Enterprise Institute
»The shocking story behind Richard Nixon's ›War on Drugs‹ that targeted blacks and anti-war activists«
14.06.2018
wtf21.info/Drogen17

[20] American Civil Liberties Union
14.07.2020
wtf21.info/Drogen18

[21] Deutsche Welle
»Seehofer: Streit um abgesagte Rassismus-Studie«
07.07.2020
wtf21.info/drogen20

[22] Die Drogenbeauftragte der Bundesregierung
»1398 Menschen an illegalen Drogen gestorben«
24.03.2020
wtf21.info/Drogen21

[23] Bundesministerium für Gesundheit
12.12.2019
wtf21.info/Drogen22

[24] Bundesministerium für Gesundheit
25.02.2020
wtf21.info/Drogen23

[25] Deutscher Hanfverband
März 2020
wtf21.info/Drogen24

WOHNRAUM (Seite 89–92)

[1] Deutscher Caritasverband e. V.
»Menschenrecht auf Wohnen«
10.01.2018
wtf21.info/Wohnen1

[2] Statistisches Bundesamt
»Jede fünfte Person lebte 2018 in einem Einpersonenhaushalt«
16.07.2019
wtf21.info/Wohnen2

[3] GESIS – Leibniz-Institut für Sozialwissenschaften
10.07.2020
wtf21.info/Wohnen3

[4] Deutschlandinzahlen.de
10.07.2020
wtf21.info/Wohnen4

[5] Statistisches Bundesamt
10.07.2020
wtf21.info/Wohnen5

[6] Bundeszentrale für politische Bildung
»Zum Wandel des Wohnens«
05.05.2014
wtf21.info/Wohnen6

[7] Bundeszentrale für politische Bildung
2010
wtf21.info/Wohnen7
+
Statistisches Bundesamt
»Drei von vier Frauen in Deutschland sind erwerbstätig – dritthöchster Wert in der EU«
06.03.2020
wtf21.info/Wohnen8

[8] Mieterzeitung
»Es fehlt an bezahlbaren Wohnungen«
März 2019
wtf21.info/Wohnen9

[9] Spiegel.de
»Steigende Mieten belasten Senioren«
28.06.2019
wtf21.info/Wohnen10

[10] Zeit Online
»Jeder Vierzehnte hat eine zu kleine Wohnung«
14.01.2019
wtf21.info/Wohnen11

[11] Welt
»Die Flucht in die Stadt beschert Deutschland das Wohnraum-Paradox«
31.07.2019
wtf21.info/Wohnen12

[12] Statistisches Bundesamt
»Jede fünfte Person lebte 2018 in einem Einpersonenhaushalt«
16.07.2019
wtf21.info/Wohnen2

[13] Deutsche Bundesregierung
28.08.2019
wtf21.info/Wohnen14

[14] Deutschlandinzahlen.de
10.07.2020
wtf21.info/Wohnen4

LESEN (Seite 93–96)

[1] Frankfurter Allgemeine Zeitung
»Jeder fünfte deutsche Viertklässler kann nicht richtig lesen«
05.12.2017
wtf21.info/Lesen1

[2] Stiftung Lesen, Die Zeit, Deutsche Bahn Stiftung
»Vorlesestudie«
2019
wtf21.info/Lesen2

[3] Börsenverein des Deutschen Buchhandels
»Zurück zu den Lesern – Der Buchmarkt in Deutschland 2018/19«
06.06.2019
wtf21.info/Lesen3

[4] Börsenverein des Deutschen Buchhandels
08.07.2020
wtf21.info/Lesen4

[5] Börsenverein des Deutschen Buchhandels
»Zurück zu den Lesern – Der Buchmarkt in Deutschland 2018/19«
06.06.2019
wtf21.info/Lesen3

[6] Stiftung für Zukunftsfragen
»Freizeitmonitor 2019«
12.09.2019
wtf21.info/Lesen6

[7] Börsenverein des Deutschen Buchhandels
»Buch und Buchhandel in Zahlen«
2019
wtf21.info/Lesen7

[8] Goodreads
09.07.20202
wtf21.info/Lesen8

[9] Börsenverein des Deutschen Buchhandels
»Buch und Buchhandel in Zahlen«
2019
wtf21.info/Lesen7

[10] Bundeszentrale für politische Bildung
»Jugendliche lesen 2018 mehr als jemals zuvor«
14.08.2018
wtf21.info/Lesen9

[11] Bundesregierung Deutschland
»Leseförderung gegen Bildungsarmut«
18.11.2011
wtf21.info/Lesen10

[12] Stiftung Lesen, Die Zeit, Deutsche Bahn Stiftung
»Vorlesestudie«
2019
wtf21.info/Lesen2

[13] The New York Review of Books
»President Obama & Marilynne Robinson: A Conversation—II«
19.11.2015
wtf21.info/Lesen12

[14] Börsenverein des Deutschen Buchhandels
»Zurück zu den Lesern – Der Buchmarkt in Deutschland 2018/19«
06.06.2019
wtf21.info/Lesen3

[15] Börsenverein des Deutschen Buchhandels
»Zurück zu den Lesern – Der Buchmarkt in Deutschland 2018/19«
06.06.2019
wtf21.info/Lesen3

VOLLGAS (Seite 97–100)

[1] Civey
»Wie hoch sollte ein allgemeines Tempolimit auf deutschen Autobahnen sein?«
November/Dezember 2019
wtf21.info/Tempolimit1

[2] Spiegel.de
»Klare Mehrheit für Tempolimit auf Autobahnen«
27.12.2019
wtf21.info/Tempolimit2

[3] Bundesministerium für Verkehr und digitale Infrastruktur
27.01.2019
wtf21.info/Tempolimit3

[4] Handelsblatt
»PS-Obergrenze bei Neuwagen scheint erreicht«
01.11.2013
wtf21.info/Tempolimit4

[5] Spiegel.de
»Deutsche Autobauer stellen PS-Rekord bei Neuzulassungen auf«
19.02.2020
wtf21.info/Tempolimit5

[6] Kraftfahrt-Bundesamt
29.05.2020
wtf21.info/Tempolimit6

[7] Consors Finanz
»Automobilbarometer 2017«
2017
wtf21.info/Tempolimit7

[8] Umweltbundesamt
»Tempolimit auf Autobahnen mindert CO_2-Emissionen deutlich«
28.02.2020
wtf21.info/Tempolimit9

[9] Bundesministerium für Verkehr und digitale Infrastruktur
27.01.2019
wtf21.info/Tempolimit3
+
Bundesanstalt für Straßenwesen
»Voraussichtliche Entwicklung von Unfallanzahlen und Jahresfahrleistungen in Deutschland«
Dezember 2019
wtf21.info/Tempolimit10

[10] Statistisches Bundesamt
27.02.2020
wtf21.info/Tempolimit11
+
Statistisches Bundesamt
»Unfallentwicklung auf deutschen Straßen«
12.07.2018
wtf21.info/Tempolimit12

[11] Umweltbundesamt
»Tempolimit auf Autobahnen mindert CO_2-Emissionen deutlich«
28.02.2020
wtf21.info/Tempolimit9

SCHULDEN (Seite 101–104)

[1] Frankfurter Allgemeine Zeitung
»Menschen sehen in hohen Staatsschulden großes Risiko für Europa«
27.02.2020
wtf21.info/Schulden1

[2] Statista
02.08.2019
wtf21.info/Schulden2
+
Statistisches Bundesamt
26.03.2020
wtf21.info/Schulden3

[3] Statista
30.01.2020
wtf21.info/Schulden4

[4] Internationaler Währungsfonds
»Tracking the $9 Trillion Global Fiscal Support to Fight COVID-19«
20.05.2020
wtf21.info/Schulden5

[5] Tagesschau.de
»218,5 Milliarden Euro neue Schulden«
15.06.2020
wtf21.info/Schulden6

[6] ZDF.de
»Deutliche Mehrheit für Konjunkturpaket«
12.06.2020
wtf21.info/Schulden7

[7] »Markus Lanz«
11.06.2020
wtf21.info/Schulden8

[8] Handelsblatt
»Die Angst vor den Schulden«
11.11.2015
wtf21.info/Schulden9

[9] Schufa
»Schufa Kredit-Kompass 2019«
Mai 2019
wtf21.info/Schulden10

[10] t-online.de
»Ewige Schulden sind das Beste, was uns passieren kann«
07.06.2020
wtf21.info/Schulden11

[11] Intelligencer
»The New York Times' Deficit Coverage Is Fake News«
22.04.2020
wtf21.info/Schulden12

[12] Bund der Steuerzahler Deutschland e. V.
16.07.2020
wtf21.info/Schulden13

[13] t-online.de
»Ewige Schulden sind das Beste, was uns passieren kann«
07.06.2020
wtf21.info/Schulden11

[14] Collaborative Fund
»Who Pays For This?«
17.04.2020
wtf21.info/Schulden14

[15] Handelsblatt
»Das große Schuldenexperiment – Retten wir uns zu Tode?«
15.05.2020
wtf21.info/Schulden15

[16] Handelsblatt
»Das große Schuldenexperiment – Retten wir uns zu Tode?«
15.05.2020
wtf21.info/Schulden15

[17] Deutschlandinzahlen.de
16.07.2020
wtf21.info/Schulden16

[18] Tagesschau.de
»EZB-Anleihekaufprogramm teilweise verfassungswidrig«
05.05.2020
wtf21.info/Schulden17

[19] Handelsblatt
»Ein Krisenprogramm von 1,35 Billionen Euro: Die EZB geht in die Vollen«
04.06.2020
wtf21.info/Schulden18
+
Deutschlandfunk
»Das Gericht wird versuchen, irgendwo Grenzen einzuziehen«
05.05.2020
wtf21.info/Schulden19

[20] Statista
02.06.2020
wtf21.info/Schulden20

[21] Neue Zürcher Zeitung
»Japan pumpt über 100 Milliarden Dollar in den Markt«
01.12.2009
wtf21.info/Schulden24

[22] Süddeutsche Zeitung
»Die japanische Pumpe«
02.08.2019
wtf21.info/Schulden21

[23] Handelsblatt
»Die Angst vor den Schulden«
11.11.2015
wtf21.info/Schulden9

[24] Institute of International Finance
» Global Debt Monitor«
06.04.2020
wtf21.info/Schulden25

EU-HEIMAT (Seite 105–108)

[1] Europäische Kommission
»Standard-Eurobarometer 91«
Juni 2019
wtf21.info/EU1

[2] Europäische Kommission
»Special Eurobarometer 474«
Dezember 2018
wtf21.info/EU2

[3] Eurostaat
23.07.2020
wtf21.info/EU15

[4] Europäisches Parlament
11.06.2020
wtf21.info/EU3

[5] Europäische Kommission
»Standard-Eurobarometer 91«
Juni 2019
wtf21.info/EU1

[6] Deutscher Akademischer Austauschdienst
»Fact Sheet: 30 Jahre Erasmus«
2017
wtf21.info/EU4

[7] Europäische Kommission
»Special Eurobarometer 474«
Dezember 2018
wtf21.info/EU2

[8] Europäische Kommission
»Standard-Eurobarometer 91«
Juni 2019
wtf21.info/EU1

[9] Europäische Kommission
»Special Eurobarometer 474«
Dezember 2018
wtf21.info/EU2

[10] Eurostat
April 2020
wtf21.info/EU5

[11] Deutsche Welle
»Rumänien bleibt, die Rumänen gehen«
10.08.2019
wtf21.info/EU6

[12] Eurostat
Mai 2020
wtf21.info/EU7

[13] Europäische Union
11.06.2020
wtf21.info/EU8

[14] Europäisches Parlament
Dezember 2019
wtf21.info/EU9

[15] Eurostat
28.05.2018
wtf21.info/EU11

[16] Statistisches Bundesamt
»Statistisches Jahrbuch: Deutschland und Internationales«
2019
wtf21.info/EU12

[17] Eurostat
2016
wtf21.info/EU14

BÜROKRATIE (Seite 109–112)

[1] Institut für Demoskopie Allensbach
»Ein neuer Aufbruch für Europa?«
23.02.2018
wtf21.info/Bürokratie1

[2] Institut für Demoskopie Allensbach
»Ungewöhnlich offen«
28.03.2019
wtf21.info/Bürokratie3

[3] European Data Journalism Network
»Beamte: Irreführende europäische Vergleiche«
27.03.2018
wtf21.info/Bürokratie2
+
Europäische Kommission
25.06.2020
wtf21.info/Bürokratie6
+
Land Berlin
25.06.2020
wtf21.info/Bürokratie7
+
Statista
31.12.2018
wtf21.info/Bürokratie8

FAMILIE (Seite 113–116)

[1] Institut für Demoskopie Allensbach
»Getrennt gemeinsam erziehen«
August 2017
wtf21.info/Erziehung1

[2] Institut für Demoskopie Allensbach
»Getrennt gemeinsam erziehen«
August 2017
wtf21.info/Erziehung1

[3] Institut für Demoskopie Allensbach
»Getrennt gemeinsam erziehen«
August 2017
wtf21.info/Erziehung1

[4] Institut für Demoskopie Allensbach
»Weichenstellungen für die Aufgabenteilung in Familie und Beruf«
Juli 2015
wtf21.info/Erziehung2

[5] A.T. Kearney
»Vereinbarkeit wagen!«
2015
wtf21.info/Erziehung3

[6] Der Tagesspiegel
»Kinder sollen nach Scheidung bei beiden Eltern leben«
12.02.2019
wtf21.info/Erziehung4

[7] Süddeutsche Zeitung
»Sorgerechtsstreit: Mütter gewinnen meistens gegen Väter«
20.12.2019
wtf21.info/Erziehung5

[8] Deutscher Bundestag
13.03.2018
wtf21.info/Erziehung6

[9] Deutscher Bundestag
14.02.2019
wtf21.info/Erziehung10

[10] Institut für Demoskopie Allensbach
»Getrennt gemeinsam erziehen«
August 2017
wtf21.info/Erziehung1

[11] Statistisches Bundesamt
19.03.2020
wtf21.info/Erziehung7

[12] Statistisches Bundesamt
»Alleinerziehende«
02.08.2018
wtf21.info/Erziehung9

[13] Statistisches Bundesamt
20.09.2019
wtf21.info/Erziehung8

JUGENDKRIMINALITÄT (Seite 127–130)

[1] Kriminologisches Forschungsinstitut Niedersachsen
»Kriminalitätsfurcht, Strafbedürfnisse und wahrgenommene Kriminalitätsentwicklung«
2011
wtf21.info/Jugendkrimi1

[2] Bundeskriminalamt
»Polizeiliche Kriminalstatistik«
Bundesrepublik Deutschland, Jahrbuch 2018, Band 3, Tatverdächtige
April 2020
wtf21.info/Jugendkrimi2

[3] Statistisches Bundesamt
13.01.2020
wtf21.info/Jugendkrimi3

[4] Berlin.de
»Zwölfjähriger bedroht Mitschüler mit Messer«
14.01.2016
wtf21.info/Jugendkrimi4

[5] Augsburger Allgemeine
»Jugendliche werfen Flaschen und verletzten Polizisten«
24.01.2014
wtf21.info/Jugendkrimi5

[6] Kriminologisches Forschungsinstitut Niedersachsen
08.06.2020
wtf21.info/Jugendkrimi6

[7] #whatthefact-Interview mit Thomas Bliesener
April 2020

[8] Allgemeine Zeitung
»Jugendliche überfallen 77-Jährigen«
12.05.2020
wtf21.info/Jugendkrimi7

[9] RND RedaktionsNetzwerk Deutschland
»Jugendgang quält Siebenjährigen mit brennender Zigarette«
13.05.2020
wtf21.info/Jugendkrimi8

[10] Westdeutsche Allgemeine Zeitung
»Essen: Gruppe Jugendlicher überfällt und bedroht Kind (12)«

20.04.2020
wtf21.info/Jugendkrimi9

[11] Ostsee-Zeitung
»17-Jähriger überfällt Asia-Imbiss in Pasewalk«
25.05.2020
wtf21.info/Jugendkrimi10

[12] Süddeutsche Zeitung
»Eine Stadt ist aus dem Gleichgewicht«
26.06.2019
wtf21.info/Jugendkrimi11

[13] Der Tagesspiegel
»Mordprozess um Messer-attacke von Kandel beginnt«
18.06.2028
wtf21.info/Jugendkrimi12

[14] Bundeskriminalamt
»Polizeiliche Kriminalstatistik« Bundesrepublik Deutschland, Jahrbuch 2018, Band 3, Tatverdächtige
April 2020
wtf21.info/Jugendkrimi2

[15] Zeit Online
»Jugend-Kriminalität erledigt sich oft von allein«
12.01.2020
wtf21.info/Jugendkrimi14

PLASTIKMÜLL (Seite 131–134)

[1] Recycling Magazin
»Suez: Vorurteile verhindern Mülltrennung«
11.03.2020
wtf21.info/Müll1

[2] Deutschlandfunk
»Getrennt, geordnet – aber nicht immer verwertet«
27.08.2017
wtf21.info/Müll2

[3] Umweltbundesamt
»Aufkommen und Verwertung von Verpackungsabfällen in Deutschland im Jahr 2017«
März 2019
wtf21.info/Müll3

[4] Zeit Online
»Einwegbecher für Kaffee und Co. – ein Umweltproblem ›to go‹«
21.05.2019
wtf21.info/Müll16

[5] Bundesministerium für Umwelt, Naturschutz und nukleare Sicherheit
05.07.2017
wtf21.info/Müll6

[6] OECD
»Environment at a Glance 2015: OECD Indicators«
2015
wtf21.info/Müll7

[7] Europäisches Parlament
»Plastikmüll und Recycling in der EU: Zahlen und Fakten«
19.12.2018
wtf21.info/Müll8

[8] Heinrich-Böll-Stiftung und BUND
»Plastikatlas«
2019
wtf21.info/Müll9

[9] Umweltbundesamt
»Verpackungsverbrauch im Jahr 2017 weiter gestiegen«
18.11.2019
wtf21.info/Müll4

[10] Umweltbundesamt
»Verpackungsverbrauch im Jahr 2017 weiter gestiegen«
18.11.2019
wtf21.info/Müll4

[11] GfK
»Was wird aus unserem Mittagessen?«
2015
wtf21.info/Müll11

[12] Umweltbundesamt
»Mehrweganteil bei Getränken sinkt weiter«
18.09.2018
wtf21.info/Müll12

[13] Verbraucherzentrale Hamburg
08.11.2019
wtf21.info/Müll13

[14] Quarks
»So viele Plastiktüten verbrauchen wir«
17.05.2019
wtf21.info/Müll5

[15] Bundesministerium für Umwelt, Naturschutz und nukleare Sicherheit
12.06.2020
wtf21.info/Müll6

[16] Umweltbundesamt
»Verpackungsverbrauch im Jahr 2017 weiter gestiegen«
18.11.2019
wtf21.info/Müll4

[17] Quarks
»So viele Plastiktüten verbrauchen wir«
17.05.2019
wtf21.info/Müll5

ORGANSPENDE (SEITE 135–138)

[1] Bundeszentrale für gesundheitliche Aufklärung
05.06.2020
wtf21.info/Organspende1

[2] International Registry of Organ Donation and Transplantation
2019
wtf21.info/Organspende2

[3] Bundeszentrale für gesundheitliche Aufklärung
»Wissen, Einstellung und Verhalten der Allgemeinbevölkerung zur Organ- und Gewebespende«
Mai 2019
wtf21.info/Organspende3

[4] Verband Deutsche Nierenzentren (DN) e. V.
05.09.2020
wtf21.info/Organspende4

[5] Bundeszentrale für gesundheitliche Aufklärung
05.06.2020
wtf21.info/Organspende13

[6] Bayerisches Staatsministerium für Gesundheit und Pflege
05.06.2020
wtf21.info/Organspende6

[7] Bundeszentrale für gesundheitliche Aufklärung
05.06.2020
wtf21.info/Organspende13

[8] Bundeszentrale für gesundheitliche Aufklärung
05.06.2020
wtf21.info/Organspende7

[9] International Registry of Organ Donation and Transplantation
2019
wtf21.info/Organspende2

[10] Deutscher Bundestag
16.01.2020
wtf21.info/Organspende8

[11] Deutschlandfunk Kultur
»Mein Herz gehört mir«
14.04.2016
wtf21.info/Organspende9

[12] Bundeszentrale für gesundheitliche Aufklärung
»Wissen, Einstellung und Verhalten der Allgemeinbevölkerung zur Organ- und Gewebespende«
Mai 2019
wtf21.info/Organspende3

[13] Stiftung Über Leben
05.06.2020
wtf21.info/Organspende10

[14] Bundeszentrale für gesundheitliche Aufklärung
»Wissen, Einstellung und Verhalten der Allgemeinbevölkerung zur Organ- und Gewebespende«
Mai 2019
wtf21.info/Organspende3

[15] Bundesministerium für Gesundheit
05.06.2020
wtf21.info/Organspende11

[16] Bundeszentrale für gesundheitliche Aufklärung
»Wissen, Einstellung und Verhalten der Allgemeinbevölkerung zur Organ- und Gewebespende«
Mai 2019
wtf21.info/Organspende3

E-MOBILITÄT (Seite 139–142)

[1] ADAC
Umfrage: »Klimaschutz und individuelle Mobilität« Juli 2019
wtf21.info/E-Scooter1

[2] Tagesschau.de
»Gefährlich, nervig, nicht umweltfreundlich«
14.09.2019
wtf21.info/E-Scooter2

[3] Environmental Research Letters
»Are e-scooters polluters? The environmental impacts of shared dockless electric scooters«
02.08.2019
wtf21.info/E-Scooter4

[4] ADAC
Umfrage: »Klimaschutz und individuelle Mobilität«
Juli 2019
wtf21.info/E-Scooter1

[5] Bundesregierung Deutschland
»E-Scooter: was erlaubt ist – und was nicht«
29.07.2019
wtf21.info/E-Scooter5

[6] Tier
28.05.2020
wtf21.info/E-Scooter6

[7] Voi
28.05.2020
wtf21.info/E-Scooter7

[8] Umweltbundesamt
»E-Scooter momentan kein Beitrag zur Verkehrswende«
02.09.2019
wtf21.info/E-Scooter8

[9] Die Zeit
»Wie nachhaltig sind Elektroroller wirklich?«
30.07.2019
wtf21.info/E-Scooter9

[10] Quartz
»Shared scooters don't last long«
01.03.2019
wtf21.info/E-Scooter10

[11] Boston Consulting Group
»The Promise and Pitfalls of E-Scooter Sharing«
16.05.2019
wtf21.info/E-Scooter11

[12] t3n
»E-Scooter-Verleih: Darum geht der Trend zum wechselbaren Akku«
02.11.2019
wtf21.info/E-Scooter12

[13] 6t
»Usages et usagers de services de trottinettes électriques en free-floating en France«
06.06.2019
wtf21.info/E-Scooter3

[14] Civity
»E-Scooter in Deutschland«
30.09.2019
wtf21.info/E-Scooter13

[15] Fast Company
»What happened when Oslo decided to make its downtown basically car-free?«
24.01.2019
wtf21.info/E-Scooter14
+
Deutsche Welle
»Oslo startet 2019 als Umwelthauptstadt Europas durch«
02.02.2019
wtf21.info/E-Scooter15

[16] ADAC
»Klimaschutz und individuelle Mobilität«
Juli 2019
wtf21.info/E-Scooter1

[17] Umweltbundesamt
»E-Scooter momentan kein Beitrag zur Verkehrswende«
02.09.2019
wtf21.info/E-Scooter8

KÜNSTLICHE INTELLIGENZ (Seite 143–146)

[1] Süddeutsche Zeitung
»Übernehmen bald die Roboter?«
27.02.2020
wtf21.info/KI1

[2] Xing
28.05.2020
wtf21.info/KI2

[3] PricewaterhouseCoopers
»How will automation impact jobs?«
28.05.2020
wtf21.info/KI3

[4] International Federation of Robotics
Video: »Facts about Robots – Europe«
19.03.2020
wtf21.info/KI4
+
International Federation of Robotics
18.09.2019
wtf21.info/KI5

[5] Weltwirtschaftsforum
»The Future of Jobs 2018«
17.09.2018
wtf21.info/KI6

[6] Süddeutsche Zeitung
»Bund will Milliarden ins Technologie-Rennen stecken«
15.11.2018
wtf21.info/KI7

[7] Bundesministerium für Arbeit Soziales
»Monitor Digitalisierung am Arbeitsplatz«
Januar 2016
wtf21.info/KI8

[8] Süddeutsche Zeitung
»Übernehmen bald die Roboter?«
27.02.2020
wtf21.info/KI1

[9] Vodafone Institute for Society and Communications
»The Tech Devide«
Oktober 2018
wtf21.info/KI12

[10] Statistisches Bundesamt
16.03.2020
wtf21.info/KI9
+
Statistisches Bundesamt
19.05.2020
wtf21.info/KI10

[11] »Wichtige Fragen und Antworten zu KI«
29.01.2020
wtf21.info/KI13

[12] acatech - Deutsche Akademie der Technikwissenschaften
»Technik-Radar 2019«
28.05.2019
wtf21.info/KI11

[13] Boston Consulting Group
29.11.2018
wtf21.info/14

[14] PricewaterhouseCoopers
28.05.2020
wtf21.info/KI15

[15] Digital Intelligence Institute
28.05.2020
wtf21.info/KI16

ALLTAGSDISKRIMINIERUNG (Seite 153–156)

[1] Europäische Kommission
»Spezial-Eurobarometer 493«
Mai 2019
wtf21.info/Diskriminierung1

[2] Boston Consulting Group
»Out @ Work Barometer«
2019
wtf21.info/Diskriminierung4

[3] Antidiskriminierungsstelle des Bundes
»Jahresbericht 2019«
April 2020
wtf21.info/Diskriminierung2

[4] Europäische Kommission
»Spezial-Eurobarometer 493«
Mai 2019
wtf21.info/Diskriminierung1

[5] Aktion Mensch e. V.
»Inklusionsbarometer 2019«
2019
wtf21.info/Diskriminierung5

[6] Qantara.de
»What does Black Lives Matter have to do with Germany?«
01.07.2020
wtf21.info/Diskriminierung6

[7] Glassdoor
»Ein Drittel der befragten Berufstätigen in Deutschland erlebt Diskriminierung«
23.10.2019
wtf21.info/Diskriminierung7

[8] McKinsey & Company
»Zusammenhang zwischen Diversität und Geschäftserfolg so deutlich wie nie«
19.05.2020
wtf21.info/Diskriminierung8

[9] Aktion Tu Was
20.07.2020
wtf21.info/Diskriminierung9

[10] Friedrich-Naumann-Stiftung für die Freiheit
»Forsa-Umfrage: Diskriminierung und Ausgrenzungen nehmen zu«
04.03.2019
wtf21.info/Diskriminierung10

[12] Friedrich-Naumann-Stiftung für die Freiheit
»Forsa-Umfrage: Diskriminierung und Ausgrenzungen nehmen zu«
04.03.2019
wtf21.info/Diskriminierung10

[13] Friedrich-Naumann-Stiftung für die Freiheit
»Forsa-Umfrage: Diskriminierung und Ausgrenzungen nehmen zu«
04.03.2019
wtf21.info/Diskriminierung10

EU-SKEPSIS (Seite 157–160)

[1] Heinrich-Böll-Stiftung
»Selbstverständlich europäisch?! Der Auftrag für die EU-Ratspräsidentschaft«
März 2020
wtf21.info/Ost1

[2] Europäische Kommission
15.07.2020
wtf21.info/Ost2
+
Statistische Ämter des Bundes und der Länder
28.01.2020
wtf21.info/Ost20

[3] Deutschlandfunk
»Mythen der Europäischen Union«
16.06.2018
wtf21.info/Ost3

[4] Heinrich-Böll-Stiftung
»Selbstverständlich europäisch?! Der Auftrag für die EU-Ratspräsidentschaft«
März 2020
wtf21.info/Ost1

[5] Der Bundeswahlleiter
15.07.2020
wtf21.info/Ost4

[6] Europäisches Parlament
15.07.20202
wtf21.info/Ost5

[7] Europäisches Parlament
15.07.20202
wtf21.info/Ost6

[8] Europäische Kommission
15.07.2020
wtf21.info/Ost2

[9] Kommission der Europäischen Gemeinschaften
»Die Europäische Gemeinschaft und das vereinte Deutschland im Herbst 1992«
Februar 1993
wtf21.info/Ost8

[10] Spiegel.de
03.10.2019
»So unterschiedlich wachsen Ost und West«
wtf21.info/Ost9

[11] Konrad-Adenauer-Stiftung
»Analysen & Argumente«
Juni 2019
wtf21.info/Ost10

[12] Friedrich-Ebert-Stiftung
»Verlorene Mitte – Feindselige Zustände«
April 2019
wtf21.info/Ost11

[13] Heinrich-Böll-Stiftung
»Europawahl in Deutschland 2019«
Mai 2019
wtf21.info/Ost12

[14] Heinrich-Böll-Stiftung
»Europawahl in Deutschland 2019«
Mai 2019
wtf21.info/Ost12

[15] Der Bundeswahlleiter
15.07.2020
wtf21.info/Ost13
+
Der Bundeswahlleiter
15.07.2020
wtf21.info/Ost14
+
Der Bundeswahlleiter
15.07.2020
wtf21.info/Ost15

[16] Der Bundeswahlleiter
15.07.2020
wtf21.info/Ost4

[17] Europäische Kommission
»Richard Kühnel zur nationalen Eurobarometer-Umfrage: ›Die Zustimmung zu Europa wächst in Deutschland‹«
03.03.2017
wtf21.info/Ost18

[18] Bundeszentrale für politische Bildung
26.11.2019
wtf21.info/Ost19

FLEISCH (Seite 161–164)

[1] Bundesministerium für Ernährung und Landwirtschaft
»Deutschland, wie es isst. Der BMEL-Ernährungsreport 2020«
Mai 2020
wtf21.info/Fleisch15

[2] Bundesministerium für Ernährung und Landwirtschaft
28.05.2020
wtf21.info/Fleisch2

[3] Statistisches Bundesamt
05.02.2020
wtf21.info/Fleisch3

[4] Greenpeace
»Supermarkt-Check: Regale voller Billigfleisch«
Oktober 2019
wtf21.info/Fleisch4

[5] Süddeutsche Zeitung
»Eier aus der Hühnerhölle«
17.05.2010
wtf21.info/Fleisch5

[6] Statista
16.12.2019
wtf21.info/Fleisch6

[7] Die Welt
»Deutschland erreicht den Peak Steak«
15.01.2019
wtf21.info/Fleisch14

[8] Johann Heinrich von Thünen-Institut
»Nutztierhaltung aus Sicht der Gesellschaft«
September 2013
wtf21.info/Fleisch7

[9] Tagesschau.de
»Darum geht es bei den Bauernprotesten«
17.01.2020
wtf21.info/Fleisch8

[10] Hochschule Osnabrück
»Kaufbereitschaft bei verpackten Schweinefleischprodukten im Lebensmitteleinzelhandel«
Januar 2019
wtf21.info/Fleisch9

[11] Frankfurter Allgemeine Zeitung
»Gipfel der großen Worte«
03.02.2020
wtf21.info/Fleisch10

[12] Bundesministerium für Ernährung und Landwirtschaft
28.05.2020
wtf21.info/Fleisch13

[13] Statista
16.12.2019
wtf21.info/Fleisch6

STADT LAND (Seite 165–168)

[1] Frankfurter Allgemeine Zeitung
»Auf dem Dorf ist es am schönsten«
09.02.2020
wtf21.info/Stadt1

[2] Statistisches Bundesamt
09.01.2020
wtf21.info/Stadt2

[3] Statistisches Bundesamt
31.10.2019
wtf21.info/Stadt3
+
Spiegel.de
»Wo Deutschland schrumpft oder wächst«
06.04.2019
wtf21.info/Stadt4

[4] Vereinte Nationen
»World Urbanization Prospects«
2018
wtf21.info/Stadt5

[5] Bundesministerium für Verkehr und digitale Infrastruktur
»Mobilität in Deutschland«
Februar 2019
wtf21.info/Stadt6

[6] Bundesministerium für Ernährung und Landwirtschaft
»Flächendeckende Breitbandversorgung – auch im ländlichen Raum«
25.11.2019
wtf21.info/Stadt7

[7] Bundesnetzagentur
14.07.2020
wtf21.info/Stadt8

[8] Bundesministerium für Ernährung und Landwirtschaft
»Ländliche Regionen verstehen«
Dezember 2015
wtf21.info/Stadt9

[9] Bundesministerium für Ernährung und Landwirtschaft
»Ländliche Regionen verstehen«
Dezember 2015
wtf21.info/Stadt9

[10] Süddeutsche Zeitung
»Deutsche Bahn hat 16 Prozent ihrer Schienen stillgelegt«
29.12.2018
wtf21.info/Stadt10

[11] Johann Heinrich von Thünen-Institut
»Fördermöglichkeiten zur Sicherung der Nahversorgung in ländlichen Räumen«
August 2019
wtf21.info/Stadt11

[12] Bertelsmann Stiftung
»Spotlight Gesundheit«
März 2015
wtf21.info/Stadt12

FLÜCHTLINGSPOLITIK (Seite 169–172)

[1] Bild
»Fast jeder Zweite vertraut Flüchtlingspolitik nicht«
10.03.2020
wtf21.info/Flüchtlingspolitik1

[2] Bundesamt für Migration und Flüchtlinge
»Schlüsselzahlen Asyl 2019«
Januar 2020
wtf21.info/Flüchtlingspolitik2

[3] OEDC
27.07.2020
wtf21.info/Flüchtlingspolitik3

[4] OECD
»Development Co-operation Report«
2020
wtf21.info/Flüchtlingspolitik4

[5] RP Online
»Zahl der Bamf-Mitarbeiter doppelt so hoch wie 2015«
25.10.2018
wtf21.info/Flüchtlingspolitik5
+
Bundesministerium des Innern, für Bau und Heimat
27.07.2020
wtf21.info/Flüchtlingspolitik6

[6] Bundesamt für Migration und Flüchtlinge
»Das Bundesamt in Zahlen 2019«
Februar 2020
wtf21.info/Flüchtlingspolitik7

[7] Bundesamt für Migration und Flüchtlinge
»Aktuelle Zahlen«
Juni 2020
wtf21.info/Flüchtlingspolitik8

[8] Zeit Online
»Asylverfahren dauern kürzer«
11.02.2019
wtf21.info/Flüchtlingspolitik9

[9] Bundesamt für Migration und Flüchtlinge
»Schlüsselzahlen Asyl 2019«
Januar 2020
wtf21.info/Flüchtlingspolitik2

[10] Neue Zürcher Zeitung
»Die EU erkauft sich von Ankara kurzfristig Ruhe an der Aussengrenze, aber die nächste Migrationskrise ist nur eine Frage der Zeit«
27.06.2020
wtf21.info/Flüchtlingspolitik11

[11] Spiegel.de
»Von der Leyen verspricht Griechenland bis zu 700 Millionen Euro«
03.03.2020
wtf21.info/Flüchtlingspolitik12

[12] Süddeutsche Zeitung
»Das gehetzte Parlament«
27.07.2020
wtf21.info/Flüchtlingspolitik13

[13] Bundesamt für Migration und Flüchtlinge
»Das Bundesamt in Zahlen 2019«
Februar 2020
wtf21.info/Flüchtlingspolitik7

[14] Bundesministerium der Finanzen
27.07.2020
wtf21.info/Flüchtlingspolitik15

JUNGE MENSCHEN (Seite 177–180)

[1] 18. Shell Jugendstudie
»Jugend 2019«
15.10.2019
wtf21.info/jungundgut1

[2] Absatzwirtschaft
»Internet vs. Nachhaltigkeit – ein innerer Konflikt der Gen Z?«
05.05.2020
wtf21.info/jungundgut11

[3] Quarks.de
»So viel Energie verbraucht das Internet«
07.08.2019
wtf21.info/jungundgut2
+
Umweltbundesamt
»Bilanz 2019: CO_2-Emissionen pro Kilowattstunde Strom sinken weiter«
08.04.2020
wtf21.info/jungundgut3
+
Umweltbundesamt
2018
wtf21.info/jungundgut10

[4] Merkur
»WDR-Kinderchor singt ›Oma ist ne alte Umweltsau‹«
07.01.2020
wtf21.info/jungundgut12

[5] Welt
»Das widersprüchliche Kaufverhalten der Generation Z«
09.03.2019
wtf21.info/jungundgut5

[6] tn3
»Was die Generation Z vom Arbeitsmarkt erwartet«
22.06.2019
wtf21.info/jungundgut6

[7] ZDF.de
»Internet produziert so viel CO_2 wie Flugverkehr«
28.11.2019
wtf21.info/jungundgut8

[8] Computer Bild
»Datenfresser Smartphone-Videos: So viel verbrauchen YouTube & Co. unterwegs«
26.04.2017
wtf21.info/jungundgut14

[9] Business Insider
»Whatsapp, Netflix, Spotify und Co.: Grafik zeigt, welche beliebte App am meisten Datenvolumen verbraucht«
15.08.2018
wtf21.info/jungundgut15

[10] ZDF.de
»Internet produziert so viel CO_2 wie Flugverkehr«
28.11.2019
wtf21.info/jungundgut8

[11] Welt
»Das widersprüchliche Kaufverhalten der Generation Z«
09.03.2019
wtf21.info/jungundgut5

[12] OC&C Strategy Consultants
»Eine Generation ohne Grenzen«
2019
wtf21.info/jungundgut7

[13] 18. Shell Jugendstudie
»Jugend 2019«
15.10.2019
wtf21.info/jungundgut1

[14] 18. Shell Jugendstudie
»Jugend 2019«
15.10.2019
wtf21.info/jungundgut16

[15] ZDF.de
»Internet produziert so viel CO_2 wie Flugverkehr«
28.11.2019
wtf21.info/jungundgut8

GUTE VORSÄTZE (Seite 181–184)

[1] DAK-Gesundheit
»DAK-Studie: Das nehmen sich die Deutschen fürs neue Jahr vor«
11.12.2019
wtf21.info/Vorsätze1

[2] Statista
»Wie lang die guten Vorsätze halten«
20.12.2019
wtf21.info/Vorsätze2

[3] Fitness First
»Gute Vorsätze und ihre Umsetzung: Wie steht es um das sportliche Durchhaltevermögen in Deutschland?«
13.12.2017
wtf21.info/Vorsätze3

[4] YouGov
»Moppelig aus der Krise: Die gefährlichen Folgen der Corona-Maßnahmen«
27.04.2020
wtf21.info/Vorsätze4

[5] Süddeutsche Zeitung
»Deutsche essen 31 Kilo Süßigkeiten im Jahr«
28.01.2020
wtf21.info/Vorsätze5